问题解决与认知模拟
——以数学问题为例

魏雪峰 著

中国社会科学出版社

图书在版编目(CIP)数据

问题解决与认知模拟：以数学问题为例／魏雪峰著．—北京：中国社会科学出版社，2017.5
ISBN 978-7-5161-7694-8

Ⅰ.①问… Ⅱ.①魏… Ⅲ.①小学数学课—教学研究 Ⅳ.①G623.502

中国版本图书馆 CIP 数据核字（2016）第 041331 号

出 版 人	赵剑英
责任编辑	王　琪
责任校对	刘　娟
责任印制	王　超

出　　版	中国社会科学出版社
社　　址	北京鼓楼西大街甲 158 号
邮　　编	100720
网　　址	http://www.csspw.cn
发 行 部	010-84083685
门 市 部	010-84029450
经　　销	新华书店及其他书店
印　　刷	北京君升印刷有限公司
装　　订	廊坊市广阳区广增装订厂
版　　次	2017 年 5 月第 1 版
印　　次	2017 年 5 月第 1 次印刷
开　　本	710×1000　1/16
印　　张	16.25
插　　页	2
字　　数	271 千字
定　　价	69.00 元

凡购买中国社会科学出版社图书，如有质量问题请与本社营销中心联系调换
电话：010-84083683
版权所有　侵权必究

序

　　教学过程依赖于学习过程，问题解决是数学学习的主要形式，对问题解决认知过程的分析和研究，能科学认识学生数学学习过程，正确把握学生的认知规律。目前，许多国家大力支持脑与学习科学的研究工作。随着研究的不断深入，为有效研究学习提供了新的视野。

　　近年来，学习科学（Learning Sciences）的诞生和发展，尤其是认知心理学、脑科学、认知神经科学等领域最新研究成果的不断涌现，为有效研究学习提供了新的视野，同时也为深入研究数学问题解决的认知过程提供了帮助。学习科学是一个研究教与学的跨学科领域，其研究目标首先是更好地理解认知过程和社会化过程以产生最有效的学习，其次便是为了用学习科学的知识来重新设计课堂和学习环境，从而使学习者能够更有效和更深入地学习。目前，许多国家大力支持脑与学习科学的研究工作。我国北京师范大学认知神经科学与学习国家重点实验室和东南大学学习科学研究中心正在从事这方面的研究。关于学生学习的基础研究十分重要。我们应该将数学问题解决的研究置于多学科研究的广泛视野，涉及信息科学、脑科学、认知科学、心理学及教育学等众多研究领域，通过在心智、脑科学和教育（Mind, Brain and Education）之间建立桥梁，将脑科学的最新成果应用于学习和教育过程。这些学科的最新研究成果所揭示的人是如何学习的过程，为深入分析数学问题解决提供了重要的理论基础。同时，人工智能等技术的发展，也为实现数学问题解决认知模拟提供了技术保障。

　　《问题解决与认知模拟》一书是魏雪峰博士多年来关于数学问题解决认知模拟的研究成果。本书以我国小学数学问题为研究对象，探索了问题解决认知过程的分析方法。认知模型是分析数学问题解决认知过程的依据，本书在波利亚数学问题解决模型的基础上，结合小学生的心理特点，构建了小学数学问题解决的认知模型，介绍了模型的特点、应用范围及教育意义，为进一步分析问题解决认知过程奠定了基础。书中选取了小学数学陈述性知识和程序性知识的典型问题，分别以"众数"和"异分母相加"问题为例，实现了认知模拟，并对模拟结果开展了实证研究。虽然专家学者对认知模拟存在争议，但它具有严密的逻辑性和确定性，对揭示问题解决的认知过程的作用是其他手段不可取代的。计算机模拟把问题解决过程中的一些因素综合起来，重建这个过程，克服了以往实验心理学以分析为主的做法，为从整体上了解问题解决的认知过程开辟了一条道路。书中关于认知模拟的案例分析未必都科学合理，但越来越多的年轻学者关注相关学科的最新研究成果，必将为教育技术学科的发展注入新的活力。

《问题解决与认知模拟》一书还对数学学习的"弱势群体"——小学数学学习困难学生，进行了特别关注。针对学习困难学生，书中提出了基于认知模型的"一对一"认知诊断流程与方法，对学习困难学生问题解决认知过程进行诊断，取得了良好的诊断效果。基于认知模型的"一对一"认知诊断尤其关注学习困难学生的学习过程，分析不同阶段学生解题过程的认知变化情况。该方法是满足学习困难学生不同的现有水平和未来发展水平的一种动态评价方法，其特点是强调"一对一"性，兼顾学习结果的评估和学习过程的剖析，目的是深入评估每个学习困难学生的优点和缺点，针对学生在做题过程中的表现给予及时、适当的反馈，引导学生逐步完成问题解决，达成目标，有利于学习发生。

难能可贵的是，魏雪峰博士在开展研究的过程中"身体力行"，长期深入小学数学课堂，并为小学生讲授了"圆柱侧面积"等知识点，实现了从大学课堂到小学课堂的转换。只有站在小学数学讲台上，才能切身体会到研究与教学的密切相关性，才能进一步促进理论与实践的有效结合。

希望魏雪峰博士以本书出版为契机，积极探索教育技术的新领域，将本书研究成果积极用于数学教学实践，帮助解决数学课堂教学中思维能力僵化、解题方式固化等现实问题，不断提高学生的创新思维能力！

2017 年 4 月于北京师范大学演播楼

（崔光佐，北京师范大学教育学部教授、博士生导师，思维教学实验室主任）

目 录

第一章 绪论 …………………………………………………… (1)
  第一节 研究背景 …………………………………………… (1)
  第二节 问题提出 …………………………………………… (2)
  第三节 本书结构 …………………………………………… (3)

第二章 国内外研究现状 ……………………………………… (6)
  第一节 核心概念 …………………………………………… (6)
  第二节 一般问题解决的过程模型 ………………………… (9)
    一 国外研究 …………………………………………… (9)
    二 国内研究 …………………………………………… (14)
    三 述评 ………………………………………………… (15)
  第三节 数学问题解决的过程模型 ………………………… (16)
    一 国外研究 …………………………………………… (16)
    二 国内研究 …………………………………………… (21)
    三 述评 ………………………………………………… (22)
  第四节 数学问题解决认知过程分析 ……………………… (23)
    一 解题过程中的问题表征 …………………………… (23)
    二 问题解决过程中的语句表征 ……………………… (25)
    三 问题解决过程中的图式 …………………………… (27)
    四 问题表征与解题效果 ……………………………… (28)
    五 述评 ………………………………………………… (29)
  第五节 小结 ………………………………………………… (29)

第三章 问题与研究设计 (31)
   第一节 问题聚焦：拟解决的关键问题 (31)
   第二节 研究框架 (31)
   第三节 研究方法 (34)
   第四节 研究假设 (37)
   第五节 理论基础 (38)
   第六节 研究意义 (40)
   　　一 理论意义 (40)
   　　二 实践价值 (41)
   第七节 小结 (41)

第四章 小学数学问题解决认知模型 (42)
   第一节 小学儿童的心理特点 (42)
   　　一 小学儿童思维发展特点 (42)
   　　二 小学儿童内部语言的发展特点 (43)
   　　三 小学儿童记忆发展特点 (43)
   　　四 认知神经科学中的小学儿童数学认知研究 (44)
   　　五 启示：构建认知模型的理论基础 (47)
   第二节 小学数学各类问题解题过程分析 (47)
   　　一 "数与代数"类问题 (48)
   　　二 "图形与几何"类问题 (51)
   　　三 "统计与概率"类问题 (52)
   　　四 启示：构建认知模型的实例基础 (53)
   第三节 小学数学问题解决认知模型 (54)
   　　一 认知模型 (54)
   　　二 认知模型的特点 (62)
   　　三 认知模型的几点说明 (62)
   　　四 认知模型的教育意义 (63)
   第四节 小结 (63)

第五章 小学数学问题解决认知模拟 (65)
   第一节 认知模拟依据 (65)

第二节　认知模拟工具 ……………………………………… (66)
　　一　ACT-R 工具 …………………………………………… (66)
　　二　ACT-R 应用领域 ……………………………………… (67)
　　三　ACT-R 认知神经学基础 ……………………………… (68)
第三节　认知模拟 ………………………………………………… (69)
　　一　程序性知识问题解决认知模拟 ……………………… (70)
　　二　陈述性知识问题解决认知模拟 ……………………… (78)
第四节　程序性知识问题解决认知模拟实证研究 …………… (86)
　　一　目的 …………………………………………………… (86)
　　二　方法 …………………………………………………… (86)
　　三　结果分析 ……………………………………………… (88)
　　四　讨论 …………………………………………………… (90)
第五节　陈述性知识问题解决认知模拟实证研究 …………… (93)
　　一　目的 …………………………………………………… (93)
　　二　方法 …………………………………………………… (93)
　　三　结果分析 ……………………………………………… (94)
　　四　讨论 …………………………………………………… (97)
第六节　认知模拟的贡献及局限性 …………………………… (99)
第七节　小结 …………………………………………………… (100)

第六章　基于认知过程的小学数学探究问题设计 ………… (101)
第一节　探究问题设计相关研究 ……………………………… (102)
　　一　探究教学模式及策略 ………………………………… (102)
　　二　关于探究问题的类型与设计 ………………………… (103)
　　三　信息技术支持的数学探究学习 ……………………… (104)
　　四　评述 …………………………………………………… (105)
第二节　探究问题设计依据与原则 …………………………… (105)
　　一　探究问题设计依据 …………………………………… (105)
　　二　探究问题设计原则 …………………………………… (106)
第三节　典型探究问题设计 …………………………………… (108)
　　一　"众数"课前探究题设计 …………………………… (109)

二　"圆柱侧面积"课前探究题设计 …………………… (114)
　第四节　探究问题教学应用 ……………………………………… (117)
　　一　实验班与对比班推理能力比较 ……………………… (118)
　　二　实验班数学推理能力比较分析 ……………………… (119)
　第五节　小结 ……………………………………………………… (120)

第七章　"一对一"认知诊断 ……………………………………… (122)
　第一节　小学数学问题认知诊断 ………………………………… (123)
　　一　学生解答应用题认知诊断分析 ……………………… (124)
　　二　认知神经科学领域中的数学认知诊断 ……………… (125)
　第二节　"一对一"认知诊断的目的及特点 …………………… (126)
　第三节　基于认知模型的"一对一"诊断 ……………………… (128)
　　一　诊断流程 ……………………………………………… (128)
　　二　认知模型的作用 ……………………………………… (130)
　第四节　对数学教学的启示 ……………………………………… (130)
　　一　关注学生的能力差异 ………………………………… (130)
　　二　有助于数学认知障碍的早期鉴别和干预 …………… (131)
　　三　有针对性的开展面向数学认知障碍群体的
　　　　特殊辅导 ………………………………………………… (131)
　　四　合理利用学生"最近发展区",促进认知发展 ……… (131)
　第五节　小结 ……………………………………………………… (132)

第八章　"一对一"认知诊断的教学实践应用 …………………… (133)
　第一节　实验设计 ………………………………………………… (133)
　第二节　陈述性知识"一对一"认知诊断实证研究 …………… (135)
　　一　目的 …………………………………………………… (135)
　　二　方法 …………………………………………………… (135)
　　三　结果分析 ……………………………………………… (139)
　　四　讨论 …………………………………………………… (153)
　第三节　程序性知识"一对一"认知诊断实证研究 …………… (156)
　　一　目的 …………………………………………………… (156)

  二　方法 …………………………………………………… (156)
  三　结果分析 ………………………………………………… (160)
  四　讨论 ……………………………………………………… (175)
 第四节　实验结果对数学教学的启示 ………………………… (176)
  一　从生活实际出发,创设问题情境、合理设计
   典型问题 …………………………………………………… (176)
  二　将问题解决的阶段融入课堂教学中,帮助学生
   形成良好的解题思路 ……………………………………… (176)
  三　学生解题遇到困难时,教师提供恰当的提示 ………… (177)
  四　重视对学生解题兴趣、态度、意志力等的培养 ……… (177)
 第五节　小结 …………………………………………………… (177)

第九章　数学课堂交互过程认知模拟 …………………………… (179)
 第一节　已有课堂交互分析方法 ……………………………… (180)
  一　行为系统视角 …………………………………………… (180)
  二　信息系统视角 …………………………………………… (181)
  三　对已有分析方法的评述 ………………………………… (182)
 第二节　课堂交互认知分析与模拟 …………………………… (182)
  一　学习科学的兴起 ………………………………………… (182)
  二　课堂交互认知分析框架 ………………………………… (184)
  三　典型课堂交互认知分析与模拟 ………………………… (186)
 第三节　认知过程分析对课堂教学的启示 …………………… (190)
 第四节　小结 …………………………………………………… (192)

结　论 ………………………………………………………………… (193)

附　录
 附录一　"异分母相加"问题解决认知模拟程序 ……………… (196)
 附录二　"众数"问题解决认知模拟程序 ……………………… (201)
 附录三　认知诊断表 …………………………………………… (217)
 附录四　学生调查问卷 ………………………………………… (218)

附录五 教师访谈提纲 …… （222）

参考文献 …… （224）

后　记 …… （245）

第一章 绪论

第一节 研究背景

数学是人类文化的重要组成部分,随着世界信息化和数字化程度日益提高,数学素养对于每一位公民来说具有重要意义,是现代社会每个公民应该具备的基本素养。数学问题解决能力是数学素养的重要组成部分,培养学生问题解决能力是数学教育的重要目标,已经受到世界各国数学教育界的重视。20 世纪 80 年代,美国在学校数学教育的纲领性文件《行动的议程》(An Agenda for action) 中就明确提出"数学课程应当围绕问题解决来组织","问题解决作为学校数学教育的核心"。2011 年 9 月,奥巴马(Obama) 政府再次批准了《初等和中等教育法案》(Elementary and Secondary Education Act, ESEA),专注于更好地改进学生的学习和提高问题解决能力。[①] 日本数学教育界也十分重视"问题解决",于 1994 年开始全面实行新数学教学大纲,把"课题教学"列入大纲内容,而所谓"课题教学"就是以"问题解决"为特征的数学课。[②] 英国著名的《柯克克洛夫特报告》(Cockcroft Report) 中认为"应将问题解决作为课程论的重要组成部分"。我国《义务教育数学课程标准》(2011 年版) 指出,"数学课程要使得人人都能获得良好的数学教育,不同的人在数学上得到不同的发展"[③],"学生自己发现和提出问题是创新的基础"[④]。培养学生问题解

---

① U. S. Department of Education, *Elementary and Secondary Education Act* (http://www. ed. gov/esea).

② 张天孝、唐彩斌:《美、日、德小学数学教材的共性特征及启示》,《比较教育研究》2005 年第 1 期。

③ 中华人民共和国教育部制定:《义务教育数学课程标准》(2011 年版),北京师范大学出版社 2012 年版,第 2 页。

④ 同上书,第 7 页。

决的能力是数学思想方法的育人功能之一。

提高学生问题解决能力也是减轻学业负担的有效手段。合理设计问题，通过有效的问题解决训练，帮助学生形成良好的知识结构、良好的解题习惯和数学思维方法，实现数学问题的深层次理解，是提高学生问题解决能力的有效途径。

第二节　问题提出

数学问题解决能力的培养应建立在对数学认知的研究基础上。我国《义务教育数学课程标准》（2011年版）指出"课程内容要符合学生的认知规律，不仅包括数学的结果，也包括数学结果的形成过程和蕴涵的数学思想方法"，"教师教学应该以学生的认知发展水平和已有的经验为基础"，"学习评价的主要目的是为了全面了解学生数学学习的过程和结果，评价既要关注学生学习的结果，也要重视学习的过程"。

前期调研发现，当前小学数学教学中，教师缺乏对学生问题解决认知过程的理解，教学往往靠个人经验，对解题困难学生的问题诊断也主要是依靠个人经验来判断，干预大多是在课堂上把出错的题目再给学生讲解一遍，缺少针对性，很难让学生真正理解问题。

近年来，学习科学的发展，尤其是认知心理学、脑科学、认知神经科学等领域的发展，为深入研究数学问题解决的认知过程提供了帮助。学习科学是一个研究教与学的跨学科领域，其研究目标首先是更好地理解认知过程和社会化过程以产生最有效的学习，其次便是用学习科学的知识来重新设计课堂和其他学习环境，从而使学习者能够更有效和更深入地学习。[1]

教学过程依赖于学习过程，问题解决是数学学习的主要形式，对问题解决认知过程进行分析和研究，能帮助我们科学认识学生数学学习过程，正确把握学生的认知规律。本研究的核心问题是如何分析小学数学问题解决的认知过程。

---

[1] ［美］R. 基恩·索耶主编：《剑桥学习科学手册》，徐晓东等译，教育科学出版社2010年版，第1—4页。

第三节 本书结构

本书在已有研究的基础上，提出了问题解决认知模拟的方法，以数学问题为例开展实证研究，讨论了认知分析与模拟在数学课堂教学中的应用（如基于认知过程的小学数学探究问题设计、"一对一"认知诊断与应用、数学课堂交互过程认知模拟等）。本书的组织结构如图1—1所示。

第一章：分析研究的背景，提出本研究拟解决的问题。

第二章：界定研究中的核心概念，从一般问题解决的过程模型、数学问题解决的过程模型、数学问题解决认知过程分析等几方面进行文献综述。

第三章：阐述本研究拟解决的关键问题、采用的研究方法、研究的框架、理论基础、研究意义，从而保证研究问题的真实性、方法的科学性、过程的可操作性。

第四章：以小学儿童思维发展特点为基础，分析"数与代数""图形与几何""统计与概率"各部分内容的典型问题的解决过程，对波利亚数学问题解决模型进一步细化，在此基础上构建小学数学问题解决的认知模型，分析该模型的特点、应用范围，并论述教育意义。

第五章：在第四章构建问题解决认知模型的基础上，分析"异分母相加"和"众数"两类典型问题的解题过程，使用ACT-R（Adaptive Control of Thought-Rational）工具实现认知模拟。选取了某小学五、六年级各六名学生，采用口语报告法对两类问题的认知模拟结果进行实证研究，结果发现认知模拟和口语报告一致。

第六章：基于第四章、第五章对数学问题解决认知过程的分析和模拟，提出数学课堂探究问题的设计依据与原则，并以"众数""圆柱侧面积"等知识点为例设计了典型探究问题，并在课堂教学中应用，分析了教学应用效果。

第七章：基于数学问题解决认知过程的分析和模拟，深入理解问题解决过程中的一系列认知操作和认知成分，探讨基于认知模型的"一对一"认知诊断流程，对学生尤其是学习困难学生问题解决认知过程进行诊断，为教学实践及学生个体发展提供更具体、更详细、更有针对性的指导和建议。

```
┌─────────────────────────┐
│     第一章  绪论          │        提出问题
└─────────────────────────┘
            ↓
┌─────────────────────────┐
│ 第二章  国内外研究现状      │        分析现状
└─────────────────────────┘
            ↓
┌─────────────────────────┐
│ 第三章  问题与研究设计      │        聚焦关键问题
└─────────────────────────┘            明确研究思路
            ↓
┌─────────────────────────┐
│        第四章             │        解决子问题一
│ 小学数学问题解决认知模型    │       （研究内容一）
└─────────────────────────┘
            ↓
┌─────────────────────────┐
│        第五章             │        解决子问题二
│ 小学数学问题解决认知模拟    │       （研究内容二）
└─────────────────────────┘
            ↓
┌─────────────────────────────┐
│        第六章                 │
│ 基于认知过程的小学数学探究问题设计 │
└─────────────────────────────┘
            ↓
┌─────────────────────────┐
│        第七章             │
│   "一对一"认知诊断         │
└─────────────────────────┘      解决子问题三
            ↓                   （研究内容三）
┌─────────────────────────┐
│        第八章             │
│ "一对一"认知诊断的教学实践应用│
└─────────────────────────┘
            ↓
┌─────────────────────────┐
│        第九章             │
│ 数学课堂交互过程认知模拟     │
└─────────────────────────┘
            ↓
┌─────────────────────────┐
│         结论              │        总结研究成果
└─────────────────────────┘
```

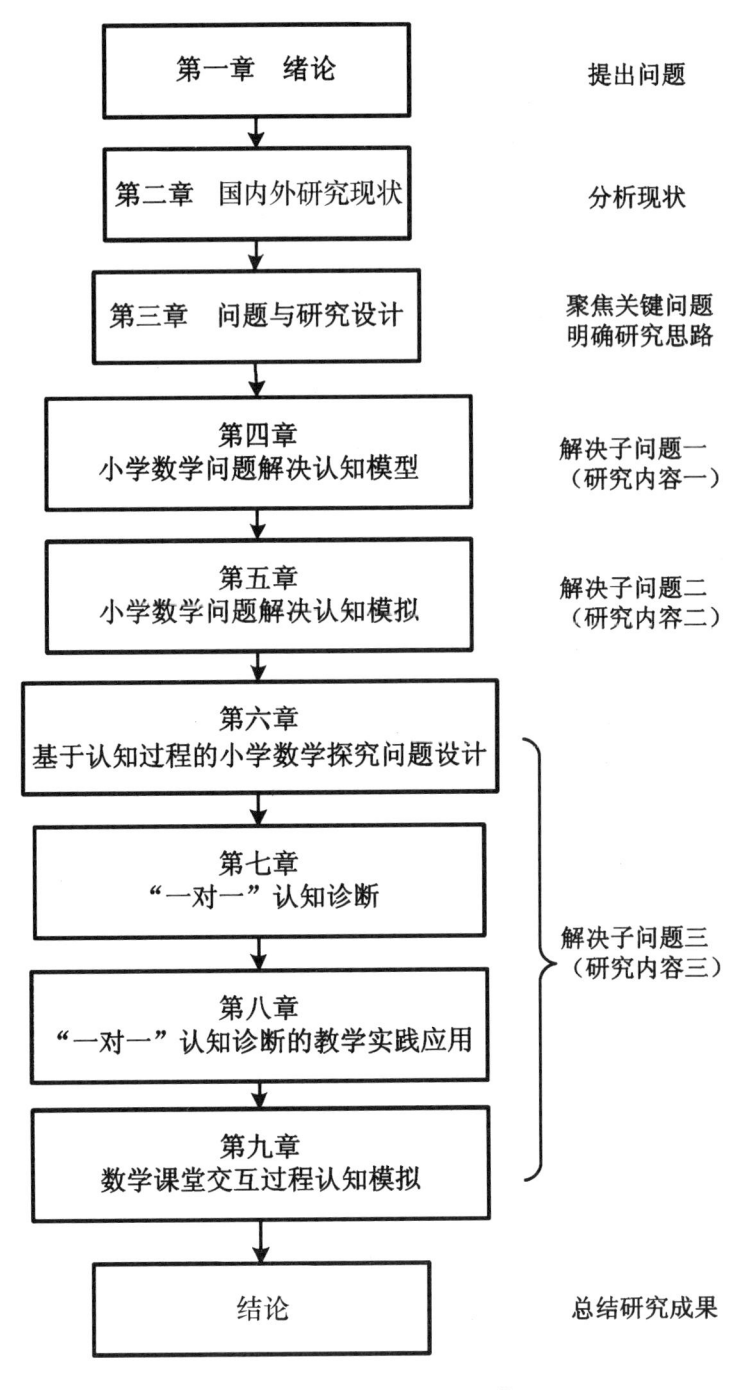

图 1—1　本书组织架构

第八章：在第七章介绍"一对一"认知诊断的基础上，本章分别以陈述性知识和程序性知识典型知识点为例，分析典型问题设计的依据和过程，采用口语报告法进行实证研究，结合学生调查问卷和教师访谈等方法对认知诊断过程和结果进行深入分析，并讨论其对数学教学的启示。

第九章：本章基于学习科学的研究成果，提出了从认知过程的角度对课堂交互过程进行分析的方法。在此基础上以中学（七年级）数学课堂《从不同方向看》为研究对象，选取典型课堂交互，利用思维模型对问答过程进行分析，并在 ACT-R 中实现了认知模拟。通过学习过程分析对课堂教学提出了三点建议，帮助教师更加有效地设计教学来促进学生学习。

结论：总结概括本书的主要研究成果、创新点，反思研究的不足之处。

第二章 国内外研究现状

第一节 核心概念

为了提高研究的针对性和时效性,需要对研究中的核心概念加以界定,以明确其内涵。研究中涉及的核心概念主要有"问题""问题解决""认知""认知模型""认知模拟""ACT-R 模型""认知诊断"。

1. 问题

研究问题解决首先要确定什么是"问题"。格式塔心理学关于问题的定义被人们广泛引用:"当一个有机体有个目标,但又不知道如何达到目标时,就产生了问题。"① 这个定义包括以下四点:

(1) 问题取决于个体已有的知识和能力。同样是一道三位数的加减问题,对于小学一年级的学生而言是一个问题,而对于高中生而言就不是一个问题。

(2) 如果个体改变了目标,或者不想去解决问题,问题就不再存在。

(3) 只有当个体能分辨出目标和当前所处情境的差异时,才真正形成问题。

(4) 问题具有目标指向性,以目标开始,以目标达成结束。

纽厄尔和西蒙根据问题的特征将问题分为三种类型:结构良好问题、

---

① Gilhooly, K. J., *Thinking: Directed, Undirected and Creative*, London: Academic Press, 1988, pp. 3–5.

中等结构问题和结构不良问题。① 安德森把学生通常面临的问题类型分为结构良好的问题（well-structured problem）和结构不良的问题（ill-structured problem）②。本研究所指的问题是结构良好的数学问题，如一元一次方程问题、算术问题、圆柱侧面积问题等，这些问题的解决是以数学知识为基础的。

2. 问题解决

"问题解决被定义为一系列指向目标的认知操作程序"③，这是认知心理学家常用的定义。该定义包括三点：

（1）问题解决有一定的目标指向性，从目标开始，以目标达成结束。

（2）问题解决是一系列的操作，对于一看就知道答案，如问一成人"2 + 3 = ?"，他立即说出答案，就算不上问题解决。

（3）问题解决是一系列的认知操作，本质上是一种思维活动。

本书中使用的问题，通常是学生有一定的知识基础，必须经过有目的的认知操作和努力才可能解决。

3. 认知

认知（Cognition）是指个体获得知识和解决问题的操作与能力，即信息加工（Information Processing）的过程与能力。④ 该定义包括以下两点：

（1）认知包括操作与能力；

（2）认知是看到问题到写出解答所发生的一系列思维活动。

4. 认知模型

认知模型（Cognitive Model）这一术语起源于计算机科学领域，被定

---

① Newell, A. & Simon, H. A., *Human Problem Solving*, Englewood Cliffs: Prentice Hall, 1972, p. 3.

② Anderson, J. R., *Cognitive Psychology and Its Implications* (5th Edition), New York: Worth Publishers, 2000, p. 151.

③ Anderson, J. R., *Cognitive Psychology and Its Implications*, New York: H. Freeman, 1980, p. 257.

④ Neisser, Ulric, *Cognitive Psychology*, New York: Pple-Ton-Century-Crofts, 1967, p. 97.

义为模拟人类问题解决和心理任务处理。在许多研究中,[1][2][3][4][5][6][7]认知模型这一术语在认知心理学中用来简化描述人的问题解决,往往被认为是与人的认知加工过程相一致的计算模型。埃里克森和西蒙(Ericsson & Simon)的研究表明,认知模型已有效地预测和解释了许多问题解决行为的信息处理程序。[8] 以上定义说明:

(1) 认知模型是对实际发生的认知过程的抽象和概括;

(2) 认知模型能有效预测和解释问题解决行为。

本书所指的认知模型是认知分析框架。

5. 认知模拟

许多研究者使用计算机模拟的方法来研究问题解决的内部过程。问题解决认知模拟以认知模型为依据,分析问题解决认知过程,编写认知程序,在计算机软件中模拟,实现解题过程可视化。问题解决认知模拟,能够帮助理解复杂的认知过程。研究中并没有考虑解题过程中学生的动机、情感、情绪、态度等因素。

尽管目前计算机模拟问题解决过程还存在很多的问题,但计算机程序具有严密的逻辑性和确定性,对揭示问题解决的认知过程是其他手段不可

---

[1] Anderson, J. R., Qin, Y., Sohn, M. H., Stenger, V. A., & Carter, C. S., "An information-Processing Model of the BOLD Response in Symbol Manipulation Tasks", *Psychonomic Bulletin & Review*, Vol. 10, 2003, pp. 241–261.

[2] Baddeley, A. D., Logie, R. H., *Working Memory: The Multiple-Component Model*, In A. Miyake & P. Shah (eds.), *Models of Working Memory: Mechanisms of Active Maintenance and Executive Control*, Cambridge: Cambridge University Press, 1999, pp. 28–61.

[3] Ericsson, K. A., Simon, H. A., *Protocol Analysis: Verbal Reports as Data*, Cambridge: MIT Press, 1993, p. 57.

[4] Healy, A. F. (ed.), *Experimental Cognitive Psychology and Its Applications*, Washington, DC: American Psychological Association, 2005, pp. 99–105.

[5] Kalchman, M., Moss, J., Case, R., *Psychological Models for the Development of Mathematical Understanding: Rational Numbers and Functions*, In S. M. Carver and D. Klahr (eds.), *Cognition and instruction: Twenty-five Years of Progress*, Mahwah, NJ: Lawrence Erlbaum Associates, 2001, pp. 1–38.

[6] Newell, A., Simon, H. A., *Human Problem Solving*, Englewood Cliffs: Prentice Hall, 1972, p. 9.

[7] Siegler, R. S., *Models of Categorization: What are The Limits?* In L. Gershkoff-Stowe and D. Rakison (eds.), *Building Object Categories in Developmental Time*, Mahwah: Lawrence Erlbaum Associates, 2005, pp. 433–439.

[8] Ericsson, K. A., Simon, H. A., *Protocol Analysis: Verbal Reports as Data*, Cambridge: MIT Press, 1993, p. 57.

取代的。计算机模拟把问题解决过程中的一些因素综合起来，重建这个过程，克服了以往实验心理学以分析为主的做法，为从整体上了解问题解决的认知过程开辟了一条道路。① 随着人工智能技术和脑科学研究的不断发展，计算机模拟将会在研究问题解决认知过程中发挥更大的作用，模拟结果的可视化显示，将为问题设计、课堂交互、问题诊断等提供可靠依据。

6. ACT-R 模型

ACT-R 模型包括问题解决所需要的陈述性知识、程序性知识，问题的目标及达成目标的一系列认知操作。该模型使用 Lisp 语言描述。在本书中指小学数学问题解决的 ACT-R 程序。

7. 认知诊断

通常把对个体知识结构、加工技能或认知过程的诊断评估称为认知诊断评估或认知诊断（cognitive diagnosis assessment / cognitive diagnosis, CDA）。② 该定义包括以下几点：

（1）认知诊断以认知过程为基础；

（2）认知诊断只考虑认知方面，并不考虑动机、情感、信念等其他因素。

第二节 一般问题解决的过程模型

一 国外研究

（一）纽厄尔和西蒙的问题解决过程模型

纽厄尔和西蒙在其著作《人类问题解决》（*Human Problem Solving*）中提出的人类及计算机问题解决模型可被称之为问题解决模型的模型，③ 可被用来解释更大范围内的思维研究。④ 这种问题解决模型可以与记忆模

---

① 王甦、汪安生：《认知心理学》，北京大学出版社1992年版，第307页。

② Leighton, J. P., Gierl, M., *Verbal Reports as Data for Cognitive Diagnostic Assessment*, In J. P. Leighton & M. Gierl (eds.), *Cognitive Diagnostic Assessment for Education: Theory and Applications*, Cambridge: Cambridge University Press, 2007, pp. 146 – 172.

③ Newell, A., Simon, H. A., *Human Problem Solving*, Englewood Cliffs: Prentice Hall, 1972, p. 5.

④ Ericsson, K. A., Hastie, R., *Contemporary Approaches to the Study of Thinking and Problem Solving*, In R. J. Sternberg (ed.), *Thinking and Problem Solving* (2nd), New York: Academic Press, 1994, pp. 41 – 49.

型相媲美。① 该模型认为，问题解决是通过一系列中间操作，寻找有效手段缩小问题初始状态和目标状态之间差距的过程，详细阐述了"形成问题内部表征"和"缩小当前状态和目标状态的差距"两个问题解决的阶段，提出了"通用问题解决者"（General Problem Solver，GPS）计算机程序。

他们认为整个问题解决过程包含了问题初始状态和目标状态，这些状态组合起来就称为"问题空间"（problem space）。在问题空间和信息加工理论的前提下，一般的问题解决过程可分成以下两个阶段：

（1）了解问题：问题解决者将问题转换成心理表征，以命题、图像等方式放置在工作记忆中，表征以内在的形式存放在大脑中，或以外在的方式呈现。

（2）寻找解决方法：存储在工作内存的信息开始激活个体长时记忆系统中的知识，使问题解决者得以提取与问题相关的知识，并从中挑选解决问题的策略与方法，当个体找不到有效的问题解决方法时，就开始修正起初的问题表征。解题者若能成功解决问题，则表示内在的问题表征足以代表问题本身，因此问题表征就能进一步深植于长时记忆中，成为个体的新知识。

（二）杜威的问题解决过程模型

杜威（1859—1952）在其著作《我们如何思维》（How We Think）中，对问题解决的思维过程进行了划分，提出了问题解决的五步模式②：（1）意识到难题的存在；（2）识别出问题；（3）搜集有关材料并提出可能解决的假设；（4）接受或拒绝试探性的假设；（5）形成和评价结论。杜威建议，在学校中的所有年级和所有课程都要采用问题解决式的教学方法。奥苏贝尔（Ausubel D. P.）指出，关于问题解决认知过程阶段的概括描述中，六十多年来从没有人对杜威的描述做过明显的改进。③

---

① Atkinson, R. C., Shiffrin, R. M., *Human Memory: A Proposed System and Its Control Processes*, In K. W. Spence, I. T. Spence (eds.), *The Psychology of Learning and Motivation*, Vol. 2, London: Academic Press, 1968, p. 97.

② John Dewey, *How We Think*, Boston: DC Health, 1910, p. 50.

③ David P. Ausubel, "In Defense of Advance Organizers: A Reply to the Critics", *Review of Educational Research*, Vol. 48, 1978, pp. 251–257.

（三）基克的问题解决过程模型

基克（Gick, M. L.）等人认为通用的问题解决过程包括四个阶段：问题理解和表征，寻求解答，尝试解答，评价，具体过程如图 2—1 所示。[①]

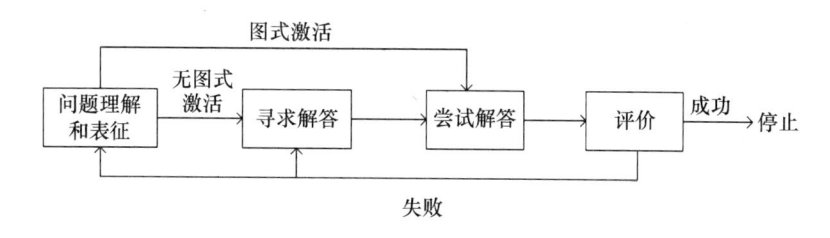

图 2—1　基克的问题解决过程模型

1. 问题理解和表征

基克等人认为问题解决的第一步是确定问题是什么，包括要解决的问题和已有的已知条件，也就是形成问题空间。这个过程具体包括识别相关信息、语义理解、整体表征、问题归类。

2. 寻求解答

在完成问题理解和表征之后，若问题解决者未能激活特定的图式，则开始寻求解决方式。一些常用的问题解决策略有算法式策略、手段—目的分析法、爬山法、逆向推理法等。

3. 尝试解答

尝试解答过程是执行解决计划的过程。在形成问题表征、制订好解题计划后，就开始尝试解决问题。此过程相对而言较简单，但也常常被忽视而导致错误。

4. 评价

在尝试解答后，要对解答的结果进行评价。评价的方式就是寻找证据来进行证实或证伪。如果证明此解答正确，则问题解决完成，否则可以返回到问题理解和表征阶段或寻求解答，重新尝试解决。

（四）安德森的 ACT-R 模型

ACT-R 由美国人工智能和心理学家卡耐基·梅隆大学（Carnegie Mel-

[①] 陈琦、刘儒德主编：《教育心理学》，高等教育出版社 2005 年版，第 125 页。

lon University）的安德森（John R. Anderson）等人建立，用来模拟和理解人类认知的理论。ACT-R 的研究人员努力理解人们是如何组织知识、产生智能行为的。ACT-R 理论从 1976 年提出至今已四十年，从最初的 ACT-E 到目前的 ACT-R 模型，其中"R"代表理性，是"实现人类目标的最佳行为"[①]。随着研究的不断深入，ACT-R 能够完成大量的人类认知的任务，非常详细地分析我们感知、思考和对外部环境的反应。

ACT-R 被称作"学习和认知的简单理论"，该理论认为复杂认知（complex cognition）是由相对简单的知识单元（knowledge units）组成，这些知识单元则是通过相对简单的原理（priciples）获得。人类认知非常复杂，其复杂性表现在基本元素和原理的复杂组合，就像计算机通过简单的运算能完成复杂的任务一样。ACT-R 还认为，要完成复杂的任务，须掌握任务的每一个构成要素，即所需要的基础知识是必要前提。安德森等人指出，ACT-R 理论为人类的认知活动提供了"重要的新见解"，包括以下几点:[②]

（1）ACT-R 是基于产生式系统的认知理论，可以从一个简单的心理系统出发，构建出认知行为的全部特征；

（2）ACT-R 可以通过信息加工来预测人类的行为，其本身也能产生智力行为；

（3）ACT-R 成功地为高水平的认知活动建立了模型，包括科学推理、技能获得和人机交互（Human Computer Interaction）等。

ACT-R 理论把知识分为陈述性知识（Declarative Knowledge）和程序性知识（Procedural Knowledge）。其中，陈述性知识是"是什么的知识"，指人们知道并可表达的真实信息，如中国的首都是北京、1 + 2 = 3 等。在 ACT-R 中，陈述性知识表征为小的原始知识单元，称为知识块（chunk）。程序性知识是"如何做的知识"，指用于提取陈述性知识块的规则性单元，也称为产生式（production）。Squire 等人给出了区分陈述性知识和程序性知

[①] Anderson, J. R., *The Adaptive Character of Thought*, Hillsdale: Lawrence Erlbaum Associates Inc, 1990, p. 28.

[②] Anderson, J. R., "ACT: A Simple Theory of Complex Cognition", *American Psychologist*, Vol. 51, 1996, pp. 355 – 365. Anderson, J. R. & Schunn, C. D., *Implications of the ACT-R Learning Theory: No Magic Bullets*, In R. Glaser (ed.), *Advances in Instructional Psychology*, Vol. 5, Mahwah: Erlbaum, 2000, pp. 1 – 27.

识的神经学证据。[①] 认知神经科学研究的深入，提供了更多神经机制方面的最新证据。Graybell（Graybell, A. M.）研究发现，基底神经节（basal ganglia）参与了大脑皮层的信息编码过程，并且是导致动作序列自动化的原因。[②] 这种编码和组块的结果之一是，曾经有意识的、慢的动作序列变得自动化并加快。

ACT-R模型如图2—2示。ACT-R的结构反映了关于人类认知的假设，这些假设以来自于心理学实验的大量事实为基础，主要包括模块（modules）、缓冲区（buffers）和模式匹配器（pattern matcher）。

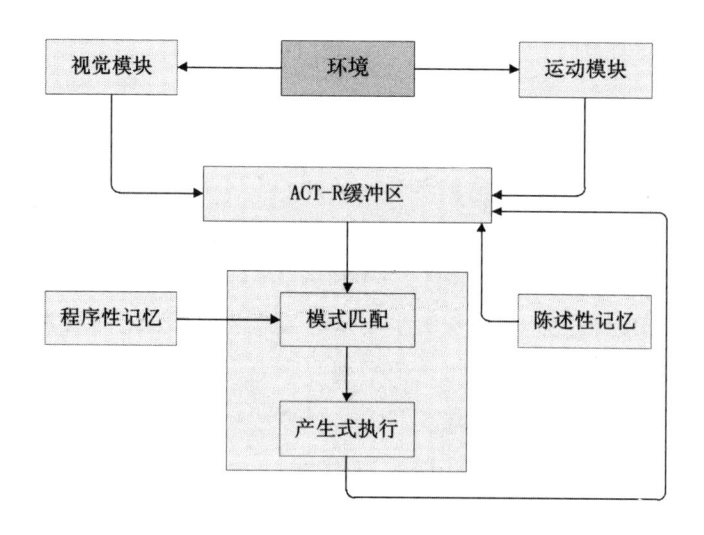

图2—2 ACT-R认知模型

ACT-R中有两类模块：感知—运动模块（perceptual-motor modules）和记忆模块（memory modules）。其中，感知—运动模块是与现实世界的接口，ACT-R中最完善的感知—运动模块是视觉模块和运动模块。ACT-R中还包括两种记忆模块：陈述性记忆，由一些事实组成，如华盛顿是美国的首都、1+3=4等；程序性记忆，由产生式组成，这些产生式表征了我

---

① Squire, L. R., Knowlton, B., Musen, G., "The Structure and Organization of Memory", *Annual Review of Psychology*, Vol. 44, 1993, pp. 453–495.

② Graybell, A. M., "The Basal Ganglia and Chunking of Action Repertoires", *Neurobiology of Learning and Memory*, Vol. 70, 1998, pp. 119–136.

们如何做的知识，如如何驾车、如何做加法等。

ACT-R中模块（除去感知—运动模块）之间的交互通过缓冲区来完成。对于每一个模块，有一个专用的缓冲区作为该模块的接口。在特定时刻缓冲区中的内容表征了那一刻ACT-R的状态。

模式匹配器用来寻找与缓冲区中当前状态相匹配的产生式。在特定时刻可以匹配多个产生式但只有一个产生式被执行。产生式执行时会修改缓冲区中的内容，进而改变系统的状态。因此，ACT-R中认知展现为一系列产生式的激活。

二 国内研究

国内许多学者也对问题解决的认知过程进行了很多理论与实践研究。高文等人认为，问题解决的一般过程可以归结为以下五个阶段：（1）问题的识别与定义；（2）策略的选择与应用；（3）问题的表征；（4）资源的分配；（5）监控与评估。[①] 江琦和杨山提出问题解决过程可以分为任务理解和执行操作两个环节。[②] 图2—3和图2—4分别是任务理解和执行操作的模型。问题解决的信息加工机制是在概念驱动下，心理资源在有控制的整体加工和自动化局部加工之间平衡有序地流动。

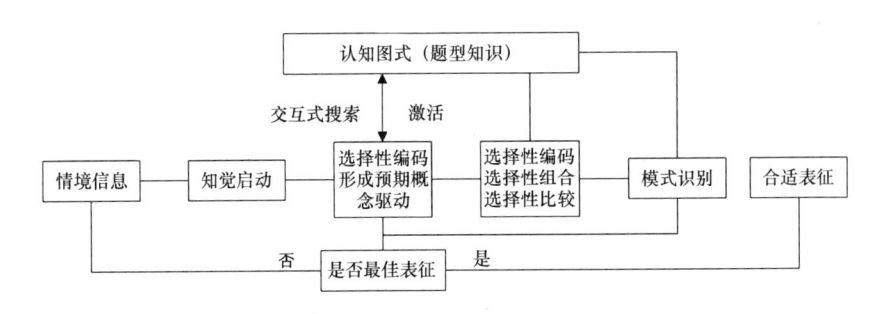

图2—3 问题解决中任务理解模型

---

① [美]莱斯利·P.斯特弗等编：《教育中的建构主义》，高文、徐斌燕等译，华东师范大学出版社2002年版，第59页。

② 江琦、杨山：《问题解决的信息加工机制探析》，《宁波大学学报（教育科学版）》2002年第1期。

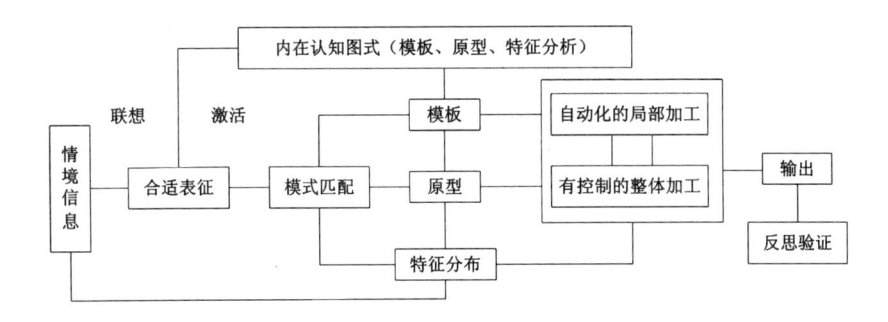

图 2—4 问题解决中执行操作模型

三 述评

西蒙认为，人类信息加工的过程是一个单线的、进行系列活动的系统，因为人只能同时想一件事、做一件事。人就是一个单线的系统。[①] 提出的问题解决工程模型对一定类型的问题解决行为和思维提供了很好的预测，使人类思维看上去不再神秘。[②] 它是功能性描述、抽象，与结构无关。确定的是通用的问题解决过程或一般的解题策略，没有考虑学科知识。

安德森提出的 ACT-R 模型提供了抽象的认知结构，仅从功能的角度对认知模型进行了描述。ACT-R 已应用于许多领域，取得了一定的成果。但 ACT-R 模型和问题解决过程并不相同，还有许多问题需要进一步研究。

（1）ACT-R 是在确定问题目标后，执行问题解决方案的串行过程，并没有给出问题目标是如何确定的。问题从目标开始，以达成目标结束，目标的确定是问题解决过程中非常关键的一步。

（2）ACT-R 中缺乏高级思维或策略选择。任何一个问题要得到解决，总要用到某个策略，是否选择了合适的策略常常决定问题解决的成败。人在解决问题时，通常从长时记忆中提取以前解决类似问题的所有策略，或者形成一个新的策略。策略是问题解决中必不可少的一个环节。

---

① Simon, H. A., *Information-processing Theory of Human Problem Solving*, In W. K. Estes (ed.), *Human Information Processing* (*Handbook of Learning and Cognitive Process*), Vol. 5, Hillsdale: Lawrence Erlbaum Associates, 1978, pp. 271–295.

② Newell, A. and Simon, H. A., "Computer Simulation of Human Thinking", *Science*, Vol. 134, 1961, pp. 2011–2017.

（3）ACT-R 介绍的是大致的认知过程，没有给出具体的过程。例如，模型中提到与长时记忆中的有关信息进行比较，并没有进一步的说明。利用该模型难以设计出 ACT-R 程序。

（4）ACT-R 是通用的认知模型，没有考虑学科特点。由于学科内容不同，问题解决的过程会存在差异。认知模型的构建应充分考虑学科内容特点，与学科紧密联系。

通过以上分析发现，ACT-R 分析的是一个线性的过程，是符号化之后的，实际的问题解决过程是非线性的。人在问题解决过程中可能存在反思过程，反思策略选择是否恰当、计算是否正确、解题过程是否完整等。

第三节 数学问题解决的过程模型

一 国外研究

（一）波利亚的"怎样解题表"

波利亚（George Polya，1887—1985）是著名数学家和数学教育家，是数学问题解决研究领域中的标志性人物，在其著作《怎样解题》（*How to Solve It*）中提出了问题解决的四个步骤，[①] 如表 2—1 所示。

表 2—1　　　　　　　　波利亚的"怎样解题表"

（1）你必须理解题目	理解题目： 未知量是什么？已知数据是什么？条件是什么？条件有可能满足吗？条件是否足以确定未知量？或者它不够充分？或者多余？或者矛盾？ 画一张图，引入适当的符号。 将条件的不同部分分开，你能把它们写出来吗？

---

① ［美］G. 波利亚：《怎样解题》，涂泓、冯承天译，上海科技教育出版社 2007 年版，第 79 页。

续表

（2）找出已知数据与未知量之间的联系； 　　如果找不到直接的联系，你也许不得不去考虑辅助题目； 　　最终你应该得到一个解题方案	拟订方案： 　　你以前见过它吗？或者你见过同样的题目以一种稍有不同的形式出现吗？ 　　你知道一道与它有关的题目吗？你知道一条可能有用的定理吗？ 　　观察未知量！并尽量想出一道你所熟悉的具有相同或相似未知量的题目。 　　这里有一道题目和你的题目有关而且以前解过。你能利用它吗？你能利用它的结果吗？你能利用它的方法吗？为了有可能应用它，你是否应该引入某个辅助元素？ 　　你能重新叙述这道题目吗？你还能以不同的方式叙述它吗？ 　　回到定义上去。 　　如果你不能解所提的题目，先尝试去解某道有关的题目。你能否想到一道更容易着手的相关题目？一道更为普遍化的题目？一道更为特殊化的题目？一道类似的题目？你能解出这道题目的一部分吗？只保留条件的一部分，而丢掉其他部分，那么未知量可以确定到什么程度，它能怎样变化？你能从已知数据中得出一些有用的东西吗？你能想到其他合适的已知数据来确定该未知量吗？你能改变未知量或已知数据，或者有必要的话，把两者都改变，从而使新的未知量和新的已知数据彼此更接近吗？你用到所有的已知数据了吗？你用到全部的条件了吗？你把题目中所有关键的概念都考虑到了吗？
（3）执行你的方案	执行方案： 　　执行你的解题方案，检查每一个步骤。你能清楚地看出这个步骤是正确的吗？你能否证明它是正确的？
（4）检查已经得到的解答	回顾： 　　你能检验这个结果吗？你能检验这个论证吗？ 　　你能以不同的方式推导这个结果吗？你能一眼就看出它来吗？ 　　你能在别的什么题目中利用这个结果或这种方法吗？

　　波利亚的问题解决的四个步骤对数学教育的影响极其深远，目前数学教育界知名的问题解决专家，如基尔派特里克（Kilpatrick）、匈菲尔德（Schoenfeld）等都是在波利亚的工作基础上展开研究的。

　　（二）匈菲尔德的数学解题模式

　　匈菲尔德（Schoenfeld）强调数学解题的研究方向需要考虑四个因素：知识基础、解题策略、自我控制及信念系统。[①] 他研究发现认知因素居于

---

① Schoenfeld, A. H., *Mathematical Problem Solving*, Orlando：Academic Press, 1985, p. 101.

关键的地位。依据元认知的观点，他将问题解决过程区分为读题、分析、探究、计划、实施、检验六个阶段。图 2—5 用流程图的形式描述了问题解决的各个阶段。

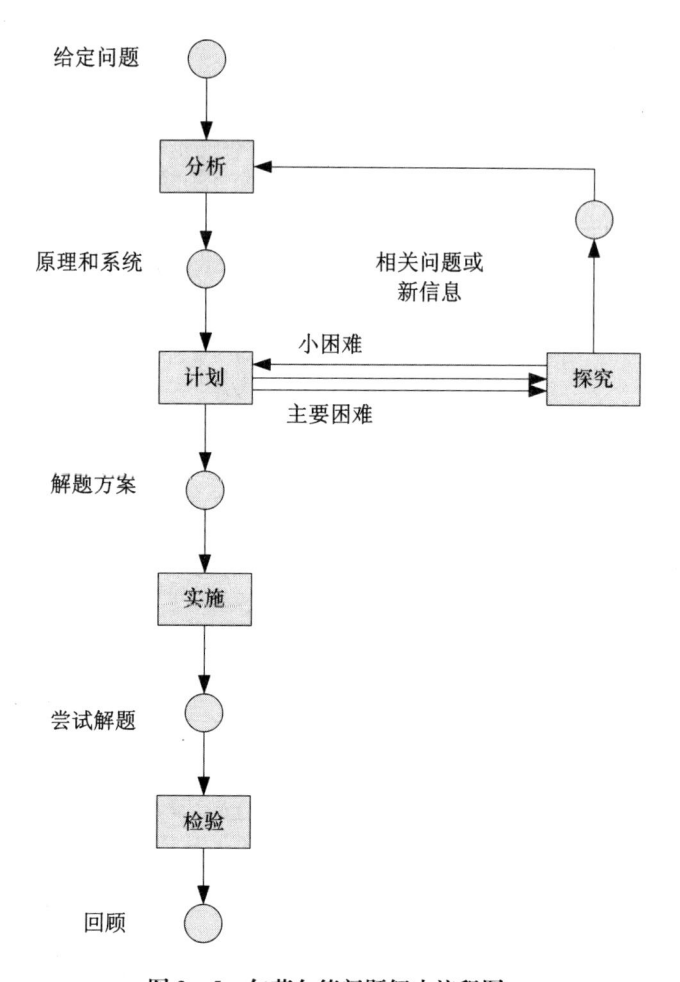

图 2—5　匈菲尔德问题解决流程图

流程图的五个环节，可以详细解释为：

第一阶段是分析，要分析问题实际表示什么意思、已知条件是什么、要求的是什么、目标看起来是否合情、哪些主要的原理或者系统是相关的或者必须遵守的、问题属于哪部分数学内容等。

第二阶段是计划，从某种意义上说，计划是一种"主控机制"。实际上，它不是一个独立的框图，而是贯穿整个过程。它的作用是保证所进行的活动是有益的。

第三阶段是探究,探究是问题解决的心脏,问题解决的主要活动都是在这一阶段进行。

第四阶段是实施,是执行问题解决方案的过程,是实际解决问题的最后阶段。

第五阶段是检验,这一步应该引起重视,学生很少检查问题解决的结果,而这恰恰是一种很有价值的活动。

通过分析发现,匈菲尔德的数学问题解决模型是在波利亚的基础上发展起来的,他的这个模型在数学教育界已经得到普遍认可。

关于数学问题解决认知过程,认知和数学心理学家 Lewis & Mayer 和 Kintsch & Greeno 分别提出了他们的理论模型并作了详尽的说明。

(三) Lewis 和梅耶 (Mayer) 的数学解题模型

Lewis & Mayer 指出,数学问题解决的两个重要成分就是问题表征和解决计划的执行。[①] 数学应用题的解决涉及建立问题的表征,然后运用算术或代数规则制订解决问题的方案。前文相关研究(如 Anand 等人)表明,儿童解决应用题时遇到的主要困难是问题表征,而不是计算问题。在问题表征中具体涉及两个子成分:[②]

(1) 句子的翻译,尤其是关系句的理解。前文相关研究(如梅耶等人)指出,关系句表征非常困难,儿童往往忽略或误解关系方面的信息。

(2) 识别问题类型。儿童学习把问题归成各种类型,即获得各种问题类型的图式。学生要掌握一种图式,就要识别问题中的语义关系。Greeno 分析了几何和算术问题的解题过程,描述了理解和解决问题过程中所用到的知识和策略。[③] Rily 等指出,随着年龄的增长,儿童对问题的理解能力会逐步加强。[④] 他们根据增加、减少、合并、比较等概念知识,按语义关系将算术应用题归为三种类型:

[①] Mayer Richard E. Mathematics, In R. F. Dillon & R. J. Sternberg (eds.), *Cognition and Instruction*, Orlando: Academic Press, 1986, pp. 127 – 154.

[②] 辛自强:《问题解决与知识建构》,教育科学出版社 2005 年版,第 40 页。

[③] Greeno, James G., *Some Examples of Cognitive Task Analysis with Instructional Implication*, In R. E. Snow, P. Federico & W. E. Montagu (eds.), *Aptitude, Learning and Instruction*, Hillsdale: Lawrence Erlbaum Associates, 1980, pp. 1 – 21.

[④] Rily, M. S., Greeno, J. G. & Heller, J. I., "Development of Children's Problem Solving Ability in Arithmetic", *The Development of Mathematical Thinking*, Vol. 24, 1983, pp. 153 – 196.

（1）引起变换问题（cause-change problem）。变换问题描述了加减操作引起的事物在数量上的增加或减少。如"小明有3个苹果，小红给他2个苹果，小明现在有几个苹果？"

（2）组合问题（combination problem）。组合问题中有个并不变化的量，问题解决者需要作出合并或分解。如"小明有3个苹果，小红有2个苹果，他俩共有几个苹果？"

（3）比较问题（comparison problem）。比较问题是比较两个不变的量的大小。如"小红有2个苹果，小明比她多3个苹果，小明有多少个苹果？"

Green研究发现，学生在表征和解决比较应用题时面临着困难。Lewis等人[1]和Verschaffel等人[2]对比较问题研究发现，当在比较问题中的关系词和所要求的算术运算不一致时，学生会遇到更多困难。

为了解释这种困难，Lewis和Mayer[3]建构了关于比较问题理解过程的模型。该模型主要是关于需要一步运算的比较问题。通常这类问题始于一个赋值句，句中说明了一个变量的数值（例如，"小明有3个苹果"）。句子后面通常跟着一个关系句，用与另一个变量的关系定义了一个变量（例如，"他比小红多2个苹果"）。最后，是关于未知量数值的一个问句（例如，"小红有几个苹果？"）。

Lewis和梅耶提出了一致性假设，认为学生对问题中提供信息的顺序有所偏好，喜欢一致语言问题中的顺序。该模型表明，当关系句中的顺序与喜好的顺序不一致时，会发生更多理解错误。

根据模型，关于比较问题的陈述形式也有特定的偏好。当问题中给定的关系句的形式与学生的图式不一致时，他必须重新安排现有信息，这个过程中可能会出现表征错误。Verschaffel等人用眼动实验证明，只有当任务对被试有一定的认知要求时，该模型才是合理的。

（四）Kintsch和Greeno的数学解题模型

---

[1] Lewis, Anne, B. & Mayer, Richard E., "Students' Miscomprehension of Relational Statements in Arithmetic Word Problems", *Journal of Educational Psychology*, Vol. 79, 1987, pp. 363–371.

[2] Verschaffel, L., De Corte, E. & Pauwels, A., "Solving Compare Problems: An Eye Movement Test of Lewis and Mayer's Consistency Hypothesis", *Journal of Educational Psychology*, Vol. 84, 1992, pp. 85–94.

[3] Lewis, Anne, B. & Mayer, Richard E., "Students' Miscomprehension of Relational Statements in Arithmetic Word Problems", *Journal of Educational Psychology*, Vol. 79, 1987, pp. 363–371.

Kintsch 和 Greeno 的模型的主要成分是一组知识结构以及在建构问题表征和解决问题时使用这些知识结构的一组策略。① 表征是双重的：一方面是表征文本性输入的文本框架；另一方面是抽象的问题表征或问题模型，包含源自文本框架的问题相关信息。

模型中包括了表征和解决问题所用的两组知识结构：（1）用于把句子转换成命题的一组命题框架；（2）以一般的形式表征特性与集合之间关系的一组图式，该图式用于建构宏观结构与问题模式。表征完成之后就进入问题解决阶段。

其他研究者也对数学问题解决过程进行了研究。如奥苏贝尔和鲁宾逊（Ausubel & Robinson）以几何问题为原型，提出了一个问题解决的模式，指出问题解决一般要经历四个阶段：呈现问题情境命题、明确问题的目标和已知条件、填补空隙、解答之后的检验。② 梅耶（Mayer）认为，解答应用题的认知过程可以分为四个阶段：表征问题、综合问题、制订和调整解答计划、执行解答计划。③

二 国内研究

喻平从解题的认知加工行为出发，将解决问题的阶段与相应的认知加工方式相对应，提出了如图 2—6 所示的数学解题认知模式图。④ 他认为数学问题解决就是解题者在自己的长时记忆中提取解题图式用于新的问题情境的过程。他把数学问题解决分为理解问题、选择算子、应用算子、结果评价四个阶段。与这四个阶段相对应的认知过程分别是：问题表征、模式识别、解题迁移、解题监控。

另外，张庆林等把小学数学应用题的认知过程分为三个阶段：表征问题、解答问题、思路总结，⑤ 朱德全提出了数学问题解决的"四步再反

---

① Kintsch, Walter & Greeno, James G., "Understanding and Solving Word Arithmetic Problems", *Psychological Review*, 1985, Vol. 92, pp. 109 – 129.

② Ausubel, D. P. & Robinson, F. G., *School Learning*, New York: Holt, Rinehart and Winston, 1969, p. 47.

③ Mayer, R. E., *Educational Psychology: A Cognitive Approach*, Boston: Little, Brown, 1987, p. 19.

④ 喻平:《数学学习心理的 CPFS 结构理论》, 广西教育出版社 2008 年版, 第 150 页。

⑤ 张庆林、管鹏:《小学生表征应用题的元认知分析》,《心理发展与教育》1997 年第 3 期。

```
┌────────┐    ┌────────┐    ┌────────┐    ┌────────┐
│ 理解问题 │──▶│ 选择算子 │──▶│ 应用算子 │──▶│ 结果评价 │
└────────┘    └────────┘    └────────┘    └────────┘
     ▲                                         ▲
┌────────┐    ┌────────┐    ┌────────┐    ┌────────┐
│ 问题表征 │──▶│ 模式识别 │──▶│ 解题迁移 │──▶│ 解题监控 │
└────────┘    └────────┘    └────────┘    └────────┘
              ┌──────────┐
              │  工作记忆  │
              └──────────┘
         ┌──────────────────────┐
         │ ┌──────┐    ┌──────┐ │
         │ │知识基础│    │解题策略│ │
         │ └──────┘    └──────┘ │
         │        长时记忆        │
         └──────────────────────┘
```

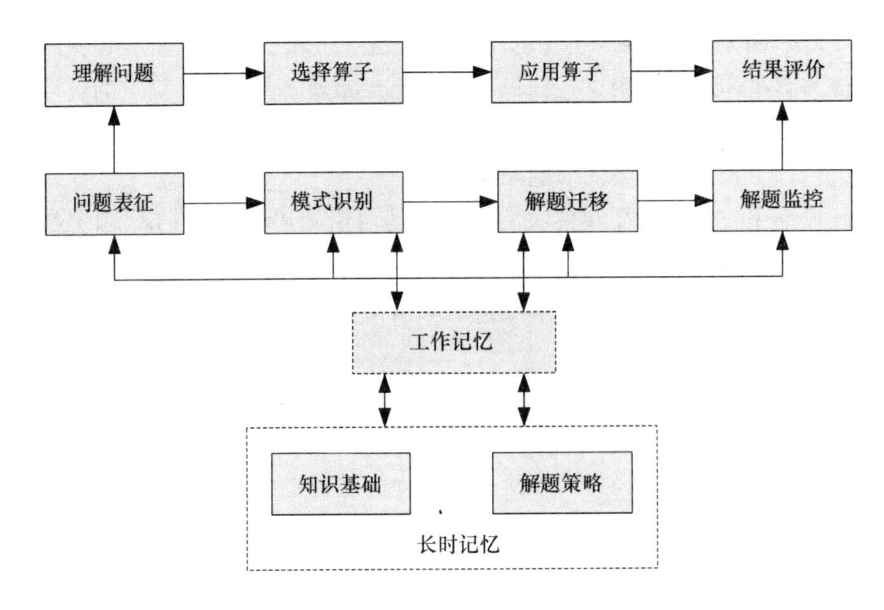

图 2—6 喻平的数学解题认知模式

馈"程式,① 何小亚将数学问题解决的心理过程分为四个阶段：意识到问题存在、表征问题、确定解题策略、评价与反思。②

三 述评

关于波利亚的模式，美国研究问题解决的专家 Lester 认为："波利亚模式的不足之处所造成的严重后果，是以此为基础的研究在很大程度上忽视了元认知。这些研究唯一地集中于启发法，然而，各种算法和启发法的应用依赖于复杂的思维活动，而其中的大部分则都可能借助于元认知得到解释。事实上，很多致力于改善学生的解题行为的努力之所以未能取得成功，就是因为有关的教学过分地强调了启发法能力的发展，而忽视了对于调整个人行为来说十分必要的调节能力。"Lweis 模型与 Kintsch 模型虽然细节不同，但都认为问题解决过程包括两个主要成分：问题理解（或问题表征）和问题解决。③ 其中，问题理解是指学生把问题文本转换成语义表征，本质上是为解决问题而重构问题；问题解决是执行问题解决策略产

---

① 朱德全：《数学问题系统的构建与解决程式》，《中国教育学刊》1999 年第 5 期。
② 何小亚：《解决数学问题的心理过程分析》，《数学教育学报》2004 年第 3 期。
③ 辛自强：《问题解决与知识建构》，教育科学出版社 2005 年版，第 45 页。

生答案。

小学数学问题解决过程已有大量研究，取得了很大成就，但也有很多问题需要进一步探讨。

（1）心理学把问题解决的过程划分成不同的阶段，划分比较粗略，虽然有些模型（如 Grick、喻平等人的模型）针对问题解决的阶段分析了对应的认知加工方式，但这些模型没有考虑小学生的认知特点，对每个阶段的认知过程分析和研究还不够深入。

（2）心理学对针对问题解决的某一环节进行了深入研究，如问题表征、问题图式等，并没有完全揭示问题解决的整个认知过程，我们需要对整个问题解决过程进行全面的分析和研究。

（3）针对问题解决认知过程的分析，仅是为了"分析而分析"，并没有考虑认知过程分析对教学的帮助。

第四节 数学问题解决认知过程分析

一 解题过程中的问题表征

表征是问题解决的一个中心环节。如果一个问题得到了正确的表征，可以说它已解决了一半。[1] Wertheimer 指出[2]，问题解决的典型特征在于生成合理的问题表征，即问题被恰当地组织起来。问题表征是解决问题的关键步骤，一个合适的表征应该满足以下三个条件：（1）表征与问题的真实结构相对应；（2）表征中的各个问题成分被恰当地结合在一起；（3）表征结合了问题解决者的其他知识。Kaplan 和西蒙的研究结果表明，[3] 问题解决过程中的顿悟是由于被试找到了适宜的问题表征方式，而被试只有获得指引搜索和使搜索高度有效的强约束条件才能发现适宜的表征；问题本身的特征和相关领域的知识是强约束条件的主要来源，它们能引导被试生成特殊有效的问题表征。

---

[1] ［美］Simon, H. A.：《人类的认知——思维的信息加工理论》，荆其诚、张厚粲译，科学出版社1986年版，第112—123页。

[2] Wertheimer, M., "A Gestalt Perspective on Computer Simulations of Cognitive Processes", *Computers in Human Behavior*, Vol. 17, 1985, pp. 248–294.

[3] Kaplan, C. A., Simon, H. A., "In Search of Insight", *Cognitive Psychology*, Vol. 22, 1990, pp. 374–419.

Kintsch 和 Greeno 认为,[1] 数学应用题的解题关键是问题的表征。问题表征是双重的：一方面是表征文本性输入的命题性文本框架（propositional text base），在算术应用题中，基本命题性文本框架就是集合（sets）或集合之间的关系，问题解决者必须把语言输入转化成这种文本框架；另一方面是抽象的问题表征或问题模型（problem model），它包含源自文本框架的问题相关信息以及问题解决者从有关算术问题领域中推理出的信息。问题模型中包括了表征和解决问题所用的三组知识结构：（1）用于把句子转译成命题的一组命题框架（propositional frames）；（2）以一般的形式表征特性与集合之间关系的一组图式（schemata）；（3）以一般的形式表征计算与算术运算的一组动作图式（action schemata）。在建构问题模型时，问题解决者要推想解题所需但文本框架中没有的信息，同时排除文本框架中解题不需要的信息。在问题得到正确表征后，就可以进入解题阶段，这时要用到问题解决程序。

Ashcraft[2][3]、Campbell[4]、Thevenot 等人[5]研究发现，人们在解决简单算术问题时都会从长时记忆中直接提取答案。Campbell（2001）[6] 和 Seyler（2003）[7] 研究发现，人们会根据运算类型调整他们的计算方法，在计算加法和乘法时，更倾向于使用提取法；在计算减法和除法时，更倾向于使用推演法。

敏钦斯卡娅用实验证明，解答应用题的过程与解答其他思维问题的过

---

[1] Kintsch, W., Greeno, J. G., "Understanding and Solving Word Arithmetic Problem", *Psychology Review*, Vol. 92, 1985, pp. 109 – 129.

[2] Ashcraft, M. H., "Cognitive Arithmetic: A Review of Data and Theory", *Cognition*, Vol. 44, 1992, pp. 75 – 106.

[3] Ashcraft, M. H., "Cognitive Psychology and Simple Arithmetic: A Review and Summary of New Directions", *Mathematical Cognition*, Vol. 1, 1995, pp. 3 – 34.

[4] Campbell, Jamie, I. D., "Mechanisim of Simple Addition and Multiplication: A Modified Network-interference Theory and Simulation", *Mathematical Cognition*, Vol. 1, 1995, pp. 121 – 164.

[5] Thevenot, C., Fanget, M. & Fayol, M., "Retrieval or Non-retrieval Strategies in Mental Arithmetic? An Operand Recognition Prardigm", *Memory & Cognition*, Vol. 35, 2007, pp. 1344 – 1352.

[6] Campbell, Jamie I. D. & Xue, Qilin, "Cognitive Arithmetic Across Cultures", *Journal of Experimental Psychology: General*, Vol. 130, 2001, pp. 299 – 315.

[7] Seyler, D. J., Kirk, E. P. & Ashcraft, M. H., "Elementary Subtraction", *Journal of Experimental Psychology: Learning, Memory and Cognitin*, Vol. 29, 2003, pp. 1339 – 1352.

程一样，是分析和综合的过程。① 朱曼殊等人通过实验表明，② 不能把学生解答应用题的过程看做简单地运用分析法和综合法的过程，其远比这两种方法的应用要复杂得多；学生解答复合应用题的认知过程可以分为三个阶段：把握题目直接给予的东西、揭示隐蔽的东西、检验。其中，揭示隐蔽的东西是解答应用题的基本阶段，由抽象语词代替、形象活动演示、变更条件、实际运算探索四种智力操作方式实现。

朱新明研究了模式辨认在学生解几何问题中的作用和表现，结果表明，学生解几何题先要对问题识别和归类，从问题情境中正确辨认出符合解题目标的几何图形模式，才能唤起与解题有关的几何知识。③ 施铁如通过分析被试解题时的口语报告资料发现，在解代数方程应用题时，模式辨认主要表现为识别应用题的类型，被试能否识别类型决定着他能否快速、准确地解答问题；要正确识别应用题的类型，需要从具体的语义情境中分出确定的、一般的结构关系，这既依赖于被试对当前问题信息的加工，又依赖于对记忆中储存相关信息的搜寻。④ 谢安平构建了珠算的认知过程模型。⑤ 傅小兰等选用智力数学题为实验作业，详细分析了34名大学生被试的问题表征环节及问题解决结果，探讨了问题表征中的信息加工过程及其对问题解决结果的影响，研究发现，问题表征的信息加工过程分为问题信息的搜索和提取、问题信息的理解和内化、隐喻约束条件的发现三个阶段。⑥

二 问题解决过程中的语句表征

许多关于数学应用题解题过程的研究表明，应用题的问题表征可以分为两个阶段：语句表征和结构表征。

关于语句表征，国内外已有不少研究。张庆林将应用题的语句分为情节描述句、赋值句、问题句、关系句、复合句，前三种比较容易理解，后

---

① ［苏］敏钦斯卡娅：《算术教学心理学》，孙经灏等译，人民教育出版社1962年版，第57页。
② 朱曼殊、白振汗：《小学生解答复合应用题的思维活动》，《心理学报》1964年第4期。
③ 朱新明：《解决几何问题的思维过程》，《心理学报》1983年第1期。
④ 施铁如：《解代数应用题的认知模式》，《心理学报》1985年第3期。
⑤ 谢安平：《珠算认知过程的研究与讨论》，硕士论文，清华大学，2009年，第28—32页。
⑥ 傅小兰、何海东：《问题表征过程的一项研究》，《心理学报》1995年第2期。

两种是表征的难点和关键。① 梅耶研究发现,关系句表征特别困难,采用由解题者复述题目内容的方法,发现在复述时,解题者往往会遗漏关系句,或者错误地描述关系特征,甚至还会出现将关系句复述为赋值句的错误。② Lewis & Mayer 指出,关系句是根据一个变量来定义另一个变量,问题是求另一个变量的值,并对关系句的表征进行了研究,通过两组实验发现,关系句中的"关系词与所要求的算术运算不一致"表征更加困难。③ Lewis 对影响语句表征的因素进行了研究,发现整体表征直接影响语句表征,若两种训练同时进行,语句表征的效果会得到明显提高。④

还有学者对比较句表征进行了深入研究,Riley 等人让学生听应用题,之后让学生复述应用题进行了研究。⑤ Bernardo 等人通过四个实验考察了象征性知识(symbolic knowledge)和问题信息情境(problem-information context,PIC)在将关系句转换为数学方程式过程中的作用,证明关系句是学生问题表征的难点,提倡对学生表征关系句进行专门训练。⑥

在语句表征的影响因素研究中,Loftus 等人通过眼动(eye-movement)实验发现,应用题的图式知识、语言学知识等对语句表征具有重要影响。⑦ Cooney 等人研究认为,问题图式与关系句及问题句的表征密切相关,记忆容量小的学生对关系句的回忆效果明显很差,记忆容量大的学生无关句的回忆数目明显更低。⑧

---

① 张庆林:《元认知与主体教育》,西南师范大学出版社 1997 年版,第 49—51 页。

② Mayer, Richard E., *Educational Psychology: A Cognitive Approach*, Boston: Little, Brown, 1987, pp. 67–72.

③ Lewis, Anne, B. & Mayer, Richard E., "Students' Miscomprehension of Relational Statements in Arithmetic Word Problems", *Journal of Educational Psychology*, Vol. 79, 1987, pp. 363–371.

④ Leiwis, Anne, B., "Training Students to Represent Arithmetic Word Problems", *Journal of Educational Psychology*, Vol. 81, 1989, pp. 521–531.

⑤ Mary S. Riley, James G. Greeno, Joan I. Heller, *Development of Children's Problem-Solving Ability in arithmetic*, London: Academic Press, 1983, pp. 153–196.

⑥ Bernardo, Allan, B. I. & Okagaki, Lynn, "Roles of Symbolic Knowledge and Problem-Information Context in Solving Word Problems", *Journal of Educational Psychology*, Vol. 86, 1994, pp. 212–220.

⑦ Loftus, Elizabeth, F. & Suppes, Patrick, "Structural Variables that Determine the Speed of Retrieving Words from Long-term Memory", *Journal of Verbal Learning and Verbal Behavior*, Vol. 11, 1972, pp. 770–777.

⑧ Cooney, J. B. & Swanson, H. L., "Individual Differences in Memory for Mathematical Story Problems: Memory Span and Problem Perception", *Journal of Educational Psychology*, Vol. 82, 1990, pp. 570–577.

三 问题解决过程中的图式

在问题解决过程中，从对问题情境的知觉到对问题的理解，再到问题解决方法的制订，都受到图式的影响。Bernardo 认为问题图式是由与问题类型有关的原理、概念、关系、程序、规则、操作等构成的知识综合体，[1] 它包括多方面的含义：（1）它是与问题解决有关的有组织的知识组块；（2）它是已有问题解决成功样例的概括和抽象；（3）它可以被当前问题情景的某些线索激活，进而预测或猜测某些未知觉到的线索，有助于问题表征的形成；（4）它结合了问题解决的策略、方法和程序，甚至有自动化的操作程序，所以它会指导整个问题解决的过程。

关于图式影响对问题情境的知觉，Gilhooly 认为，正确的问题知觉就像提示出一个问题图式，它暗示一个直接的、类似原型的问题解决方法，[2] 说明问题知觉与图式密切相关。

图式与问题的理解密切相关。知识是由若干相互联系的节点组织而成的语义网络，问题提供的信息会激活语义网络中的某一个节点，进而激活相关网络，即激活相关图式，图式可以提供给问题解决者相关信息和知识，帮助其理解问题。Best 指出，图式知识一旦被激活，就能引导问题解决者以特定的方式搜索问题空间、寻找问题的有关特征，进而有利于提高问题解决的效率。[3]

面对不同类型的数学问题时，需要选择合适的图式，指导问题解决过程。梅耶对解几何应用题的研究表明，解决几何应用题的关键实际上就是发现适合的图式。[4]

图式不仅对问题解决有影响，问题解决也是学生获得图式的重要途径。在解决熟悉的数学问题时，学生会利用已有图式。在解决新的数学问

---

[1] Bernardo, A. B. I., "Problem-specific Information and the Development of Problem-type Schemata", *Journal of Experimental Psychology: Learning, Memory and Cognition*, Vol. 20, 1994, pp. 379 – 395.

[2] Gilhooly, K. J., *Thinking: Directed, Undirected and Creative*, London: Academic Press, 1988, pp. 75 – 90.

[3] ［美］Best, J. B.：《认知心理学》，黄希庭主译，中国轻工业出版社 2000 年版，第 397 页。

[4] Mayer Richard, E., "Frequency Norms and Structural Analysis of Algebra Story Problems into Families, Categories and Templates", *Instructional Science*, Vol. 10, 1981, pp. 135 – 175.

题时，学生会调用相关已有图式来指导，在问题解决中图式不断得以修正，进而形成新的图式。因此，问题和问题解决是相互影响的。西蒙指出，一旦人或计算机程序确定了问题所需要的图式以及每个图式所需要的数据，就会将这些图式综合在一起形成一个新的图式——问题图式，在问题图式中说明各个分图式的关系。[①] 形成问题图式需要在具体的问题解决过程中通过排除、概括和建构从关注问题表层转向深层，即有三个过程："一是排除过程，从表层描述中排除不重要的细节，使得储存的信息量降低；二是概括过程，概括也会减少储存的信息，同时又会对信息进行改造；三是建构过程，建构不再是减少而是增加信息，包含了对未直接表述的蕴涵的信息的推断"[②]，也叫做超越实际呈现的信息。图式的形成是主体主动地认知建构过程，在理解的基础上形成图式才不容易遗忘并利于迁移。

四 问题表征与解题效果

关于问题表征与解题效果的关系方面，安德森研究发现，对问题的不同表征会产生不同的问题解决效果。[③] Anand 等人的研究表明，学生解答应用题产生错误的原因主要是对问题结构的错误表征，而不是计算方面的因素。[④] 喻平等提出了数学学习的 CPFS（concept field, concept system, proposition field and proposition system, CPFS）结构理论，认为具备优良 CPFS 结构的学生能更合理、正确地表征问题，能够有效地解决问题；能够合理表征问题的学生，一定具备更优良的 CPFS 结构。[⑤] 李晓东等人以 40 名小学三年级学生为被试，分析了学优生与学困生解决比较问题的差异，结果表明：（1）学优生与学困生解决比较问题的成绩差异显著，这种差异与其解题时所运用的表征策略有关；（2）学生在解决比较问题时出现的主要错误为转换错误，在不一致问题中出现的错误多于一致问题中

[①] [美] Simon, H. A.:《人类的认知——思维的信息加工理论》，荆其诚、张厚粲译，科学出版社 1986 年版，第 130 页。

[②] 李晓文、王莹:《教学策略》，高等教育出版社 2000 年版，第 67—95 页。

[③] Anderson, J. R., "Problem Solving and Learning", *American Psychologist*, Vol. 48, 1993, pp. 35 – 44.

[④] Anand, P. G., "Using Computer-assisted Instruction to Personalize Arithmetic Materials for Elementary School Children", *Journal of Educational Psychology*, Vol. 79, 1987, pp. 72 – 78.

[⑤] 喻平:《个体 CPFS 结构与数学问题表征的相关研究》，《数学教育学报》2003 年第 3 期。

出现的错误;(3)学优生与学困生在元认知知识和监控技能上均有显著差异,元认知监控技能对解决比较问题的成绩有显著预测作用。[1]

五 述评

通过以上分析发现,应用题问题表征对应用题的顺利解答具有重要作用,在心理学中进行了深入的研究。有些问题还有待进一步研究:

(1)问题表征的研究仅仅揭示了学生表征应用题的特点,较少解释产生这些特点的原因。

(2)问题表征只是整个问题解决过程的一个阶段,并不能完全揭示问题解决的整个认知过程,需要对整个问题解决过程进行全面的分析和研究。

第五节 小结

为了提高研究的针对性和时效性,本章首先对研究中的核心概念加以界定,以明确其内涵。研究中涉及的核心概念主要包括"问题""问题解决""认知""认知模型""认知模拟""ACT-R 模型""认知诊断"。

之后,分别从"一般问题解决的过程模型""数学问题解决的过程模型""数学问题解决认知过程分析"等方面分析了国内外研究现状。通过分析发现,关于小学数学问题解决过程模型、认知分析已有大量研究,取得了很大成就,但也有很多问题需要进一步探讨。

(1)心理学对针对问题解决的某一环节进行了深入研究,如问题表征、问题图式等,并没有完全揭示整个问题解决的认知过程,需要对整个问题解决过程进行全面的分析和研究。

(2)计算机领域关于数学问题的认知模拟,虽然取得了巨大进展,但仅从机器角度实现,和数学课程所要求的解答有很大的不同,没有考虑学生问题解决的过程,解题所用的方法也常常超出学生所掌握的知识范围,不能对教学提供帮助和指导。

(3)卡耐基·梅隆大学安德森教授带领的研究团队对数学问题解决

---

[1] 李晓东、张向葵、沃建中:《小学三年级数学学优生与学困生解决比较问题的差异》,《心理学报》2002 年第 4 期。

的认知过程进行了研究,并提出了用于指导模拟和理解人类认知的 ACT-R 理论,但没有给出如何分析小学数学问题解决的认知过程。

(4)已有研究仅从各自视角对数学问题解决进行了分析,未能综合相关学科的研究成果,缺乏实质性的学科交叉研究。

通过对相关研究的梳理,发现了存在的问题,为本研究的开展提供了基础。

第三章 问题与研究设计

第一节 问题聚焦：拟解决的关键问题

通过对国内外研究现状分析发现，问题解决尤其是数学问题领域已有大量的研究，但依然有许多问题需要进一步研究：

（1）心理学领域关于数学问题解决过程的分析，对问题解决过程中的某一环节进行了深入研究，对整个问题解决过程的描述不够深入。

（2）已有数学问题解决过程模型，是针对所有数学问题的通用模型，并没有考虑不同阶段学生的认知特点及数学问题的特点。

（3）美国卡耐基·梅隆大学安德森教授带领的研究团队对数学问题解决的认知过程进行了深入、细致的研究，并给出了 ACT-R 模型，然而，并没有给出如何得出数学问题解决的 ACT-R 模型。

因此，本书拟解决的关键问题是：如何分析小学数学问题解决的认知过程，构建小学数学问题解决的 ACT-R 模型？该问题可分解为以下三个子问题：

（1）如何构建小学数学问题解决的认知模型？

（2）如何基于认知模型分析问题解决过程，构建小学数学问题解决 ACT-R 模型并进行认知模拟？

（3）问题解决认知过程分析对数学教学有何作用？

本书是从认知过程的视角来分析数学问题解决，至于态度、情感、动机与信念等非认知因素对问题解决的影响不在本研究范围之内。

第二节 研究框架

研究框架如图 3—1 所示，研究内容主要包括以下三部分。

(1) 小学数学问题解决认知模型构建。

构建认知模型是分析小学数学问题解决过程的基础，小学生因思维发展、记忆发展等特点，表现出与成人不同的问题解决方法。以小学生的心理特点为基础，以小学数学各类典型问题为分析对象，综合认知心理学、认知神经科学、脑科学等研究成果，构建小学数学问题解决认知模型。

(2) 小学数学问题解决 ACT-R 模型构建及认知模拟。

认知模型是认知模拟的基础，选择典型问题，利用认知模型分析问题解决的认知过程，使用 Lisp 语言编写认知程序在 ACT-R 中模拟。为了验证模拟的有效性，选取部分学生进行口语报告实验，将模拟结果与口语报告实验数据比较，看两者是否一致。对于解题错误的情况，利用认知模型来分析错误原因。问题解决认知过程模拟将问题解决这一"内部过程"可视化，有助于发现问题解决过程中的特点。

(3) 基于认知模型的"一对一"认知诊断与干预在教学中的应用。

对问题解决认知过程的分析，落脚点是解决数学教学实践问题。主要包括：基于认知过程分析的小学数学探究问题设计、对数学学习困难学生的"一对一"认知诊断与干预。

在小学数学探究问题设计方面，以小学生的心理特点和小学数学课程特点分析为依据，基于认知过程提出了小学数学探究问题的设计依据与原则。在此基础上，选取小学数学典型知识点进行分析与设计，设计的典型探究在小学数学课堂教学应用，并对应用效果进行分析。基于认知过程的小学数学典型探究问题的分析能够为教学设计、课堂交互及学习环境设计提供依据和参考。

在数学学习困难学生"一对一"认知诊断与干预方面，基于认知分析与模拟，提出"一对一"认知诊断与干预的流程与方法，在此基础上，对数学学习困难学生开展实证研究。以"一对一"的方式对学生尤其是学习困难学生进行认知诊断并提供干预，分析不同阶段学生解题认知过程变化情况、同一阶段不同学生解题认知过程变化情况，为数学教学提供帮助。

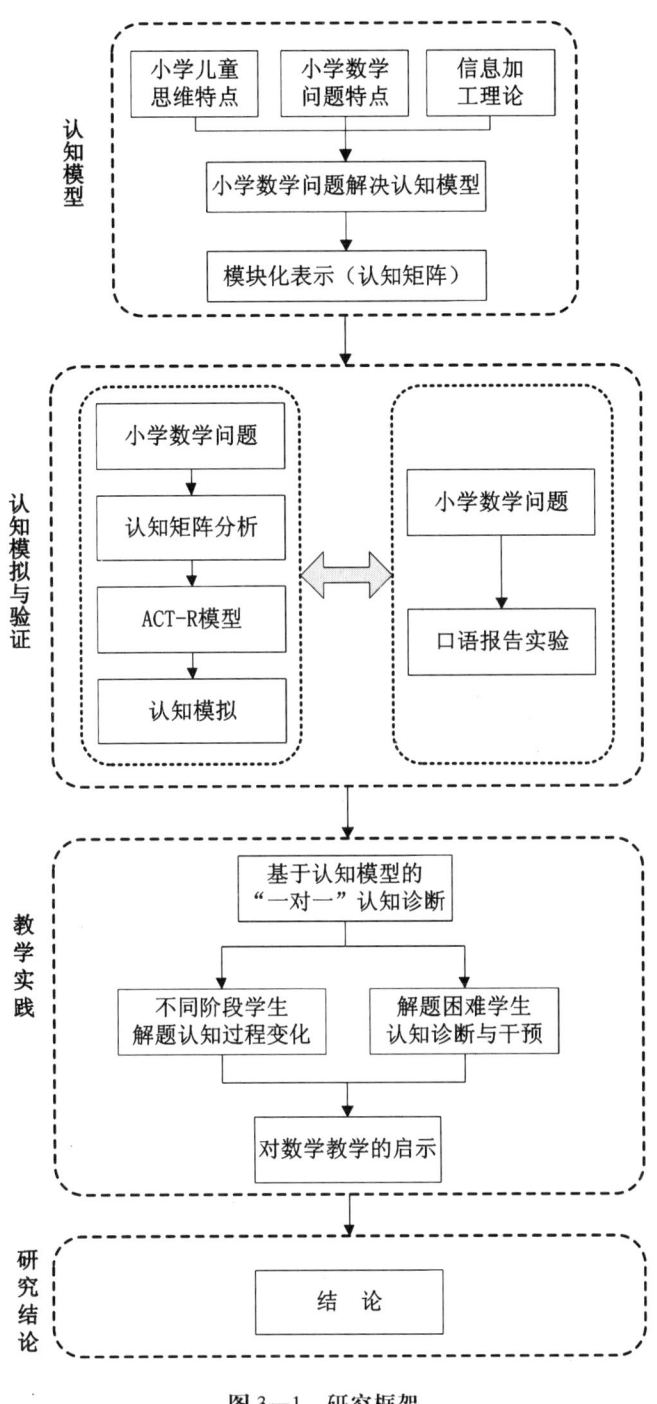

图 3—1 研究框架

第三节　研究方法

数学问题解决是一项非常复杂的活动，涉及大量的交互性行为，本书主要采用了以下几种研究方法。

1. 口语报告法

对许多人来说，把问题大声说出来有助于他们解决问题，这可能是由于对他们所说内容的听觉记忆有助于减轻工作记忆的负担。许多问题解决可用这种方式进行言语表述，这为心理学家们提供了一个新的途径去找出人们是怎样解决这些问题的。[1]

口语报告法是问题解决研究中一个重要的研究方法，它是指被试在解决某项问题时"出声思考"其思维内容，研究者记录后进行分析，从而揭示被试认知活动规律的方法。解决问题时的出声思维仅仅表达了适时记忆中已经存在的信息，它不会影响解决问题的过程和结果。[2] 运用口语报告法的基本过程是：（1）在对被试进行口语报告之前，必须对被试进行一定的训练，使他们能够比较顺利地在解决问题的同时进行出声思维；（2）被试在口语报告过程中，利用录音设备记录他所有的口述，如果发生停顿，就问他在想什么，除非有特殊目的，否则在整个实验过程中不提问，以免干扰被试解决问题时的出声思考，也可以作追述式的口语报告，在追述时要让学生报告特定的东西；（3）口语报告后研究者根据录音设备记录的被试的口头报告及序列，逐字整理成文字材料并对其进行分析；（4）还可以根据数据分析绘制问题行为图，使用图示化的展示学生对问题解决的思路。

本书采用的是同时性口语报告法，研究中运用口语报告法主要分为以下四个基本步骤：

（1）问题设计。

根据研究目的设计典型问题是进行口语报告实验的前提。在研究中，针对"众数""异分母相加""圆柱侧面积"等知识点设计了典型问题，

---

[1] Ericsson, K. A., Simon, H. A., *Protocol Analysis: Verbal Reports as Data* (rev. ed.), Cambridge: MIT Press, 1993, p.112.

[2] Ericsson, K. A., Simon, H. A., *Protocol Analysis: Verbal as Data*, Cambridge: MIT Press, 1984, p.57.

用于口语报告实验。

（2）口语报告记录。

主试的指导语非常重要，如同时性口语报告的一个常见范例是："请你解答这道题，在解题过程中，请你边想边大声说出你头脑中的想法和思考步骤，注意不要解释步骤的原因。"①

（3）口语报告的转译与编码。

埃里克森和西蒙在《口语报告分析》中指出，② 口语报告编码方案的设计应考虑以下两个方面的因素：一方面，它必须反映研究的理论构思，符合理论上的要求；另一方面，它必须适合实验任务的特点，能解释被试在完成实验任务过程中的行为，从而对口语报告中的每条陈述都能制定相应的行为代码。

（4）数据统计与分析。

通过分析这些有声的口语记录（verbal protocols），我们可以推断被试解决问题的过程。Robertson 指出，由于口语报告所呈现的是人们解决问题的自然情况，所以，它可以作为问题解决的计算机模型的基础。③

研究过程中根据一些原理分析口语报告的材料，并允许推论口语报告下的信息加工过程。西蒙等人指出，口语记录通常所提供的直观信息是有关解决问题时所需要的知识和信息，而不是实际使用的加工过程。④ 所以，有必要从口语记录的信息中推论出加工过程而不是尝试直接编码这一加工过程。

2. 计算机模拟

问题解决的计算机模拟就是依据一定的心理学理论编写计算机程序来模拟人解决问题的内部认知过程，使计算机以类似于人的方式解决问题并达到类似的结果。⑤

纽厄尔和西蒙编写了第一个模拟人类解决问题的计算机程序——逻辑

---

① 刘电芝：《学习策略研究》，人民教育出版社2001年版，第19—22页。

② Ericsson, K. A., Simon, H. A., *Protocol Analysis: Verbal as Data*, Cambridge: MIT Press, 1984, p. 62.

③ ［美］Robertson, S. Lan：《问题解决心理学》，张奇等译，中国轻工业出版社2004年版，第14页。

④ Simon, H. A., & Kaplan, C. A., "Foundations of Cognitive Science", In M. I. Posner (ed.), *Foundations of Cognitive Science*, Cambridge, MIT Press/Bradford Books, 1989, pp. 1-47.

⑤ 王甦、汪安圣：《认知心理学》，北京大学出版社1992年版，第303页。

理论家（Logic Theorist，LT），成功模拟了人证明符号逻辑定理的认知过程。LT证明了 Whitehead 所著数学名著《数学原理》中的全部 52 条定理，实现了对人类启发式搜索的问题解决过程的模拟。计算机模拟为认知心理学开创了独特的研究方法。此后，计算机模拟成为问题解决研究的常用方法。

本书中利用构建的认知模型分析小学数学问题解决的认知过程，使用 Lisp 语言编写认知程序，在 ACT-R 中实现模拟，模拟的结果与学生口语报告实验数据比较分析，验证模拟的有效性。

3. 个案研究法

个案研究是指对某一个体或某一群体在较长时间里连续进行调查，从而研究其心理或行为发展变化的全过程。

研究中"一对一"认知诊断干预部分，选取了典型学生，采用口语报告法记录学生在已修知识测试、课前探究、课后探究、第一次认知诊断干预、第二次认知诊断干预等阶段的解题情况，对每个学生不同阶段的口语报告资料转译和编码，对比分析学生在不同阶段解题认知过程的变化。

4. 访谈法

访谈法是研究者通过与研究对象进行口头交谈的方式来收集对方有关心理特征和行为数据资料的一种研究方法。[①]

"一对一"认知诊断干预研究过程中，提前设计访谈提纲，访谈实验学校五、六年级的数学任课教师，了解学生数学学习的现状、数学学习过程中容易出现的问题，重点访谈了解题困难学生的课堂表现、平时学习成绩等情况。针对数学教师反映的解题困难学生语文成绩普遍不好的情况，又访谈了语文教师，为诊断干预提供有力证据。访谈过程全程录像并及时整理、分析。

5. 观察法

观察法是研究者通过感官或借助于一定的科学仪器，在一定时间内有目的、有计划地考察和描述客观对象并收集研究资料的一种方法。[②] 观察法有广义和狭义之分，广义的观察法包括自然观察法和实验观察法；狭义的观察法主要指自然观察法，即在自然条件下对观察对象进行考察的方

[①] 董奇：《心理与教育研究方法》，北京师范大学出版社 2004 年版，第 161 页。
[②] 同上书，第 137 页。

法。这里讨论的观察法是狭义的观察法。根据不同的标准,可以将观察法分为不同的类型:直接观察法和间接观察法;参与观察和非参与观察;有结构观察和无结构观察;叙述观察、取样观察和评价观察。

具体来讲,研究中采用的是有结构观察,主试事先设计好观察的内容和项目,制订出有关观察表格,并在实际观察活动中严格按照其进行观察记录。在学生探究过程中,观察学生的解题过程:学生是否很快得出答案?是否做记录?解题过程注意力是否集中?等等。在预先设计好的"认知诊断表"上记录下学生解题过程中的表现。在后续研究中根据需要对"认知诊断表"上记录的资料进一步编码以获得量化资料并进行进一步分析。有结构观察法可以有效弥补口语报告法在学生解题行为表现方面记录不足的缺陷,使研究结论更有说服力。

6. 问卷法

问卷法是研究者用统一、严格设计的问卷来收集研究对象有关的心理特征和行为数据的一种研究方法。[①] 问卷法由于总是以设计好的问卷为工具进行研究,因而目的性强,可以用来有效研究被试的多种心理特征和行为等。

研究过程中,为充分了解小学数学问题解决现状,分别编制了"小学数学问题解决现状学生调查问卷"和"小学数学问题解决现状教师访谈提纲"。问卷的信度和效度经过检验,保证其科学性和客观性,使用数据统计与分析软件 SPSS 18.0。

第四节 研究假设

本研究基于以下假设:

(1)教学是为了促进学生内部认知过程发展而安排一系列外部事件,教学活动的安排应该建立在对学生认知过程分析的基础上。

(2)结构良好的数学问题解决是小学数学学习的主要形式,对问题解决认知过程的分析和研究,能科学认识学生的认知过程,正确把握学生的认知规律。

(3)不同学生问题解决的过程有所不同,存在个性化差异,但解题

[①] 董奇:《心理与教育研究方法》,北京师范大学出版社 2004 年版,第 185 页。

过程存在共性的部分，本研究关注的是这些共性的部分。

（4）学生在完成某一特定任务时的认知过程不能直接观察和测量。然而，可以通过学生完成特定任务时的表现来间接判断学生认知过程。从学生解题的正确答案，我们假设学生经历特定、正确的思维序列产生了答案。根据这一假设，可以为将来的预测提供依据。

（5）对问题解决认知过程的诊断和干预，能帮助学生正确解答问题，产生预期的学习结果。

第五节　理论基础

本书讨论问题解决与认知模拟，并以数学问题为例进行了分析。研究过程中理论基础主要包括皮亚杰的儿童认知发展理论、信息加工理论与建构主义的融合。下面分别详细介绍。

1. 皮亚杰的儿童认知发展理论

皮亚杰（J. Piaget）是广义认知心理学的先驱，创立了发生认识论，形成了非常有影响的日内瓦学派。皮亚杰认为儿童认知发展的核心是图式的变化。"图式是指动作的结构或组织，这些动作在相同或类似环境中由于不断重复而得到迁移或概括。"[①] 他认为儿童从出生到成人的认知可分为按不变顺序相继出现的有着质的差异的四个阶段：感觉运动阶段（0—2岁）、前运算阶段（2—5岁）、具体运算阶段（5—11岁）、形式运算阶段（11岁—成人）。每一阶段有其独特的图式，出现了和前面阶段不同的认知能力。

具体运算阶段的一个特点是其形式并没有脱离内容而形式化，皮亚杰称这一现象为水平滞差（horizontal decalage）；具体运算的另一特点是，所形成的系统仍然是不完整的。朱智贤教授认为这一阶段儿童思维的特点是，从以具体形象思维为主要形式逐步过渡到以抽象逻辑思维为主要形式，但这种抽象逻辑思维在很大程度上仍然是与感性经验相联系，具有很大成分的具体形象性。他还认为，这种过渡在不同学科、不同教材的学习方面，发展是不平衡的。

[①] ［瑞士］皮亚杰、英海尔德：《儿童心理学》，吴福元译，商务印书馆1980年版，第5页。

本书的研究对象是五、六年级的小学生，大都处于具体运算阶段，这一阶段的儿童思维特点可以概括为：（1）具体运算阶段儿童思维正在不断发展变化，在不同的领域或同一学科的不同教材中，是不断建构的过程，即抽象逻辑思维成分不断增加的过程；（2）建构过程大体相同，均遵循着某种共同的规律；（3）具体运算阶段儿童思维尚未形式化，离不开具体事物的支持。

2. 信息加工理论与建构主义的融合

信息加工理论以计算机类比人类大脑，认为大脑的信息处理是可计算的、可串行加工的。一方面，虽然计算机技术突飞猛进、日新月异，智能性不断提高，但依然不能有效模拟人类解决生活中的全部问题，如"顿悟"问题、人类认知的非理性、非逻辑问题等。另一方面，人类也不会像计算机那样遵循串行的信息加工方式来解决问题。我国心理学家朱智贤等人指出，信息加工心理学无法说明人的心理、意识是人的社会实践活动的产物，是完整的主体和客体相互作用的产物，是认识和情感意志辩证统一的产物，因此也不能真正说明人心理的社会性、能动性和创造性。[1] 虽然计算机和人类在解决问题的过程上具有一定的相似性，但是，若把人假设成计算机，则是"机械论"的观点。人是一个具有主观能动性的、有智慧的、复杂的自组织系统。就目前而言，现在的计算机虽然能处理海量的信息，具有某些智能性，但还不具备智慧性。

Resnick 指出，当信息加工范式用于学校教育时，大多数人都接受了建构主义的观点。[2] 建构主义思想主要有认知建构主义和社会建构主义。认知建构主义思想主要来自皮亚杰。Kamii 等人指出，基于皮亚杰提出的建构主义进行教学的三个主要原因是：（1）其提出了解释人类知识本质的科学理论；（2）其提出了用以解释儿童从出生到青少年期间知识建构的理论；（3）其区分了三类知识。[3] Kamii 研究发现，儿童能够为四种算

---

[1] 朱智贤、林崇德：《思维发展心理学》，北京师范大学出版社1986年版，第96—98页。

[2] Resnick, Lauren, B., "Developing Mathematical Knowledge", *American Psychologist*, Vol. 44, 1989, pp. 162 - 169.

[3] Kamii, Constance & Ewing, Janice, K., "Basing Technique on Piaget's Constructivism", *Childhood Education*, Vol. 72, 1996, pp. 260 - 264.

术运算发现自己的程序，而不用教他们通常的规则。[①][②] 该研究验证了皮亚杰关于逻辑—数学知识性质的理论，有效说明了儿童的数学知识获得是个体建构的过程。何克抗指出，建构主义教学模式强调以学生为中心，视学生为认知的主体，是知识意义的主动建构者，教师只对学生的意义建构起帮助和促进作用。[③] 社会建构主义思想主要来自维果斯基（L. Vygotsky），把学习看成是个体建构自己的知识和理解的过程，更强调学习者所处社会文化历史背景的作用。

建构主义是一种哲学思想，并不能详细解释和说明知识获得或学习的细节问题。而信息加工思想可以弥补这一不足。在本书中我们认为学生解决新问题的过程就是知识建构过程，使用信息加工的框架，同时考虑数学知识的应用，更好地体现信息加工理论和建构主义两大范式的理论整合。对于这几种理论，不是简单的进行混合，而是选取其中与研究问题密切相关的一些基本思想和基本理论作为我们研究的基本理论基础。

第六节　研究意义

本书分析了问题解决与认知模拟，并以数学问题为例开展了实证研究，讨论了在数学课堂教学中的应用，具有重要的理论意义和实践价值。

一　理论意义

（1）综合多学科的知识，构建问题解决认知模型，更好地解释了小学生的认知规律。《义务教育数学课程标准（2011年版）》指出，课程内容要符合学生的认知规律。[④] 课程内容的设计要以学生的认知规律为基础，认知模型能有效揭示学生认知规律。因此，构建认知模型是更为基础性的工作，为课程内容的设计提供依据和参考。

---

① Kamii, Constance, *Young Children Reinvent Arithmetic: Implications of Piaget's Theory*, New York: Teachers College Press, 1985, p. 89.

② Kamii, Constance & Ewing, Janice, K., "Basing Technique on Piaget's Constructivism", *Childhood Education*, Vol. 72, 1996, pp. 260–264.

③ 何克抗：《建构主义的教学模式、教学方法与教学设计》，《北京师范大学学报（社会科学版）》1997年第5期。

④ 中华人民共和国教育部制定：《义务教育数学课程标准（2011年版）》，北京师范大学出版社2012年版，第2页。

（2）重视问题解决的过程，为教学干预提供依据。学习结果是由学习过程引起的，问题解决是学校学习的主要形式。问题解决认知过程的分析，有利于了解学生学习过程，进而设计有效的教学，实现预期学习结果。

二 实践价值

（1）了解、研究和掌握学生问题解决认知过程，在教学过程中遵循学生认知规律，促进教学质量的提升。

（2）教师对学生问题解决认知过程的理解，有利于促进学生的思维发展，培养学生的创新能力。

（3）问题解决认知过程分析有助于确定困难所在，进而对学生尤其是学习困难学生进行认知诊断，诊断结果为教育实践及个体发展提供更具体、更详细、更有针对性的指导和建议。

（4）有利于指导教师学会诊断学生的困难及问题所在，有针对性地改进数学课堂教学以及促进学生数学思维能力的可持续发展。

第七节 小结

本章首先阐述了拟解决的三个关键问题，即：（1）如何构建小学数学问题解决的认知模型？（2）如何基于认知模型分析问题解决过程，构建小学数学问题解决ACT-R模型并进行认知模拟？（3）问题解决认知过程分析对小学数学教学有何作用？然后，针对关键问题，确定了主要研究内容，分析了拟采用的研究方法，主要包括：口语报告法、计算机模拟、个案研究法、访谈法、观察法、问卷法等。随后，提出了研究过程中的五个假设，阐明了理论基础，即：皮亚杰的儿童认知发展理论、信息加工理论与建构主义的融合。最后，讨论了研究的理论意义和实践价值。

本章理清了各研究内容之间的逻辑关系，制订了切实可行的解决方案，为研究的顺利开展奠定了基础。

第四章 小学数学问题解决认知模型

第一节 小学儿童的心理特点

《义务教育数学课程标准》(2011年版)指出,[1] 义务教育阶段数学课程的设计,充分考虑本阶段学生数学学习的特点,符合学生的认知规律和心理特征。小学生因所处的思维发展阶段、所拥有的生活现实、数学现实、其他学科现实等因素,在问题解决过程中表现出独特认知规律和心理特征。

一 小学儿童思维发展特点

小学儿童思维的基本特点是从以具体形象思维为主要形式逐步过渡到以抽象逻辑思维为主要形式。但这种抽象逻辑思维在很大程度上,仍然是直接与感性经验相联系的,仍然具有很大成分的具体形象性。皮亚杰也认为7—12岁儿童的思维属于具体运算阶段。在整个小学阶段,教学的直观性是引起儿童注意的重要条件。

小学阶段,儿童处于从具体形象思维向抽象逻辑思维过渡时间,这一过渡不是立刻实现的,是一个复杂的过程。[2] 具体表现为:

(1)儿童的抽象逻辑思维在逐步发展,但是仍然带有很大的具体性。

(2)儿童的抽象逻辑思维的自觉性在开始发展,但是仍然带有很大的不自觉性。

(3)儿童的抽象逻辑思维水平在不断提高,儿童思维中的具体形象成分和抽象逻辑成分的关系在不断发生变化。

---

[1] 中华人民共和国教育部制定:《义务教育数学课程标准》(2011年版),北京师范大学出版社2012年版,第3页。

[2] 朱智贤:《儿童心理学》,人民教育出版社2009年版,第307页。

（4）儿童的思维发展是一个从具体形象性向抽象逻辑性逐步转化的过程，其中存在着一个比较明显的质变，即小学儿童思维发展的关键年龄。

二　小学儿童内部语言的发展特点

皮亚杰是第一位关注儿童自我中心言语并看到它的理论意义的人，但是他对自我中心言语（egocentric speech）与内部言语（inner speech）的发生学联结并不重视。维果斯基（Vygotsky, L.）对自我中心言语和内部言语进行了区分，认为自我中心言语是发生于内部言语之前的一个阶段，两者功能相似，结构相似，自我中心言语在学龄阶段消失，这时内部言语开始发展起来。内部言语是一种自主的言语功能（autonomous speech function），是言语思维的一个独特侧面（distinct plane）[1]。

学前晚期儿童已初步表现出内部语言的萌芽，但还不够发展。初入学的儿童还和学前儿童差不多。学龄初期儿童的内部言语是在学前期言语发展的基础上、在学校教学的条件下逐步发展起来的。

内部言语不仅伴随着儿童的活动，还与儿童的思维紧密地联结。数学问题解决是一种思维活动，维果斯基关于内部言语的研究为问题解决过程中的检查反思提供了理论和实验依据。学习科学已经反复证明了反思在深层理解学习中的重要性。除此之外，认知心理学领域使用脑成像技术也证实了大脑中内部回路的存在。

三　小学儿童记忆发展特点

实验研究表明：7—8岁儿童的记忆能力和学前儿童比较起来，差别不大。[2] 有意识记和抽象逻辑识记初步发展，无意识记和具体形象识记仍然占有主要地位。随着儿童进入小学阶段学习，有意识记、抽象逻辑识记、理解识记逐渐占据主导地位。

在小学阶段，教师的任务在于使儿童掌握充分的具体的实际材料，并且从这些具体的实际材料出发，不断发展儿童的词的抽象记忆，从而使感性认识上升到理性认识。

小学儿童知识经验不丰富，擅长具体形象的记忆。第一信号系统的联系最容易建立，和第一信号系统相接近的第二信号系统的联系也比较容易

---

[1] ［俄］列夫·维果斯基：《思维与语言》，李维译，北京大学出版社2010年版，第175页。
[2] 朱智贤：《儿童心理学》，人民教育出版社2009年版，第292页。

建立，和第一信号系统不很接近的第二信号系统的联系就比较难以建立。基于此，小学数学课程标准中规定的基本知识大部分是具体的知识以及和具体知识有密切联系的一些抽象知识。

关于小学儿童短时记忆，钱含芳等人对数字记忆广度的研究发现，小学一、三年级记忆广度成绩差异非常显著，三、五年级差异不显著。由此认为，7—9岁是儿童短时记忆容量迅速发展的时期。[①] 陈国鹏等人研究发现，在小学阶段，随着年龄的增长，记忆广度的发展呈上升趋势。[②]

与短时记忆相比，工作记忆（working memory）更强调信息存储基础上的动态处理与加工。李德明等人研究表明，无论是数字工作记忆还是言语工作记忆，都随着年龄（或年级）的增长而发展，到高二年级以后发展速度基本趋缓。[③]

四　认知神经科学中的小学儿童数学认知研究

认知神经科学（cognitive neuroscience）这一名称出现于19世纪70年代，旨在阐明认知活动的脑机制，即人类大脑如何调用各层次上的组件，包括分子、细胞、脑组织区和全脑去实现自己的认知活动，[④] 是在认知科学和神经科学基础上发展起来的新兴交叉学科。认知神经科学研究中常用的方法有脑磁图（magnetoencephalography，MEG）、正电子发射断层扫描（positron emission tomography，PET）和功能性磁共振成像（functional magnetic resonance imaging，fMRI）。Poldrack指出，利用这些技术对大脑神经活动进行脑功能成像分析，获得有关认知活动脑机制的可靠证据，使研究结果具有科学性。[⑤]

认知神经科学领域的许多研究者关注小学儿童数学认知的研究，探讨数学认知的基本加工与脑机制研究，力图揭示有效数学学习的大脑活动模式。

我国近年来非常重视认知神经科学的建设，《国家中长期科学和技术发展规划纲要（2006—2020年）》将"脑科学与认知科学"列为我国科

[①] 钱含芳、张履祥、李山川：《小学儿童短时记忆发展特点的初步研究》，《心理科学》1989年第1期。

[②] 陈国鹏、王晓丽：《短时记忆及其策略一生发展的横断研究》，《心理科学》2005年第4期。

[③] 李德明、刘昌、李贵芸：《数字工作记忆广度的毕生发展及其作用因素》，《心理学报》2003年第1期。

[④] [美] Gazzaniga, M. S.：《认知神经科学》，沈政译，上海教育出版社1998年版，第3—15页。

[⑤] Poldrack, R. A., "The Role of fMRI in Cognitive Neuroscience: Where do We Stand?", *Current Opinion in Neurobiology*, Vol. 18, 2008, pp. 223–227.

技中长期发展规划的八大前沿科技领域之一,① 近年来在该领域取得了大量成果。关于加法和乘法的大脑激活模式,周新林等人研究发现,加法运算可能更多依靠视觉空间加工的参与,而乘法运算则可能与语言加工相关。② 周新林等人通过分析被试乘法和加法问题时的脑电比较了乘法和加法的差异模式发现,乘法有更多的语言加工,而加法有更多的与视觉表象加工相关的活动。③

关于中国儿童数量表征产生的问题,周新林等人研究发现,通过数字Stroop任务表明,中国的幼儿园儿童(5.85岁)已具备了数字自动化加工能力。④ 关于8—18岁儿童、青少年在不同算术认知任务中的大脑功能变化模式,以及早期学习经验与大脑可塑性问题,周新林通过ERP实验发现,大陆儿童在解决大数字在前的一位乘法问题时,与港澳儿童相比,出现了更高的负波,分析原因是,大陆儿童和香港、澳门儿童学习的乘法口诀表不同。⑤

秦裕林等人(Qin, Anderson et al.)采用信息加工分析和认知神经科学技术有效结合的方法,研究考察了正在学习解方程的11—14岁儿童解方程过程。⑥ 研究中建立了解方程的信息加工模型,包括想象方程变换、算术和代数知识的提取以及动作反应的安排,并采用fMRI方法记录了解方程过程中大脑前额区、顶叶区、运动区的血氧水平依赖(BOLD, blood oxygen level dependent response)相应数据。

---

① 中华人民共和国科学技术部:《国家中长期科学和技术发展规划纲要(2006—2020年)》(http://www.most.gov.cn/mostinfo/xinxifenlei/gjkjgh/200811/t20081129_65774.htm)。
② Zhou Xinlin, Chen Chuansheng et al., "Dissociated Brain Organization for Single-digit Addition and Multiplication", *NeuroImage*, Vol. 35, 2007, pp. 871 – 880.
③ Zhou Xinlin, Chen Chuansheng et al., "Event-related Potentials for Simple Arithmetic in Arabic digits and Chinese Number Words: A Study of the Mental Representation of Arithmetic Facts Through Notation and Operation Effects", *Brain Research*, Vol. 1302, 2009, pp. 212 – 224.
④ Zhou Xinlin, Chen Chuansheng, Chen Lan, Dong Qi, "Holistic or Compositional Representation of Two-digit Numbers? Evidence From the Distance, Magnitude, and SNARC Effects in a Number-matching Task", *Cognition*, Vol. 106, 2008, pp. 1525 – 1536.
⑤ Zhou Xinlin, Chen Chunhui, Zhang Hongchuan et al., "The Operand-order Effect in Single-digit Multiplication: An ERP Study of Chinese Adults", *Neuroscience Letters*, Vol. 414, 2007, pp. 41 – 44.
⑥ Qin Y., Anderson, J. R., Silk, E., Stenger, V. A., & Carter, C. S., "The Change of the Brain Activation Patterns Along with the Children's Practice in Algebra Equation Solving", *Proceedings of the National Academy of Sciences of the United States of America*, Vol. 101, 2004, pp. 5686 – 5691.

认知神经科学的研究结果表明，人类的顶叶皮层，尤其是双侧顶内沟（intraparietal sulcus）周边区域与数学认知存在非常密切的关系。Pinel等人研究发现，当被试在比较数字大小时，这一区域出现了显著的激活，且激活趋势随着数字间距离的增加而出现单调性的下降趋势。[1] Eger等人研究发现，即使被试不进行任何数字操作，看到数字后这一区域也会呈现激活状态。[2] 张红川等人对中国人进行数字加工进行研究，结果发现同样使用了这一区域，说明其功能并不受到文化差异的影响。[3]

有些研究表明，顶叶并非唯一支持数学认知的区域。Dehaene等人通过一项fMRI研究结果表明：数字意识主要依赖于双侧顶内沟。例如，在进行数量大小比较时，双侧顶内沟会出现激活。数学知识则与语言系统有关，是以语词的形式进行存储。同时还发现，精确计算更多地激活了与语言功能有关的左侧前额叶与角回区域，估计结果更多地激活了双侧顶叶皮层。[4] Dehaene等人研究发现，算术激活了左侧颞顶联合皮层，在算术活动中与提取算术事实有关。[5] Kaufmann等人研究发现，儿童在进行数的比较任务时激活了那些涉及抓握和手指移动的区域，即左侧缘上回和中央后回，表明儿童可能靠掰手指头来比较数的大小。[6]

综合目前的研究成果，Dehaene等人指出，数字加工的过程主要是由一个包括前额叶、顶叶、颞叶等区域在内的一个大范围网络所支持的。[7] 双侧顶叶区域，尤其是顶内沟周边区域主要与数字的语义表征有关。前额叶，尤其是左侧额下回区域则与言语工作记忆的相关脑区存在较大的重

---

[1] Pinel Philippe, Dehaene Stanislas, Riviere, Denis & LeBihanDenis, "Modulation of Parietal Activation by Semantic Distance in a Number Comparision Task", *Neuroimage*, Vol. 14, 2001, pp. 1013 – 1026.

[2] Eger Evelyn, Sterzer Philipp, Russ Michael O., Giraud Anne-Lise & Kleinschmidt Andreas, "A Supramodal Number Representation in Human Intraparietal Cortex", *Neuron*, Vol. 37, 2003, pp. 719 – 726.

[3] Zhang, H. C., Dong Q., Jin, Z., et al. "Multiplication by Mental Number Line: An fMRI Study", *Abstract Submitted to the 28th International Congress of Psychology*, Beijing, 2004.

[4] Dehaene, S., Spelke, E., Pinel, P., Stanescu, R., & Tsivkin, S., "Source of Mathematical Thinking: Behavioral and Brain-imaging Evidence", *Science*, Vol. 284, 1999, pp. 970 – 974.

[5] Dehaene, S., Piazza, M., Pinel, P., & Cohen, L, "Three Parietal Circuits for Number Processing", *Cognitive Neuropsychology*, Vol. 20, 2003, pp. 487 – 506.

[6] Kaufmann, L., Vogel, S. E., Wood, G., Kremser, C., Schocke, M., Zimmerhackl, L-B, Koten, Jan W., "A Developmental fMRI Study of Nonsymbolic Numerical and Spatial Processing", *Cortex*, Vol. 44, 2008, pp. 376 – 385.

[7] Dehaene, S., Molko, N., Cohen, L. & Wilson, A., "Arithmetic and The Brain", *Current Opinion in Neurobiology*, Vol. 14, 2004, pp. 218 – 224.

叠，可以看出，数字加工与语言功能存在一定的联系。双侧的颞叶，尤其是双侧梭状回区域主要与数字形式的加工有关。按照多重表征的观点，以上脑区不仅分别承担数字形、音、义等特征的加工，也分别承担不同算术与计算任务，例如估算等任务主要集中在双侧顶叶区域，数学事实的存储于复述主要集中在前额叶区域；而一些数位操作任务，如复杂数字（包括多位数、负数、分数）的理解则需要对数字形式进行加工，主要集中在颞叶区域，尤其是与梭状回联系密切。[1] 认知神经科学中，相关研究很多，在这儿就不一一详述。

此外，纽厄尔和西蒙提出的人类及计算机问题解决模型可被称为问题解决模型的模型，[2] Baddeley[3][4] 的工作记忆模型为本研究模型的构建提供了基础。

五 启示：构建认知模型的理论基础

综上所述，小学时期儿童思维以具体形象思维为主，尤其是小学低年级的儿童，在学习概念、基本操作过程中以实物为主，长时陈述性记忆中以具体形象内容为主。小学儿童内部语言的发展，为解题过程中检查、反思提供了理论基础。认知神经科学利用相关技术对大脑神经活动进行脑功能成像分析，获得有关数学认知活动脑机制的可靠证据，提高了研究的科学性，然而认知神经科学和信息加工分析是在不同层次上讨论问题解决认知过程，两者之间互相促进。神经科学的数据能为认知模型提供可靠依据，而认知模型则能为神经科学的数据提供合理解释。

第二节 小学数学各类问题解题过程分析

《义务教育数学课程标准》（2011 年版）将义务教育阶段的课程内容

---

[1] 董奇、张红川、周新林：《数学认知：脑与认知科学的研究成果及其教育启示》，《北京师范大学学报（社会科学版）》2005 年第 3 期。

[2] Newell, A. &Simon, H. A., *Human Problem Solving*, Englewood Cliffs: Prentice Hall, 1972, p. 19.

[3] Baddeley, A. D., *Working Memory*, Oxford: Oxford University Press, 1986, p. 17.

[4] Baddeley, A. D., & Logie, R. H., "Working Memory: The Multiple-component Model", In A. Miyake & P. Shah (eds.), *Models of Working Memory: Mechanisms of Active Maintenance and Executive Control*, Cambridge: Cambridge University Press, 1999, pp. 28 – 61.

分为"数与代数""图形与几何""统计与概率""综合与实践"四部分。其中,"综合与实践"是综合运用"数与代数""图形与几何""统计与概率"等知识和方法解决问题。

根据以上对数学内容的分类,研究中主要针对"数与代数""图形与几何""统计与概率"三部分内容,选择典型问题分析。其中,"数与代数"部分选取"数数""异分母相加""一元一次方程"等问题;"图形与几何"部分选取"圆柱侧面积"问题;"统计与概率"部分选取"众数"问题。

一 "数与代数"类问题

(一)"数数"问题

"数数"是儿童学习数学的基本能力之一,许多研究者对"数数"问题进行了研究。林崇德关于小学儿童数概念形成和发展的研究中,将小学儿童数概括能力分为五个等级,第一级是直观概括水平,是依靠实物、教具或配合掰手指头来掌握 10 以内的数概念,离开直观,运算就中断或很难发生。[①] 关于小学儿童数学概念发展,沈家鲜研究发现,数概念的发展有一定的顺序性,在整数方面,掌握百以内数概念的顺序是:认数➔数序与系列、组成➔应用。

1. "数数"问题解决过程分析

"数数"是小学一年级数学教材的第一个知识点,[②] 要正确解答"数数"问题,需要具备以下知识:

(1) 认识数。认识数才能正确分辨数数过程的开始和结束,是"数数"的前提。一年级儿童以具体形象思维为主,教学往往采用实物的方法教授学生对数的认识。

(2) 数序。数序即数的顺序关系,如:2 的下一个是 3,3 的下一个是 4 等。对于成人来讲很简单的知识,要教会儿童不是一件容易的事情。因为,成人已经自动化,需要将自动化的结果展开,才能很好地教会儿童,同样可以采用实物的方法。

下面以问题"从 3 数到 5"为例,分析"数数"问题解决认知过程。

(1) 理解题意,确定起点是 3,终点是 5。

[①] 林崇德:《小学儿童数概念与运算能力发展的研究》,《心理学报》1981 年第 3 期。
[②] 课程教材研究所编著:《义务教育课程标准实验教科书数学五年级下册》,人民教育出版社 2006 年版,第 2 页。

(2) 拟订方案。确定 3 的下一个数是多少，每次数数的结果和 5 比较，若不是 5，则继续；若是 5，则停止。

(3) 执行方案。从 3 开始数，激活并提取长时陈述性记忆中"3 的下一个是 4"，4 不是终点，接着数；激活并提取长时陈述性记忆中"4 的下一个是 5"，5 是终点，即达成目标。

(4) 回顾。检查每个环节是否有误。回顾过程同时也强化了儿童对于数和数序的认识，长时陈述性记忆中的相关联结更加紧密，记忆更加牢固。

2."数数"的认知程序

美国人工智能和心理学家卡耐基·梅隆大学安德森教授领导的研究团队对"从 2 数到 4"的问题进行了研究，编写了 ACT-R 程序（如表 4—1 所示），与本书对"数数"问题解决认知过程的分析基本一致。

表 4—1 　　　　　安德森"从 2 数到 4"认知程序

ACT-R 认知程序	问题解决过程分析
(add-dm 　　(b ISA count-order first 1 second 2) 　　(c ISA count-order first 2 second 3) 　　(d ISA count-order first 3 second 4) 　　(e ISA count-order first 4 second 5) 　　(f ISA count-order first 5 second 6) 　　(first-goal ISA count-from start 2 end 4))	解题所需要的已修知识 长时陈述性记忆中的内容 1 到 5 的正确数序 确定问题目标，起点是 2，终点是 4
(p start 　　= goal > 　　　ISA　　　　　count-from 　　　start　　　　= num1 　　　count　　　 nil 　= = > 　　= goal > 　　　count　　　 = num1 　　+ retrieval > 　　　ISA　　　　 count-order 　　　first　　　　 = num1)	从 2 开始数数 提取"2 的下一个是 3"

续表

ACT-R 认知程序	问题解决过程分析

（P increment
  = goal >
    ISA   count-from
    count   = num1
    - end   = num1
  = retrieval >
    ISA   count-order
    first   = num1
    second = num2
  = = >
  = goal >
    count   = num2
  + retrieval >
    ISA   count-order
    first   = num2
  ! output! （= num1）
）
	从长时陈述性记忆中提取"x 的下一个是 y"，并与 4 比较，若不同则继续

（P stop
  = goal >
    ISA   count-from
    count   = num
    end   = num
  = = >
  -goal >
    ! output! （= num）
）
	问题解决结束的条件，若输出值与目标值 4 相同，则结束

（goal-focus first-goal）	目标达成，问题解决结束

以上是从一年级儿童的思维特点、知识基础等因素考虑，来分析"数数"问题的一般认知过程。从年级水平上看，小学儿童数概括水平发展趋势是一个螺旋式上升的过程，一个"内化"的思维过程；从年级水平来看，小学儿童数概括发展趋势为：一年级（7—8 岁）在学前思维的基础上发展起来，基本属于具体形象概括；二、三年级（8—10 岁）从具体形象概括向抽象形象概括过渡；四、五年级（10—12 岁）大多数被试进入初步本质抽象的概括水平。[①]

[①] 朱智贤：《儿童心理学》，人民教育出版社 2009 年版，第 310 页。

（二）"一元一次方程"问题

一元一次方程是典型的代数问题，在小学数学教材（人民教育出版社）五年级上册"简易方程"单元中第一次出现。对于五年级的儿童来讲，已经掌握了基本的算术运算，具备了求解一元一次方程的前修知识。

方程 $Ax + B = C$ 的问题解决过程描述为：

（1）题意理解。该题是解方程题目，目标是求变量 x 的值。

（2）拟订方案。含变量 x 的表达式 Ax 位于方程一侧，其他常量移至方程另一侧，然后再求变量 x 的值。

（3）执行方案。解方程的过程可以分为以下几步：

①识别方程，左侧为 $Ax + B$，右侧为 C；

②含变量 x 的表达式 Ax 位于方程一侧，其他常量移至方程另一侧，原方程变式为 $Ax = C - B$；

③从长时陈述性记忆中提取 $C - B$ 的值 D；

④原方程变式为 $Ax = D$，x 的值为 D/A；

⑤从长时陈述性记忆中提取 D/A 的值 E；

⑥求得 x 的值为 E。

（4）回顾。检查每个环节是否有误，同时长时陈述性记忆中基本算术结果的联结更加紧密，长时程序性记忆中解方程的步骤进一步强化。

以上给出的是儿童第一次解方程 $Ax + B = C$ 时的过程，经过一段时间练习，解题的过程和步骤逐步自动化、不断简化。

安德森研究了两步方程（two-step equation）的求解过程，并比较了第 1 天和第 5 天解方程 $7 \times x + 3 = 38$ 的情况；结果发现，第 5 天的解题过程比第 1 天简化，第一天用了 6.1 秒，第 5 天用了 4.1 秒，通过比较第 1 天和第 5 天解方程过程的变化，可以看出学习过程中解题步骤逐步自动化。[①]

二 "图形与几何"类问题

"圆柱侧面积"是"图形与几何"类内容的典型知识点，是小学数学教材（人民教育出版社）六年级下册"圆柱"单元的内容。

小学六年级儿童虽然抽象逻辑思维有一定的发展，但是仍然带有很大

[①] Anderson, John, R., "Human Symbol Manipulation Within an Integrated Cognitive Architecture", *Cognitive Science*, Vol. 29, 2005, pp. 313 – 341.

的具体性，像"圆柱侧面积"这类问题，最好采用实物教学的方法。

学生解决该问题所需要的前修知识包括：

（1）侧面的概念；

（2）长方形面积公式；

（3）圆周长公式。

"圆柱侧面积"问题解决过程描述为：

（1）题意理解。确定目标为所要求的是哪部分的面积。前提是要知道侧面的概念，即激活长时陈述性记忆中"侧面"的相关内容。

（2）拟订方案。将"圆柱侧面积"的问题转化为求长方形面积问题。

（3）执行方案。

①圆柱侧面剪开后变为长方形，问题转化为求长方形的面积；

②根据已知条件，分别求出长方形的长和宽；

a. 若已知圆柱的底面半径 r，则长方形的长为圆柱的底面周长，即 $2\Pi r$；

b. 若已知圆柱的高 h，则长方形的宽即为圆柱的高 h；

③长方形的面积为长×宽，即圆柱的底面周长×高；

④长方形的面积就是所要求的圆柱侧面积。

（4）回顾检查。检查每个环节是否有误，同时长时陈述性记忆中长方形的面积计算公式、圆周长计算公式联结更加紧密，长时程序性记忆中圆柱侧面展开动作进一步强化。

通过以上对"圆柱侧面积"解题过程的分析可以看出，学生即使具备所需的前修知识，也未必能正确解答问题。关键是学生自己如何想到将圆柱侧面展开变成长方形这一解题策略。若学生以前有过剪纸、包裹圆柱体等类似经历，会有助于学生想到展开策略，教师也可以有意识地培养这些策略。

三 "统计与概率"类问题

"众数"是"统计与概率"部分的典型内容，是人教版小学数学教材五年级下学期学习的概念。丁祖荫对儿童概念掌握的过程进行了实验研究，结果表明，小学儿童的概念掌握表现了阶段特征，小学低年级儿童较多运用"具体实例""直观特征"掌握概念；小学高年级儿童逐渐能根据非直观的"重要属性""实际功用""种属关系"掌握概念。"众数"就是培养学生从数据中发现非直观的"重要属性"，即出现次数最多。

"众数"是一个抽象概念，五年级儿童虽然具有一定的抽象思维能力，但仍然需要具体的材料帮助儿童理解概念。心理学的研究也认为，儿童掌握概念系统的过程，也就是儿童应用以往丰富的概念材料去同化（或领会）深刻而又系统的知识的过程。[①]

求数据 $\{a_1, a_2, a_3, \cdots, a_n\}$ 中"众数"的问题解决过程描述为：

（1）题意理解。求给定数据中的"众数"。

（2）拟订方案。从数据 $\{a_1, a_2, a_3, \cdots, a_n\}$ 中找出现次数最多的数。

（3）执行方案：

①激活长时程序性记忆中的数数操作，在数据 $\{a_1, a_2, a_3, \cdots, a_n\}$ 中分别数 $a_1, a_2, a_3, \cdots, a_n$ 的个数；

②确定 $a_1, a_2, a_3, \cdots, a_n$ 出现的次数分别为 $M_1, M_2, M_3, \cdots, M_n$；

③激活长时程序性记忆中的比较操作，比较 $M_1, M_2, M_3, \cdots, M_n$ 的大小，确定最大值 M_{max}；

④M_{max} 对应的数 a_i 就是数据 $\{a_1, a_2, a_3, \cdots, a_n\}$ 的众数。

（4）回顾检查。检查每个环节是否有误，长时陈述性记忆中增加了"众数"概念；长时程序性记忆中增加了求"众数"的操作，同时数数和比较动作进一步强化。

通过分析"众数"问题解题过程发现，关键是确定解题的策略，即"数据中出现次数最多的数"。之后的操作如"数数""比较""对应"等，都是以前学过的知识。

儿童概念的获得是从具体逐步抽象的过程，儿童在开始掌握概念的时候，由于知识经验的缺乏，许多概念常常是孤立的，还没有加入到一定的概念系统中。只有在概念系统中去掌握概念，才能掌握得更好。例如，只有儿童掌握了中位数、平均数等概念，才能更好地掌握"众数"概念，建立起它们之间的联系。

四 启示：构建认知模型的实例基础

根据《义务教育数学课程标准》（2011年版）对义务教育阶段数学课程内容的分类，分别选取了"数与代数""图形与几何""统计与概率"中的典型问题，根据小学儿童思维的特点，分析了不同类型数学问

[①] 朱智贤：《儿童心理学》，人民教育出版社2009年版，第324页。

题的解题过程,为构建小学数学问题解决认知模型奠定了基础。

第三节　小学数学问题解决认知模型

一　认知模型

(一) 认知模型的构建过程

在构建小学数学问题解决认知模型过程中,主要考虑以下几点:

(1) 继承了波利亚的数学问题解决的四个阶段:理解题目、拟订方案、执行方案、回顾,并细化每一阶段。

(2) 考虑了小学儿童思维的基本特点,即从以具体形象思维为主要形式逐步过渡到以抽象逻辑思维为主要形式。即使是抽象逻辑思维,在很大程度上仍然是直接与感性经验相联系的,仍然具有很大成分的具体形象性。皮亚杰也认为7—12岁儿童的思维属于具体运算阶段。在整个小学阶段,教学的直观性是引起儿童注意的重要条件。"数数"解题过程中"掰手指",突出了"对象感知"在小学儿童解题过程中的作用。

(3) 考虑了小学儿童记忆的特点。小学儿童记住具体的、富有鲜明特点事物的能力很强,以具体形象的记忆为主。"圆柱侧面积"解题过程中的实物展示,表明小学儿童记忆以"具体实物"为主。另外,儿童的工作记忆在小学阶段迅速发展,随着年级的增长而发展,到高二年级以后发展速度基本趋缓。[1]

(4) 考虑了小学儿童的内部语言发展特点。初入学的儿童内部语言已初步萌芽,并在学校条件下逐步发展。维果斯基关于内部言语的研究为问题解决过程中的检查反思提供了理论和实验依据。当前,认知心理学领域使用脑成像技术也证实了大脑中内部回路的存在。内部语言被认为是思维的关键路径,[2] 认知神经科学研究中 Wilson 等人使用功能性磁共振成像 (fMRI) 数据证明了内部言语回路激活区域。[3] 解题过程中检查回顾,实

---

[1] 李德明、刘昌、李贵芸:《数字工作记忆广度的毕生发展及其作用因素》,《心理学报》2003年第35期。

[2] Zoltan Torey, *The Crucible of Consciousness: An Integrated Theory of Mind and Brain*, Cambridge: MIT Press, 2009, p. 112.

[3] Stephen M Wilson, et al., "Listening to Speech Activates Motor Areas Involved in Speech Production", *Nature neuroscience*, Vol. 7, 2004, pp. 701–702.

际上是由内部语言来支持。

（5）强调了解题过程中记忆或知识的巩固。工作记忆中的内容经过一段时间巩固到长时记忆中，[①][②] 处于激活状态的新的、再次激活的记忆，经过一段时间会巩固为稳定的、非激活状态。[③]

（6）问题解决从目标开始，以目标达成结束，同时强调问题情境在解题中的作用。

（二）认知模型介绍

基于以上分析，构建了小学数学问题解决认知模型，如图4—1所示。

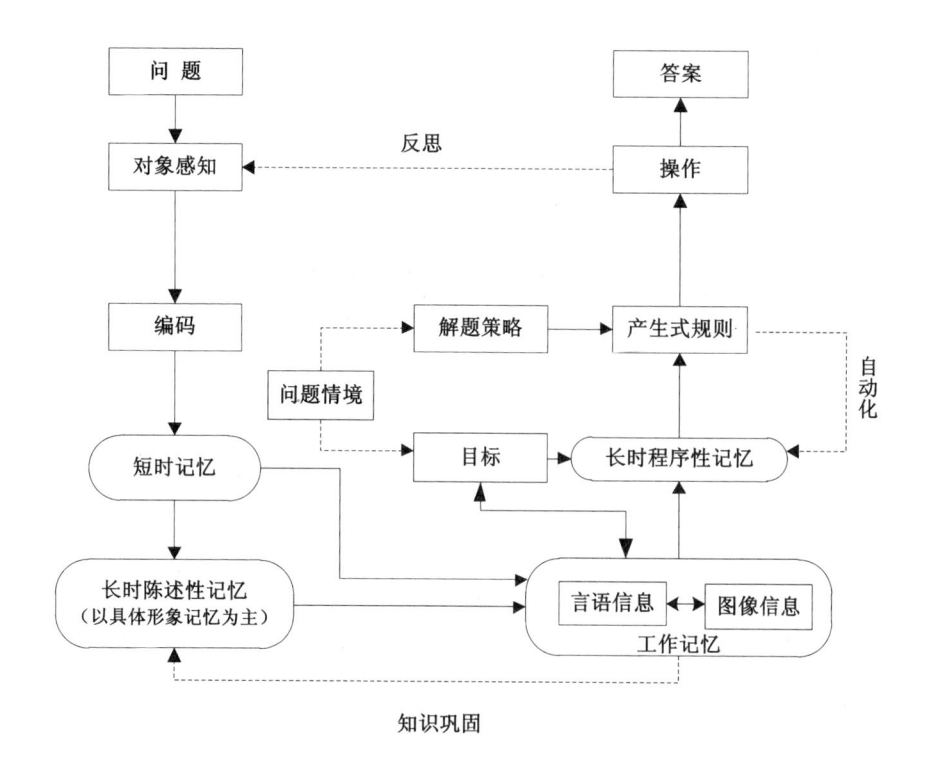

图4—1 小学数学问题解决认知模型

[①] Glickman, S., "Perseverative Neural Processes and Consolidation of The Memory Trace", *Psychol Bull*, Vol. 58, 1961, pp. 218–233.

[②] McGaugh, J. L., "Time-dependent Processes in Memory Storage", *Science*, Vol. 153, 1966, pp. 1351–1358.

[③] Karim Naderl, Oliver Hardt, "A Single Standard for Memory: The Case for Reconsolidation", *Nature Reviews Neuroscience*, Vol. 10, 2009, pp. 224–234.

1. 信息流程

问题解决可以被看成一个过程,下面介绍信息的流程。

(1) 从对象感知到短时记忆

学习者看到或听到问题接受刺激,经过对象感知编码成神经信息。这种对象感知的成分必须成为注意的对象才能持续较长一段时间,注意的对象进入短时记忆中。

(2) 从短时记忆到工作记忆

短时记忆的容量是有限的,对于成人来讲,平均为 7 ± 2 个项目。[1] 小学儿童的短时记忆容量比成人小,随着年级的增长发展迅速,高二时逐渐稳定。若是新对象,则直接进入工作记忆中。

(3) 从短时记忆到长时陈述性记忆

若感知到的不是新对象,则激活长时陈述性记忆中的相关内容,进入工作记忆中。

(4) 长时陈述性记忆

长时陈述性记忆中是学生先前学会的知识,以有意义的命题,[2] 或是复杂的涉及概念层次关系的编码形式存储。[3] 长时记忆中的编码材料是语义的,或按意义组织的。长时陈述性记忆中储存的内容是永久性的,随着时间的流逝不会有损失。[4] 有时会因为新旧内容之间的干扰阻碍信息的提取。小学儿童长时陈述性记忆中以具体形象记忆为主。

(5) 长时程序性记忆

长时程序性记忆中是学生先前学会的一系列规则,以产生式规则的形式存储,包含简单规则(如"数数"规则)和复杂规则(如"一元一次方程"解题规则)。

(6) 提取

提取包括长时陈述性记忆的提取和长时程序性记忆的提取,提取过程需要某些线索。学生在读题过程中,熟悉的字、词激活长时陈述性记忆中

---

[1] Miller, G. A., "The Magical Number Seven, Plus or Minus Two: Some Limits on Our Capacity for Processing Information", *Psychological Review*, Vol. 63, 1956, pp. 81–97.

[2] Anderson, J. R. & Bower, G. H., *Human Associative Memory*, Washington: V. H. Winston, 1973, p. 102.

[3] Quillian, M. R., "Semantic Memory", In M. Minsky (ed.), *Semantic Information Processing*, Cambridge: MIT Press, 1968, p. 19.

[4] Adams, J. A., *Human Memory*, New York: McGraw-Hill, 1967, p. 79.

的相关对象，相关对象被提取到工作记忆中。解题过程中，会提取长时程序性记忆中的产生式规则，如两位数相加运算过程中，会提取一位数相加的规则、进位规则等。

（7）工作记忆

工作记忆中的内容是当前激活的对象，以言语信息和图像信息的形式存在，包含有学习者已有的知识经验和学习的新材料。工作记忆中可能使学习者已有的知识经验和要学习的新材料相结合。如，在讲解"众数"概念时，学生工作记忆中已经有"出现次数最多的数"，但还不知道这个数的名称，老师告诉学生"众数"，此时，"众数"与"出现次数最多的数"相结合，产生新的规则，学习发生。

（8）工作记忆到目标

工作记忆中问题的信息与已有图式关联，实现问题表征，问题表征的结果是理解了问题包含的信息，确定目标。

（9）从目标到长时程序性记忆

目标引导问题解决的过程，确定目标后会激活长时程序性记忆中的产生式。

（10）从解题策略到产生式规则

问题解决过程中激活的产生式规则可能不止一个，在解题策略的指引下选择其中的一个产生式执行。

（11）问题情境

问题情境有助于学生确定问题目标、选择解题策略。相似的问题情境能够帮助学习者从先前的学习中回忆出某些特殊的规则，进而找到一个适合这一情境的规则。例如，在讲解"众数"概念时，引入"过生日"这一学生熟悉的情境以及"班主任"这一特殊角色，有助于学生回忆"选取过生日人数最多的月份"这一规则。学生面对新的问题情境，比解决相似问题情境时需要付出更为复杂和广泛的搜索过程，新的问题情境需要学习的迁移。

（12）从产生式规则到操作

执行产生式规则，产生可以外部观察的活动模式，例如，在纸上写出解题过程，或说出解题的思路等。

（13）反思

解题时会存在这样的情况，随着解题过程的深入，会不断修改和校正。即使在解题完成后，也会对整个解题过程检查，这些都是反思的外部表现。

(14) 知识巩固

激活次数越多的对象，越容易巩固或强化。知识巩固过程满足 Hebb 定律，"同时激活，同时联结，激活越多，联结越强"。知识巩固的结果在长时记忆中增强了相关对象的联结，使学习长期有用。

(15) 自动化

问题解决是一个过程，经历这一过程，学生学会由先前习得产生式规则所形成新的"组块"，这一"组块"可以解决新的问题，如在初次学习异分母相加时，会激活产生式规则：①异分母相加➔通分，②通分➔求最小公倍数，③求最小公倍数、两数为互质数➔两数相乘，经过一段时间的学习，以上三个产生式规则会组合成一个新的产生式规则：异分母相加、分母为互质数➔最小公倍数为两数之积。这是一个自动化的过程，结果是产生了"高级规则"，能够解决相似类型的其他问题。

(16) 信息流程小结

图4—2以垂直的方式说明了问题解决认知模型的结构，右边一列表明与每一结构相联系的加工过程。学习者看到或听到问题接受刺激，经过对象感知编码成神经信息。这种对象感知的成分必须成为注意的对象才能持续较长一段时间，注意的对象进入短时记忆中。若是新对象，则直接进入工作记忆中。若感知到的不是新对象，则激活长时陈述性记忆中的相关内容，进入工作记忆中。工作记忆中的内容是当前激活的对象，以言语信息和图像信息的形式存在，包含有学习者已有的知识经验和学习的新材料。工作记忆中可能使学习者已有的知识经验和要学习的新材料相结合。工作记忆中问题的信息与已有图式关联，实现问题表征，问题表征的结果是理解了问题包含的信息，确定目标。目标引导问题解决的过程，确定目标后会激活长时程序性记忆中的产生式。激活的产生式规则可能不止一个，在解题策略的指引下选择其中的一个产生式执行。执行产生式规则，产生可以外部观察的活动模式，例如，在纸上写出解题过程，或说出解题的思路等。解题时会存在这样的情况，随着解题过程的深入，会不断修改和校正。即使在解题完成后，也会对整个解题过程检查，这些都是反思的外部表现。当新的问题解决时，一个高

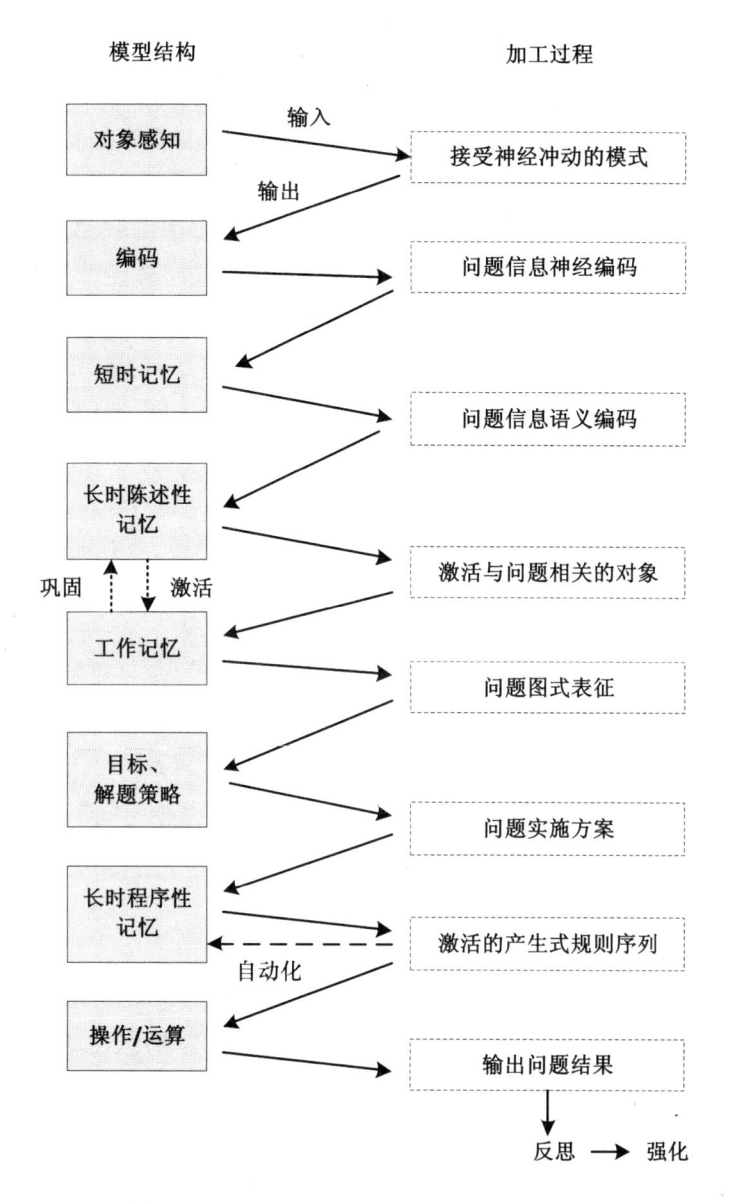

```
模型结构                           加工过程

┌────────┐    输入    ┌──────────────┐
│ 对象感知 │ ────────→ │ 接受神经冲动的模式 │
└────────┘           └──────────────┘
     ↑    输出
┌────────┐           ┌──────────────┐
│  编码   │ ────────→ │  问题信息神经编码  │
└────────┘           └──────────────┘
     ↑
┌────────┐           ┌──────────────┐
│ 短时记忆 │ ────────→ │  问题信息语义编码  │
└────────┘           └──────────────┘
     ↑
┌────────┐           ┌──────────────┐
│长时陈述性│ ────────→ │  激活与问题相关的对象 │
│  记忆   │           └──────────────┘
└────────┘
 巩固↕激活
┌────────┐           ┌──────────────┐
│ 工作记忆 │ ────────→ │   问题图式表征   │
└────────┘           └──────────────┘
     ↑
┌────────┐           ┌──────────────┐
│目标、   │ ────────→ │   问题实施方案   │
│解题策略 │           └──────────────┘
└────────┘
     ↑
┌────────┐           ┌──────────────┐
│长时程序性│ ────────→ │  激活的产生式规则序列 │
│  记忆   │           └──────────────┘
└────────┘
 自动化↑
┌────────┐           ┌──────────────┐
│操作/运算│ ────────→ │   输出问题结果   │
└────────┘           └──────────────┘
                         反思 → 强化
```

图4—2 根据认知模型所假设的问题解决过程

级规则就获得了。

2. 认知模型的模块化表示

为了直观的描述问题解决的认知过程，CMMPS可以简化为以下六个模块：

（1）视觉模块（visual module）：保留问题的表征，包括对象感知、编码部分。如表征问题："1/3 + 2/5 = ?"

（2）产生式模块（production module）：问题表征激活记忆中的规则，包括短时记忆、产生式规则部分。

（3）提取模块（retrieval module）：从长时记忆中提取相关信息，包括长时陈述性记忆、长时程序性记忆部分。如：长时陈述性记忆中的事实：5 + 6 =11，1×5 =5，2×3 =6 等。

（4）目标模块（goal module，或称为控制模块）：记录或跟踪问题解决过程中当前的目的或意图，包括问题情境、目标、解题策略部分。如：求异分母相加问题中的通分策略。

（5）问题状态或问题空间模块（problem state module，也称为 imaginal module）：也称为问题的当前心理表征，包括操作、运算部分。如：将问题原始状态 1/3 + 2/5 转换为 5/15 + 6/15。

（6）输出模块（manual module）：输出结果，包括答案部分。如：1/3 + 2/5 =11/15。

CMMPS 用模块化形式表示如图 4—3 所示。

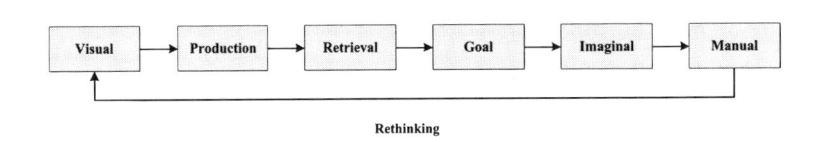

图 4—3 CMMPS 模块化表示

图 4—3 中列出了六个模块，问题解决过程并非依次经历所有模块，模块之间的信息流动是非线性的。模块中的内容存储在缓冲区中，缓冲区当前的内容构成了工作记忆。

认知模型可以用 N×6 认知矩阵（Cognitive Matrix）的形式来表示，如表 4—2 所示。其中，左侧的数字表示行号，每行代表认知逻辑步骤（cognitive logic step），并非实际执行的步骤，最后一行表示认知结束。每列与图 4—3 的六个模块相对应，每列的内容表示问题结果过程中某一模块中的内容。

表 4—2　　　　　　　　　**认知矩阵**（Cognitive Matrix）

	Visual	Production	Retrieval	Goal	Imaginal	Manual
1						
2						
……						
N						

3. 问题解决的各个阶段描述

小学数学问题解决过程分为理解题目、拟订方案、执行方案、回顾四个阶段，每个阶段的认知过程分析如下：

（1）理解题目。学生看到问题后，经对象感知、编码后，激活长时陈述性记忆中的知识，小学时期儿童思维以具体形象思维为主，长时陈述性记忆中以具体实物为主，尤其是低年级的儿童；根据问题情境和已有知识在大脑中形成一定的图式，实现理解题目。理解题目的结果是能确定问题中未知量是什么？已知数据是什么？条件是什么？目标是什么？

（2）拟订方案。从理解题目到拟订方案是一个复杂曲折的过程。长时陈述性记忆中激活的内容，在目标的监管下，找出已知量和未知量之间的联系，或回忆以前求解过的类似的问题，最终得到一个解题方案。如果长时陈述性记忆中关于该问题的知识很少，则很难产生一个好的思路，如果没有任何知识，则完全不可能产生思路。好的思路来源于儿童过去的经验和以前获得的知识。

（3）执行方案。根据拟订的解题方案，工作记忆中的对象激活长时程序性记忆中的产生式规则，激活的规则可能有多个，但在同一时间，只能执行一条产生式规则。产生式规则执行的结果输出为运算或操作，构成了问题的答案。

（4）回顾。有利于工作记忆中的内容巩固到长时陈述性记忆中，多个产生式规则自动化为一个产生式规则，并巩固到长时程序性记忆中。反思解题过程，检验结果是否正确，整理解题思路，培养解题能力。

二　认知模型的特点

CMMPS 以小学儿童思维特点为基础，考虑小学数学的学科规律，具有以下特点：

（1）突出问题情境的重要性。小学生抽象知识少，解题过程中理解问题情境非常重要，问题情境能帮助学生理解问题，将应用问题转换为计算问题，计算问题对学生来讲较为简单，很容易正确解答。问题情境的设置要与学生的实际生活相关。

（2）长时陈述性记忆中内容较少且以感知的、具体实物的知识为主，随着年级的增长，抽象知识逐渐增多。

（3）长时程序性记忆中低年级学生关于解题策略和步骤的内容非常少，在解题过程中不断增加。

（4）产生式规则集合中，小学低年级数学问题主要是简单的产生式规则，随着年级的增长和所学知识的丰富，一些简单的产生式规则形成"组块"，产生一个新的产生式规则，保存在长时程序性记忆中。

（5）问题解决认知过程细化，可用于诊断，也可解释自动化的情况。

三　认知模型的几点说明

（1）认知模型从记忆水平上描述问题解决的思维过程。

模型虽然描述的是问题解决的思维过程，但是在认知水平上构建，这样可以从记忆水平上对思维过程进行更详细的解释，为教学提供更具体的可操作的方法层面的指导。

（2）解题过程是一个非线性的过程。

解题过程中可能会发生这样的事情，学生可能想出了一个非常好的解题思想，而且跳过了所有的准备步骤直接得到了该题目的解答，没有经历认知模型中的阶段。但是如果学生忽略了问题解决中的某一个阶段而没有一个好的想法，则很难正确解答问题。如果学生还没有理解问题就开始计算，不会正确解答问题。在执行方案的过程中，如果学生检查每一个步骤，就能避开很多错误。如果学生不去重新检查或再一次考虑所完成的解答，可能会失去某些最好的效果。问题解决可能会因为学生个体知识和问题本身的不同而表现出不同的过程。

（3）认知模型中并没有考虑学生的"意愿""意志力"等情感因素

在解题过程中的作用。

在解题过程中，只理解题目是不够的，学生还需要有解题的意愿。如果学生没有强烈的解题愿望，解题过程中遇到困难时可能会放弃，不可能解出一道难题，只有具备这样的愿望，才有可能正确解答问题。情感因素在问题解决过程中的作用非常复杂，不是本研究关注的问题。

四　认知模型的教育意义

小学数学问题解决的认知模型对教学过程中的问题设计及诊断具有重要意义。

（1）通过模型可以看出，问题解决由几个阶段所构成，每个阶段包含若干个内部加工的过程。要产生一定的学习结果，在设计问题过程中应依内部加工的过程为根据。如设计问题时，根据小学生的认知特点，突出问题情境与学生生活实际相联系。

（2）诊断解题过程中出现的问题，并提供干预，确保学习发生。对于解题结果，不能以简单的"对"或"错"来判断，通过认知模型来分析导致解题错误的内部过程，并提出刺激相关规则回忆的问题来引导学生自己正确解答问题。例如在"众数"概念学习时，提供"过生日"情境和"班主任"角色来引导学生自己得出"过生日人数最多月份"这一规则。

（3）解释问题解决行为，预期学习结果。认知模型能够分析问题解决的内部加工过程，根据内部过程推断长时陈述性记忆和程序性记忆的激活情况，解释问题解决行为，预期学习结果。

第四节　小结

《义务教育数学课程标准》（2011年版）指出[①]，义务教育阶段数学课程的设计，充分考虑本阶段学生数学学习的特点，符合学生的认知规律和心理特征。为了在教学实践中贯彻落实课程标准理念与精神，本章重点讨论了小学数学问题解决认知模型的构建过程。

---

① 中华人民共和国教育部制定：《义务教育数学课程标准（2011年版）》，北京师范大学出版社2012年版，第3页。

认知模型是问题解决认知过程分析的依据,既要考虑小学阶段学生的认知规律和思维特点,又要考虑小学数学的课程内容特点。本章首先分析了小学儿童的心理特点,包括思维发展特点、内部语言发展特点、记忆发展特点以及认知神经科学中的小学儿童数学认知,为构建认知模型奠定了理论基础。

在此基础上,分析"数与代数"(如:"数数"问题、"一元一次方程"问题)、"图形与几何"(如:"圆柱侧面积"问题)、"统计与概率"(如:"众数"问题)典型问题的解决过程,对波利亚数学问题解决模型进一步细化,构建了小学数学问题解决的认知模型。随后,分析了认知模型的特点,界定了认知模型的应用范围,讨论了认知模型的对数学课堂教学的价值和意义。

小学数学问题解决认知模型的构建,为实现问题解决认知模拟,讨论认知分析与模拟在数学课堂教学中应用,提供了科学依据和参考。

第五章 小学数学问题解决认知模拟

第一节 认知模拟依据

使用计算机模拟的方法来研究问题解决的内部过程已有许多成功案例,这些案例为本研究使用该方法来研究学生数学问题解决的认知过程,提供了有利的依据。

纽厄尔和西蒙编写了第一个模拟人类解决问题的计算机程序——逻辑理论家(LT),成功模拟了人证明符号逻辑定理的认知过程。[1] LT证明了Whitehead所著数学名著《数学原理》中的全部52条定理,实现了对人类启发式搜索的问题解决过程的模拟。

纽厄尔和西蒙开发了通用问题解决者(GPS)程序。[2] 该程序主要是依据"手段—目的分析"方法编写而成,成功模拟了定理证明、汉诺塔(Tower of Hanoi)、传教士和野人过河等多种不同类型的问题。GPS系统包含一个长时记忆即知识库,存储各种问题解决有关的知识和各种算子,另外还有短时记忆,以串行方式对信息进行各种操作。GPS的内部知识由产生式(Production)系统来表征,通过对问题空间(Problem Space)的搜索,利用"手段—目的分析"方法减少当前状态与目标状态的差别,最终达到目标状态。

Gelernter等人开发了模拟人证明几何定理的计算机程序——几何机器(Geometry Machine)[3];Hiller等人开发了模拟人谱写乐曲的计算机程

---

[1] Newell, A., Simon, H. A., "The Logic Theory Machine—A Complex Information Processing System", *IRE Transactions on Information Theory*, Vol. 2, 1956, pp. 61–79.

[2] Newell, Allen, John C. Shaw, and Herbert A. Simon, "Report on a General Problem-solving Program", *IFIP Congress*, 1959, pp. 256–264.

[3] Gelernter, H., Hansen, J. R., Loveland, D. W., "Empirical Explorations of the Geometry Theorem Machine", *Western Joint IRE-AIEE-ACM Computer Conference*, 1960, pp. 143–150.

序①；纽厄尔等人开发了模拟人下棋程序②；纽厄尔等人开发了根据经验修改自身许多方面，进而达到"学习"的计算机程序。③

西蒙对顿悟（insight）、理解（understanding）等思维和问题解决的行为进行了计算机模拟。④ 他认为，计算机模拟是一个预测和解释大量思维现象的强有力工具。

安德森等人使用 ACT-R 模拟了代数方程式"7x + 3 = 38"的解题过程。⑤

我国学者吴文俊院士提出了一种几何定理机器证明的数学算法，被称为"吴方法"⑥。张景中院士等人在"吴方法"的基础上进行改进，使新的算法实现了几乎所有几何证明题的自动解题。⑦ 但他们都是从数学的角度研究自动解题，并不关心学生问题解决的认知过程。

数学问题解决的认知模拟就是依据一定的认知模型编写计算机程序来模拟学生求解数学问题的认知过程，使计算机达到与学生解题类似的结果。学生解题的内部过程无法直接获取，计算机模拟可以将内部过程可视化显示，已成为该领域研究的一种常用方法。

第二节 认知模拟工具

一 ACT-R 工具

理性思维的适应性控制是美国卡耐基·梅隆大学著名认知心理学家安德森教授领导的认知科学实验室多年研究的国际上著名的认知模拟工具，

---

① Hiller, L. A. & Isaacson, L. M., *Experimental Music*, New York: McGraw-Hill, 1959, p. 17.

② Newell, A., Shaw, J. C., Simon, H. A., "Chess-playing Programs and the Problem of Complexity", *IBM Journal of Research and Development*, Vol. 2, 1958, pp. 320 – 335.

③ Newell, A., Shaw, J. C., Simon, H. A., *Programming The Logic Theory Machine*, Defense Technical Information Center, 1957, pp. 218 – 230.

④ Simon, H. A., "The Information Processing Explanation of Gestalt Phenomena", *Computers in Human Behavior*, Vol. 2, 1986, pp. 241 – 255.

⑤ Anderson, J. R., Fincham, J. M., Qin Y. L., Stocco, A., "A Central Circuit of the Mind", *Trends in Cognitive Sciences*, Vol. 1, 2008, pp. 136 – 143.

⑥ Wu Wenjun, "Basic Principles of Mechanical Theorem Proving in Elementary Geometries", *Journal of Systems Sciences & Mathematical Sciences*, Vol. 4, 1984, pp. 207 – 235.

⑦ 张景中、杨路、侯晓蓉:《几何定理机器证明的完全方法》,《系统科学与数学》1995 年第 3 期。

嵌入了 ACT-R 理论，程序语言为 Common Lisp，目前版本是 ACT-R 6.0，1.4 版本。其内部架构、参数设定都是依据大量的心理学实验数据得到的，ACT-R 中的很多数据是通过核磁共振实验精确验证过的。和编程语言一样，ACT-R 是一个框架，对于不同的任务研究者可以结合 ACT-R 的认知观，增加自己对特定任务的假设，在 ACT-R 中建立模型。假设可以通过将模型的结果与人完成相同任务的结果进行比较来验证。它已经被广泛使用来模拟人类认知行为的不同方面，例如汉诺塔问题、语言理解、模式识别、记忆、简单几何证明等。[1]

二 ACT-R 应用领域

ACT-R 已经在学习和记忆、问题解决和决策、语言和交流、感知和注意、认知发展、个体差异等领域成功地创建了模型。除了在认知心理学领域应用，ACT-R 还成功地应用于其他领域，如图 5—1 所示。

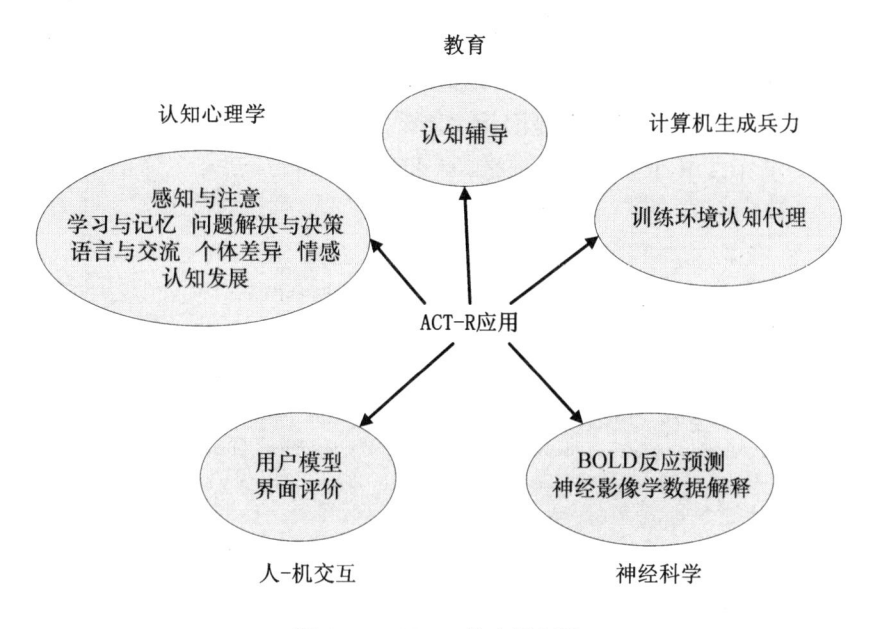

图 5—1 ACT-R 的应用领域

---

[1] 魏雪峰、崔光佐、李莉、段元美：《基于学习过程的课堂交互分析研究》，《电化教育研究》2011 年第 12 期。

（1）人机交互用户模型，评估不同的计算机接口；

（2）认知辅导系统，预测学生可能存在的困难并提供有针对性的帮助；

（3）神经心理学，解释功能性磁共振成像（fMRI）数据。

ACT-R 已成功用于数学问题解决模拟。安德森通过代数方程的 ACT-R 模型研究，初步将 ACT-R 理论中的结构成分映射到了脑区。[1] ACT-R 强调行为层级的测量，如按键时间、眼动模式等，安德森等人使用脑成像技术验证了学生在完成解方程任务过程中 ACT-R 模块与脑区之间的关系。[2]

三 ACT-R 认知神经学基础

ACT-R 研究具有一定的认知神经学基础。秦裕林等人[3]、安德森等人[4]研究发现，虽然顶叶（the parietal）和前额叶（the prefrontal）活动高度相关，但这两个区域的活动还是有区别的；研究还证实了前额叶更多地与知识提取相关，顶叶（the parietal）更多地与表征（问题状态）变化相关。Sohn 等人的研究也发现前额叶（the prefrontal）而不是顶叶（the parietal）与个人知识提取相关。[5][6]

关于 ACT-R 中的程序性记忆，Ashby & Waldron 研究了样例学习的神

---

[1] John R. Anderson, "Human Symbol Manipulation Within an Integrated Cognitive Architecture", *Cognitive Science*, Vol. 29, 2005, pp. 313–341.

[2] Anderson, John, R., Fincham, Jon, M., Qin Yulin and Stocco, Andrea, "A Central Circuit of the Mind", *Trends in Cognitive Sciences*, Vol. 12, 2008, pp. 136–143.

[3] Qin, Y., Sohn, M-H., Anderson, J. R., Stenger, V. A., Fissell, K., Goode, A., et al., "Predicting the Practice Effects on the Blood Oxygenation Level-dependent (BOLD) Function of fMRI in a Symbolic Manipulation Task", *Proceedings of the National Academy of Sciences of the U.S.A.*, Vol. 100, 2003, pp. 4951–4956.

[4] Anderson, J. R., Qin, Y., Stenger, V. A., & Carter, C. S., "The Relationship of Three Cortical Regions to an Information-processing Model", *Cognitive Neuroscience*, Vol. 16, 2004, pp. 637–653.

[5] Sohn, M-H., Goode, A., Stenger, V. A, Carter, C. S., & Anderson, J. R., "Competition and Representation During Memory Retrieval: Roles of the Prefrontal Cortex and the Posterior Parietal Cortex", *Proceedings of National Academy of Sciences*, Vol. 100, 2003, pp. 7412–7417.

[6] Sohn, M-H., Goode, A., Stenger, V. A, Jung, K-J., Carter, C. S., & Anderson, J. R., "An Information-processing Model of Three Cortical Regions: Evidence in Episodic Memory Retrieval", *NeuroImage*, Vol. 25, 2005, pp. 21–33.

经心理学基础,[1] Hikosaka 等人研究了学习序列程序的神经网络基础,[2] 研究结果表明,基底节(basal ganglia)与程序性记忆相联系。另外,Esposito 等人[3]研究证明前扣带回皮层(Anterior Cingulate Cortex,ACC)与 Baddley 工作记忆模型[4]中的中央执行系统相一致。

第三节 认知模拟

安德森研究了代数方程的求解过程,认知过程是通过与五个独立模块的交互而发生的。[5] 这五个模块为:

(1) 视觉模块(visual module):保留问题的表征,如 1/3 + 2/5。

(2) 问题状态或问题空间(problem state module,有时也称为 imaginal module):也称为问题的当前心理表征,如将问题原始状态 1/3 + 2/5 转换为 5/15 + 6/15。

(3) 目标模块(control module,也称为 goal module):记录或跟踪问题解决过程中当前的目的或意图,如求异分母相加问题中的通分策略。

(4) 陈述性模块(declarative module):从陈述性记忆中提取关键信息,如 5 + 6 = 11,1×5 = 5,2×3 = 6。

(5) 输出模块(manual module):输出结果。

由于模块序列性的瓶颈,因此,每一个模块中只有一部分信息可进入与模块相连的缓冲区(buffer)中。如一个感知的对象,一个表征的问题状态,一个控制状态等。每一个缓冲区只拥有 ACT-R 中所谓的一个"知识块"(chunk)。知识块包含有问题状态信息和控制状态信息。在 ACT-R 中同一时间只能激活一条产生式规则。

---

[1] Ashby, F. G., & Waldron, E. M., "The Neuropsychological Bases of Category Learning", *Current Directions in Psychological Science*, Vol. 9, 2000, pp. 10–14.

[2] Hikosaka, O., Nakahara, H., Rand, M. K., Sakai, K., Lu, Z., Nakamura, K., et al., "Parallel Neural Networks for Learning Sequential Procedures", *Trends in Neuroscience*, Vol. 22, 1999, pp. 464–471.

[3] D'Esposito., M., Piazza, M., Detre, J. A., Alsop, D. C., Shin, R. K., Atlas, S., et al., "The Neural Basis of The Central Executive of Working Memory", *Nature*, Vol. 378, 1995, pp. 279–281.

[4] Baddeley, A. D., *Working Memory*, Oxford: Oxford University Press, 1986, p. 57.

[5] Anderson, John R., "Human Symbol Manipulation Within an Integrated Cognitive Architecture", *Cognitive Science*, Vol. 29, 2005, pp. 313–341.

小学数学可分为程序性知识（Procedural Knowledge，简称 PK）和陈述性知识（Declarative Knowledge，简称 DK）两类知识，根据知识分类，"异分母相加"属于典型程序性知识，"众数"属于典型陈述性知识，研究中分别选取了这两个知识点，设计典型问题，分析问题解决认知过程并实现模拟。

一　程序性知识问题解决认知模拟

（一）典型题目

我们分析的内容是小学五年级下册第四单元"分数的意义和性质"中的"异分母相加"知识点。所用教材为人民教育出版社出版的义务教育课程标准实验教科书（2006年10月第2版）。"异分母相加"知识点教学目标是学会计算两个异分母相加，是小学数学程序性知识的典型问题。

在学习"异分母相加"之前，学生已经知道自然数 2、3、5 的倍数特征，了解了公倍数和最小公倍数；在 1—100 的自然数中，能找出 10 以内自然数的所有倍数，能找出 10 以内两个自然数的公倍数和最小公倍数。

根据"异分母相加"知识点和学生的特点，我们设计了以下题目：

"请给长方形纸张（如图 5—2 所示）涂颜色，整张纸的 1/3 涂成黄色，整张纸的 2/5 涂成黑色，颜色不能相重（涂黄色的位置不能涂黑色，涂黑色的地方不能涂黄色），黄色和黑色共占整张纸的几分之几？"

图 5—2　长方形纸

（二）认知过程分析

研究中设计的"异分母相加"问题通过 CMMPS 分析，其解题的认知过程可描述为：

（1）学生看到问题，视觉编码后，激活长时陈述性记忆中相关对象，实现题意理解，将目标确定为异分母相加，即"1/3 + 2/5 =？"，完成了从应用题到计算问题的转换；

（2）要解决问题"1/3 + 2/5 =？"，激活产生式"异分母相加➔求最小公倍数"，将目标确定为求 3 和 5 的最小公倍数；

（3）要求 3 和 5 的最小公倍数，激活产生式"3 和 5 的最小公倍数➔3 × 5"，提取长时陈述性记忆中的事实"3 × 5 = 15"；

（4）求得最小公倍数之后，要将异分母化为同分母，即通分，"1/3"和"2/5"分别通分为"5/15""6/15"；

（5）通分后，异分母相加问题转化为同分母相加，激活产生式"同分母相加➔分子不变，分母相加"；

（6）提取长时陈述性记忆中的事实"5 + 6 = 11"，结果为"11/15"，认知过程结束。

为了形象直观地表示"异分母相加"这一问题解决认知过程，分析的结果以模块化形式表示，如表 5—1 所示。

在表 5—1 中除了上文提到的 ACT-R 的五个模块外（Retrieval 对应陈述性模块），还增加了产生式（Production）模块，即解题过程中的策略，该模块中的内容为问题解决过程中激活的产生式规则。每一列表示问题解决过程中某模块中的内容。在表 5—1 中最左侧的一列数字表示行号，每行代表认知逻辑步骤（cognitive logic step），并非与实际解题步骤完全一致，最后一行表示认知过程结束，即问题解决过程结束；每列表示每个模块在不同时刻的内容。

（三）认知模拟

用来编码句子中命题信息的知识块（chunk），与 ACT-R 中的知识块是一样的。问题的理解可用知识块（chunk）的形式来表征，知识块包含多个槽值（slot）。"异分母相加"题意可表示为：

- Is a mathematical problem,
- Object paper has two color areas,

表 5—1　　　　"异分母相加"问题解决认知过程分析

	Visual	Production	Retrieval	Goal	Imaginal	Manual
1	视觉编码					
2			长时陈述性记忆中相关语义知识			
3				1/3 + 2/5 = ?	1/3 + 2/5 = ?	
4	编码 1/3 + 2/5 = ?					
5		异分母相加➔求最小公倍数				
6				求最小公倍数		
7	编码 3 和 5					
8		3 和 5 的最小公倍数➔3×5				
9			3×5 = 15			
10						最小公倍数是 15
11				通分		
12		1/3 ➔5/15 2/5 ➔6/15				
13			3×5 = 15 1×5 = 5 5×3 = 15 2×3 = 6			
14						5/15 6/15
15					5/15 + 6/15 = ?	
16				同分母相加		
17	5/15 + 6/15 = ?					
18		同分母相加➔分母不变，分子相加				
19			5 + 6 = 11			
20					5/15 + 6/15 = 11/15	
21						它们相加(5/15 + 6/15) = 11/15
22						结束

- known 1 yellow area value 1/3 of the paper,
- known 2 black area value 2/5 of the paper,
- Goalisa sum addend 1 yellow area add end 2 black area。

其中，第1行表示该问题是一个数学问题；第2行表示对象是纸，有两种颜色区域；第3行表示已知条件1，纸的三分之一是黄色；第4行表示已知条件2，纸的五分之二是黑色；最后一行表示目标是求了两个数的和，加数1是黄色区域，加数2是黑色区域。

研究中根据以上对"异分母相加"问题解决认知过程的分析，编写Lisp程序（详见附录1），在ACT-R中模拟，最小时间间隔为0.05秒（默认值）。"异分母相加"问题解决认知过程模拟如图5—3所示。

从图5—3的模拟过程可以看出，问题解决过程中设定目标是关键一步，以确定目标开始，中间过程是问题状态的不断转换，最终以目标达到结束。Procedural 表示程序性知识，即产生式，程序性知识的提取是激活产生式，同一时间只能执行一个产生式。Declarative 表示陈述性知识，以知识块（chunk）形式表示，陈述性知识的提取是对知识块进行操作。

问题解决认知路径（Cognitive Trace）可以在ACT-R中可视化表示，"异分母相加"问题解决认知路径如图5—4所示。在图5—4中，最左侧一列是ACT-R中的模块，如提取（retrieval）模块、图像（imaginal）模块、视觉（visual）模块、产生式（production）模块、目标（goal）模块等。右侧是按照时间序列（基本事件单元为默认值0.05秒）可视化显示各模块中的内容，其中红色区域显示的是提取模块中的内容，即问题解决过程中提取的陈述性知识；黄色区域显示的是产生式模块中的内容，即问题解决过程中激活的产生式。这些内容与表1对"1/3 + 2/5 = ?"问题解决认知过程的分析一致。

（四）激活的脑区

ACT-R中的成分（components）映射到脑区，这种映射可以使用功能性磁共振成像（fMRI）方法来记录"异分母相加"问题结果过程中大脑的血氧水平依赖（BOLD）相应数据（blood oxygen level dependent response）。

图5—5显示了ACT-R中"异分母相加"模型运行后"产生式"缓冲区中的BOLD数据变化。左侧一列是"异分母相加"解题模型中的所

```
% listener                                                    _ □ X
0.000    GOAL                 SET-BUFFER-CHUNK GOAL GOAL1 REQUESTED NIL ▲
   0.000    PROCEDURAL           CONFLICT-RESOLUTION
   0.050    PROCEDURAL           PRODUCTION-FIRED INITIAL-RETRIEVE
   0.050    PROCEDURAL           CLEAR-BUFFER RETRIEVAL
   0.050    DECLARATIVE          START-RETRIEVAL
   0.050    PROCEDURAL           CONFLICT-RESOLUTION
   0.100    DECLARATIVE          RETRIEVED-CHUNK P5
   0.100    DECLARATIVE          SET-BUFFER-CHUNK RETRIEVAL P5
   0.100    PROCEDURAL           CONFLICT-RESOLUTION
   0.150    PROCEDURAL           PRODUCTION-FIRED TONGFEN-ADD1
---3-AND-5-ZUIXIAOGONGBEISHU 15
   0.150    PROCEDURAL           CLEAR-BUFFER RETRIEVAL
   0.150    DECLARATIVE          START-RETRIEVAL
   0.150    PROCEDURAL           CONFLICT-RESOLUTION
   0.200    DECLARATIVE          RETRIEVED-CHUNK P6
   0.200    DECLARATIVE          SET-BUFFER-CHUNK RETRIEVAL P6
   0.200    PROCEDURAL           CONFLICT-RESOLUTION
   0.250    PROCEDURAL           PRODUCTION-FIRED TONGFEN-ADD2
---1/3-TONGFENHOU FENZI 5 FENMU 15
   0.250    PROCEDURAL           CLEAR-BUFFER RETRIEVAL
   0.250    DECLARATIVE          START-RETRIEVAL
   0.250    PROCEDURAL           CONFLICT-RESOLUTION
   0.300    DECLARATIVE          RETRIEVED-CHUNK P7
   0.300    DECLARATIVE          SET-BUFFER-CHUNK RETRIEVAL P7
   0.300    PROCEDURAL           CONFLICT-RESOLUTION
   0.350    PROCEDURAL           PRODUCTION-FIRED ADDITION
---2/5-TONGFENHOU FENZI 6 FENMU 15
   0.350    PROCEDURAL           CLEAR-BUFFER RETRIEVAL
   0.350    DECLARATIVE          START-RETRIEVAL
   0.350    PROCEDURAL           CONFLICT-RESOLUTION
   0.400    DECLARATIVE          RETRIEVED-CHUNK P8
   0.400    DECLARATIVE          SET-BUFFER-CHUNK RETRIEVAL P8
   0.400    PROCEDURAL           CONFLICT-RESOLUTION
   0.450    PROCEDURAL           PRODUCTION-FIRED GET-SUM
---SUM 11/15
   0.450    PROCEDURAL           CLEAR-BUFFER RETRIEVAL
   0.450    PROCEDURAL           CONFLICT-RESOLUTION
   0.500    PROCEDURAL           PRODUCTION-FIRED STOP
---SUM FINISHED-----
   0.500    PROCEDURAL           CLEAR-BUFFER GOAL                     ▼
Command:
```

图 5—3　"异分母相加"问题解决认知过程模拟

有缓冲区（buffers），选择其中的一个缓冲区，在右侧区域就会显示该缓冲区中的血氧水平依赖（BOLD）相应数据（blood oxygen level dependent response）。其中，横轴表示时间，默认时间间隔是 1.5 秒；纵轴表示变化范围，最小值是"0.0"，表示没有激活；数值越大，激活程度越高，最大值是"1.0"。图中可以很清楚地看到随时间变化"产生式"缓冲区中内容的激活情况，在 5 秒到 6 秒之间激活最显著，之后激活程度慢慢降低，直到在 13.5 秒时不再被激活。

"异分母相加"问题解决过程大脑激活区如图 5—6 所示。左侧一列

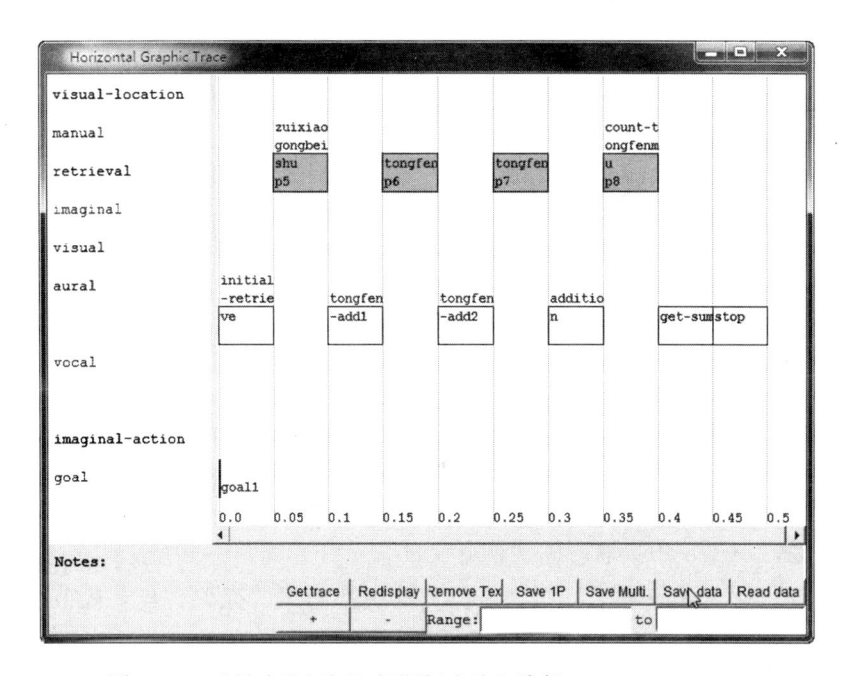

第五章　小学数学问题解决认知模拟　　75

图 5—4　"异分母相加"问题解决认知路径（Cognitive Trace）

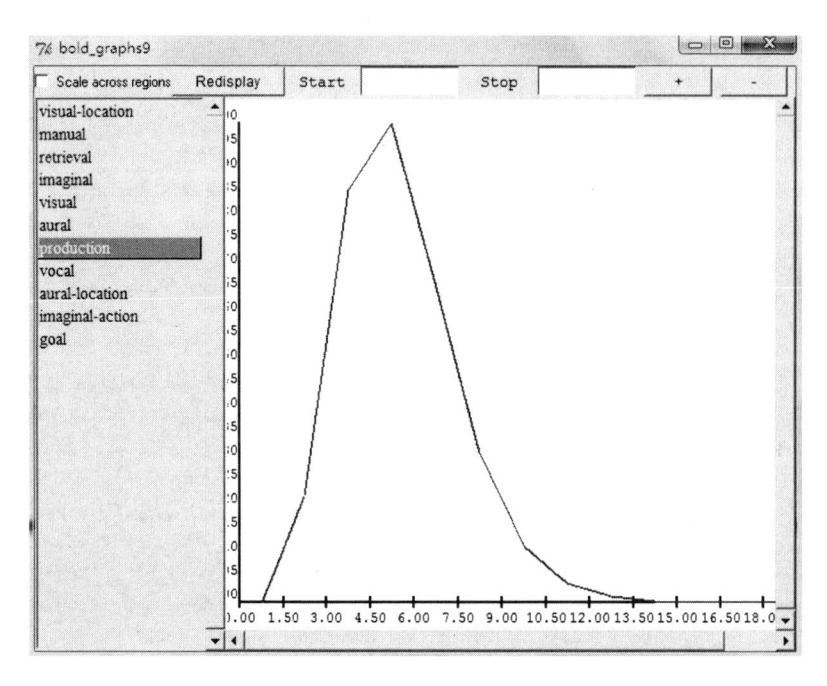

图 5—5　"异分母相加"问题解决过程中"产生式"缓冲区激活情况

用不同颜色标注了不同的缓冲区,右侧是某一时刻大脑激活区域。区域方框的颜色与左侧缓冲区颜色对应,区域的亮度标示了激活的程度,亮度越高,激活程度越大。

从图5—6中可以明显看出,图像缓冲区(imaginal)中内容(主要是数字)的提取与顶叶皮层(parietal cortex)的激活密切相关。该结论与Pinel等人[1]、Eger等人[2]、张红川等人[3]关于被试在看到数字或进行数字加工时顶叶皮层显著激活的研究结论一致。ACT-R中一次图像操作默认时间是200毫秒。

提取(retrieval)缓冲区负责提取陈述性记忆,与前额叶皮层激活相关。这一结论与秦裕林等人[4]、安德森等人[5]、Sohn等人[6][7]研究结论,即前额叶(the prefrontal)而不是顶叶(the parietal)与个人知识提取相关相一致。ACT-R中提取时间是自由变量。

程序性(procedural)缓冲区负责程序性知识的提取,与基底节激活

---

[1] Pinel Philippe, Dehaene Stanislas, Riviere, Denis & Le Bihan Denis, "Modulation of Parietal Activation by Semantic Distance in a Number Comparision Task", *Neuroimage*, Vol. 14, 2001, pp. 1013 – 1026.

[2] Eger Evelyn, Sterzer Philipp, Russ Michael O., Giraud Anne-Lise & Kleinschmidt Andreas, "A Supramodal Number Representation in Human Intraparietal Cortex", *Neuron*, Vol. 37, 2003, pp. 719 – 726.

[3] Zhang, H. C., Dong, Q., Jin, Z., et al., "Multiplication by Mental Number Line: An fMRI Study", *International Journal of Psychology*, Vol. 39, 2004, pp. 146.

[4] Qin, Y., Sohn, M-H., Anderson, J. R., Stenger, V. A., Fissell, K., Goode, A., et al., "Predicting the Practice Effects on the Blood Oxygenation Level-dependent (BOLD) Function of fMRI in a Symbolic Manipulation Task", *Proceedings of the National Academy of Sciences of the U. S. A.*, Vol. 100, 2003, pp. 4951 – 4956.

[5] Anderson, J. R., Qin, Y., Stenger, V. A., & Carter, C. S., "The Relationship of Three Cortical Regions to an Information-processing Model", *Cognitive Neuroscience*, Vol. 16, 2004, pp. 637 – 653.

[6] Sohn, M-H., Goode, A., Stenger, V. A, Carter, C. S., & Anderson, J. R., "Competition and Representation During Memory Retrieval: Roles of the Prefrontal Cortex and the Posterior Parietal Cortex", *Proceedings of National Academy of Sciences*, Vol. 100, 2003, pp. 7412 – 7417.

[7] Sohn, M-H., Goode, A., Stenger, V. A, Jung, K-J., Carter, C. S., & Anderson, J. R., "An Information-processing Model of Three Cortical Regions: Evidence in Episodic Memory Retrieval", *NeuroImage*, Vol. 25, 2005, pp. 21 – 33.

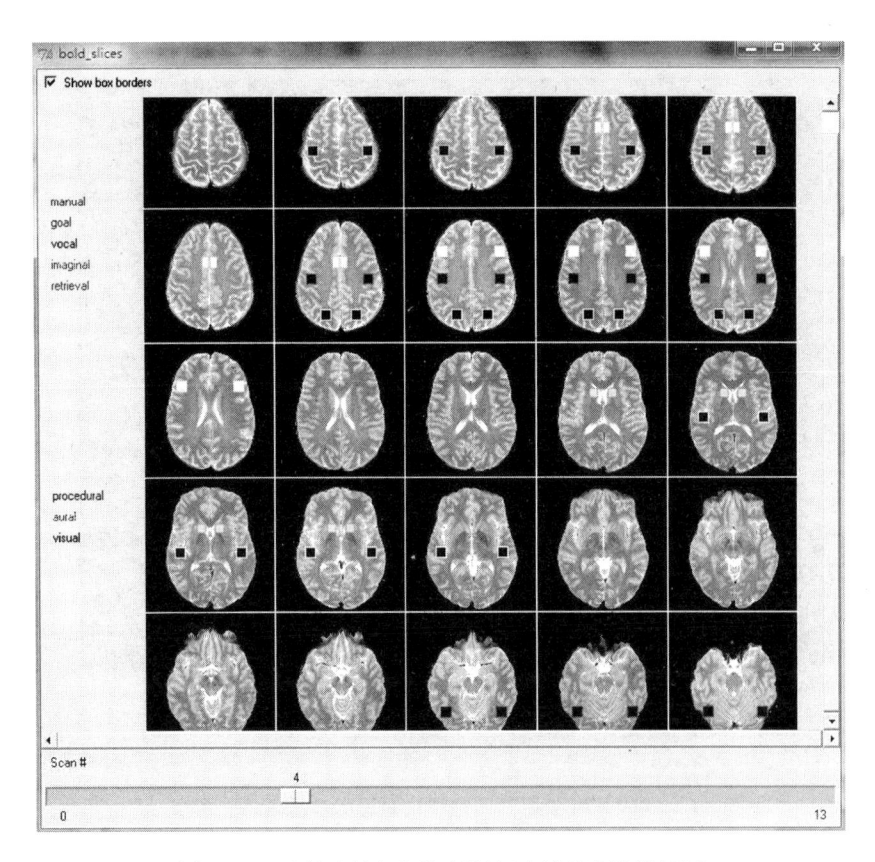

图 5—6 "异分母相加"问题解决过程大脑激活区

密切联系。该结论与 Hikosaka 等人[①]的研究结论一致。

图 5—7 以三维图的形式在大脑模型中显示了"异分母相加"问题解决过程大脑激活区。图 5—7 中"0.0—1.0"表示的是亮度值。"0"表示没有被激活,区域是黑色的;激活的越多,值越接近"1",区域亮度越高。图的左侧以不同颜色标示了缓冲区,缓冲区右侧数字是激活程度。图的右侧是大脑激活区域,用与左侧模块相同的颜色显示。

从图 5—7 中可以看出,"异分母相加"问题解决过程中目标、提取、产生式缓冲区均有不同程度激活,其中目标缓冲区激活程度最大,为

---

① Hikosaka, O., Nakahara, H., Rand, M. K., Sakai, K., Lu, Z., Nakamura, K., et al., "Parallel Neural Networks for Learning Sequential Procedures", *Trends in Neuroscience*, Vol. 22, 1999, pp. 464 – 471.

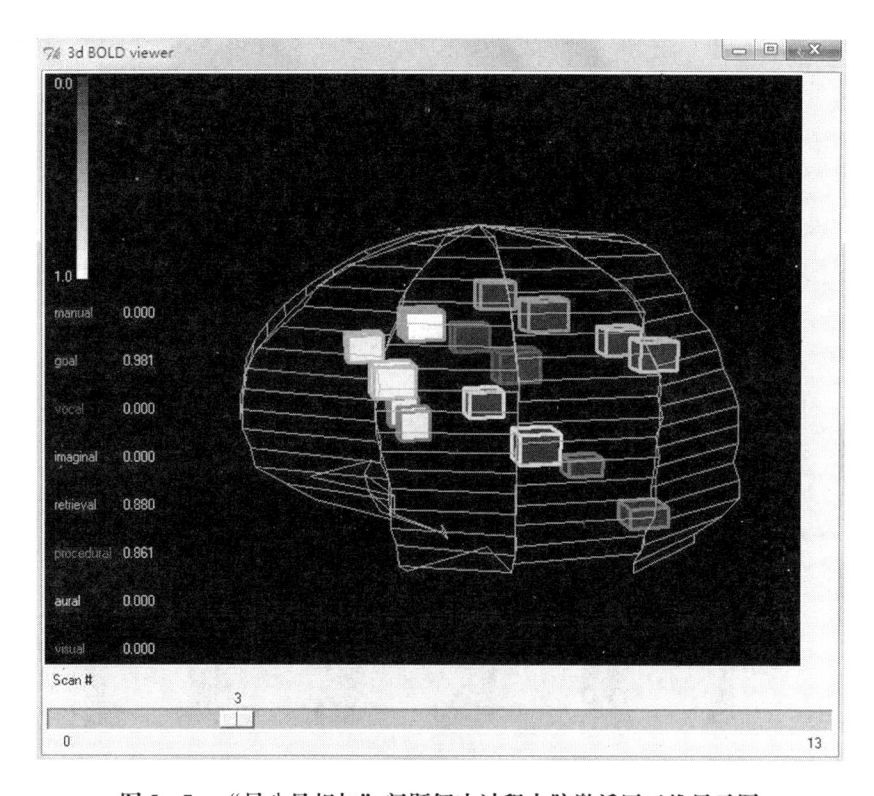

图 5—7 "异分母相加"问题解决过程大脑激活区三维显示图

0.981，接近最大值。缓冲区与大脑区域的对应关系，与图 5—6 的结果相同，并得到已有研究的支持，这里不再赘述。

二 陈述性知识问题解决认知模拟

（一）典型问题

我们分析的内容是小学五年级下册第六单元"统计"中的"众数"知识点。所用教材为人民教育出版社出版的义务教育课程标准实验教科书（2006 年 10 月第 2 版）。"众数"知识点教学目标是让学生理解、掌握"众数"概念，是陈述性知识的典型问题。

根据"众数"知识点和学生的特点，我们设计了以下题目：

"学校同意我们五（六）班明年要举办一次生日庆祝活动。但只能给某月出生的同学庆祝。如果你是班主任：

（1）你会如何选择？

(2) 你觉得选哪个月比较合适?"

(二) 认知过程分析

"众数"内容属于陈述性知识,在求众数的过程中,需要统计、数数等程序性知识,这些知识学生都已学过,即可以从长时程序性记忆中提取。为了形象直观地表示"众数"这一问题解决认知过程,分析过程以认知矩阵形式表示,如表 5—2 所示。

表 5—2　　　　　　　"众数"问题解决认知过程分析

	Visual	Production	Retrieval	Goal	Imaginal	Manual
1	文本编码					
2			DM 中相关语义知识			
3				选哪个月比较合适		
4		选一个月给学生过生日、班主任角色➜选过生日最多的月份(符合常理,P1)				
5				选过生日最多的月份(目标转换)		
6					哪个月过生日的人最多	
7						哪个月过生日的人最多,然后就选在那个月
8					统计每个月过生日的人数	

80　问题解决与认知模拟

续表

	Visual	Production	Retrieval	Goal	Imaginal	Manual
9			统计、数数（P2）			
10					比较每个月过生日的人数	
11			数的大小比较（P3）			
12				选择人数最多的月份		
13						人数最多的月份
14						结束

在表5—2中DM表示的是陈述性记忆，即学生已掌握的知识；P1、P2、P3表示产生式的名称。除了ACT-R的五个模块外（Retrieval对应陈述性记忆模块），还增加了产生式（Production）模块，该模块中的内容为问题解决过程中激活的产生式规则。每一列表示问题解决过程中某模块中的内容。在表5—2中最左侧的一列数字表示行号，每一行代表认知逻辑步骤（cognitive logic step），并非与实际的解题步骤完全一致，最后一行表示认知过程结束，即问题解决过程结束。

（三）认知模拟

ACT-R提供了抽象的认知结构，仅从功能的角度对认知模型进行了描述。研究中根据以上对"众数"问题解决认知过程的分析，编写Lisp程序（见附录二），在ACT-R中模拟，最小时间间隔为0.05秒（默认值）。"众数"问题解决认知过程模拟如图5—8所示。

从图5—8的模拟过程可以看出，问题解决过程中设定目标是关键一步，以确定目标开始，中间过程是问题状态的不断转换，最终以目标达到结束。Procedural表示程序性知识，即产生式，程序性知识的提取是激活产生式，同一时间只能执行一个产生式。Declarative表示陈述性知识，以知识块（chunk）形式表示，陈述性知识的提取是对知识块进

第五章 小学数学问题解决认知模拟　81

```
; Loading
;   E:\ACT-R 6 standalone Environment\Rules-wei\zhongshu\model_zhongshu_ProblemUnderst
and.lisp
Model Reloaded

#|## Model E:/ACT-R 6 standalone Environment/Rules-wei/zhongshu/model_zhongshu_ProblemU
nderstand.lisp loaded. ##|#
0.000   GOAL                  SET-BUFFER-CHUNK GOAL GOAL1 REQUESTED NIL
    0.000   PROCEDURAL        CONFLICT-RESOLUTION
    0.050   PROCEDURAL        PRODUCTION-FIRED INITIAL-RETRIEVE
---WENTI-STAGE1 MONTH_BIRTHDAY_MOST_STUDENTS
    0.050   PROCEDURAL        CLEAR-BUFFER RETRIEVAL
    0.050   DECLARATIVE       START-RETRIEVAL
    0.050   PROCEDURAL        CONFLICT-RESOLUTION
    0.100   DECLARATIVE       RETRIEVED-CHUNK P1
    0.100   DECLARATIVE       SET-BUFFER-CHUNK RETRIEVAL P1
    0.100   PROCEDURAL        PRODUCTION-FIRED STATISTIC_EVERYMONTH_BIRTHDAY
---WENTI-STAGE2 STATISTIC_EVERYMONTH_BIRTHDAY
    0.100   PROCEDURAL        CLEAR-BUFFER RETRIEVAL
    0.100   DECLARATIVE       START-RETRIEVAL
    0.100   PROCEDURAL        CONFLICT-RESOLUTION
    0.150   DECLARATIVE       RETRIEVED-CHUNK P2
    0.150   DECLARATIVE       SET-BUFFER-CHUNK RETRIEVAL P2
    0.150   PROCEDURAL        PRODUCTION-FIRED COMPARE_EVERYMONTH_BIRTHDAY
---WENTI-STAGE3 OMPARE_EVERYMONTH_BIRTHDAY
    0.150   PROCEDURAL        CLEAR-BUFFER RETRIEVAL
    0.150   DECLARATIVE       START-RETRIEVAL
    0.150   PROCEDURAL        CONFLICT-RESOLUTION
    0.200   DECLARATIVE       RETRIEVED-CHUNK P3
    0.200   DECLARATIVE       SET-BUFFER-CHUNK RETRIEVAL P3
    0.200   PROCEDURAL        PRODUCTION-FIRED IDENTIFY_MONTH_MOST_BIRTHDAYS
---WENTI-STAGE4 IDENTIFY_MONTH_MOST_BIRTHDAYS
    0.200   PROCEDURAL        CONFLICT-RESOLUTION
    0.250   PROCEDURAL        PRODUCTION-FIRED STOP
---IDENTIFY_MONTH_MOST_BIRTHDAY FINISHED-----
    0.250   PROCEDURAL        CLEAR-BUFFER GOAL
    0.250   PROCEDURAL        CONFLICT-RESOLUTION
    0.250   ------            Stopped because no events left to process

Command:
```

图 5—8 "众数"问题解决认知过程模拟

行操作。

问题解决认知路径（Trace）可以在 ACT-R 中可视化表示，"众数"问题解决认知路径如图 5—9 所示。在图 5—9 中，最左侧一列是 ACT-R 中的缓冲区，如提取（retrieval）缓冲区、图像（imaginal）缓冲区、视觉（visual）缓冲区、产生式（production）缓冲区、目标（goal）缓冲区等。右侧是按照时间序列（基本事件单元为默认值 0.05 秒）可视化显示各缓冲区中的内容，其中红色区域显示的是提取缓冲区中的内容，即问题解决过程中提取的陈述性知识；黄色区域显示的是产生式缓冲区中的内容，即问题解决过程中激活的产生式。这些内容与表 5—2 对"众数"问题解决

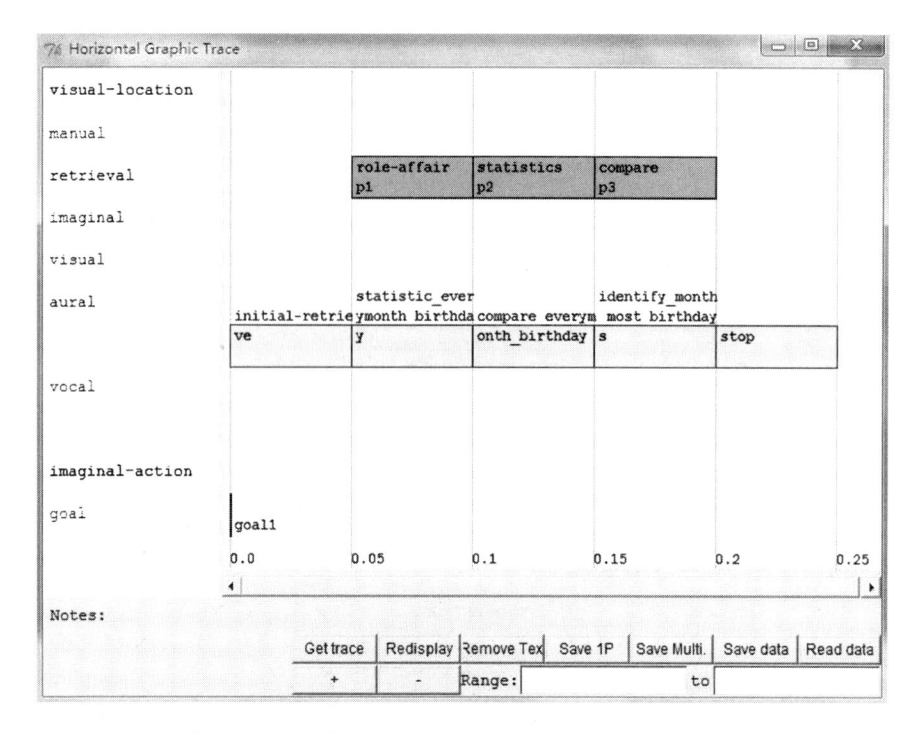

图 5—9 "众数"问题解决认知路径（Cognitive Trace）

认知过程的分析一致。

（四）激活的脑区

ACT-R 中的成分（components）映射到脑区，这种映射可以使用功能性磁共振成像（fMRI）方法记录"众数"问题解决过程中大脑血氧水平依赖（BOLD）相应数据（blood oxygen level dependent response）。

图 5—10 显示了 ACT-R 中"众数"模型运行后"提取缓冲区"中的 BOLD 数据变化情况。左侧一列是"众数"解题模型中的所有缓冲区（buffers），选择其中的一个缓冲区，在右侧区域就会显示该缓冲区中的血氧水平依赖相应数据。其中，横轴表示时间，默认间隔是 1.5 秒；纵轴表示变化范围，最小值是"0.0"，最大值是"1.0"。根据需要可以选择不同缓冲区，清楚地看到模型运行过程中各缓冲区的激活程度。

"众数"问题解决过程中大脑激活区如图 5—11 所示。左侧一列用不同颜色标注了不同的缓冲区，右侧是某一时刻大脑激活区域。区域方框的颜色与左侧相应缓冲区颜色一致，区域的亮度标示了激活的程度，亮度越

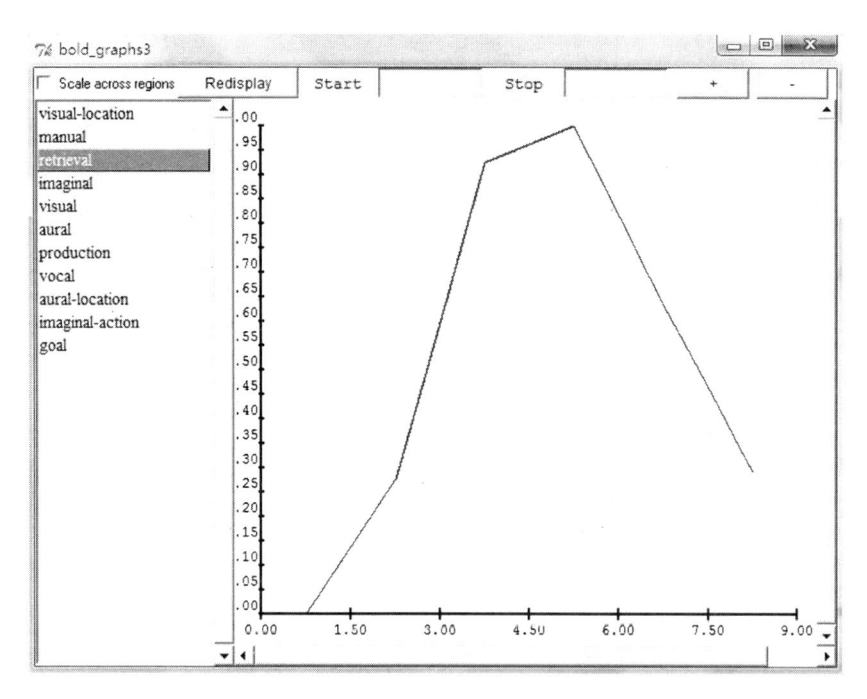

图 5—10 "众数"问题解决过程中"提取缓冲区"BOLD 变化

高，激活程度越大。

从图 5—11 中可以明显看出，图像缓冲区（imaginal）中的知识（主要是数字）的提取与顶叶皮层（parietal cortex）的激活密切相关。该结论与 Pinel 等人[1]、Eger 等人[2]、张红川等人[3]关于被试在看到数字或进行数字加工时顶叶皮层显著激活的研究结论一致。ACT-R 中一次图像操作默认时间是 200 毫秒。

提取（retrieval）缓冲区负责提取陈述性记忆，并与前额叶皮层

---

[1] Pinel Philippe, Dehaene Stanislas, Riviere, Denis & Le Bihan Denis, "Modulation of Parietal Activation by Semantic Distance in a Number Comparision Task", *Neuroimage*, Vol. 14, 2001, pp. 1013 – 1026.

[2] Eger Evelyn, Sterzer Philipp, Russ Michael, O., Giraud Anne-Lise & Kleinschmidt Andreas, "A Supramodal Number Representation in Human Intraparietal Cortex", *Neuron*, Vol. 37, 2003, pp. 719 – 726.

[3] Zhang, H. C., Dong Q., Jin, Z., et al., "Multiplication by Mental Number Line: An fMRI Study", *International Journal of Psychology*, Vol. 39, 2004, p. 146.

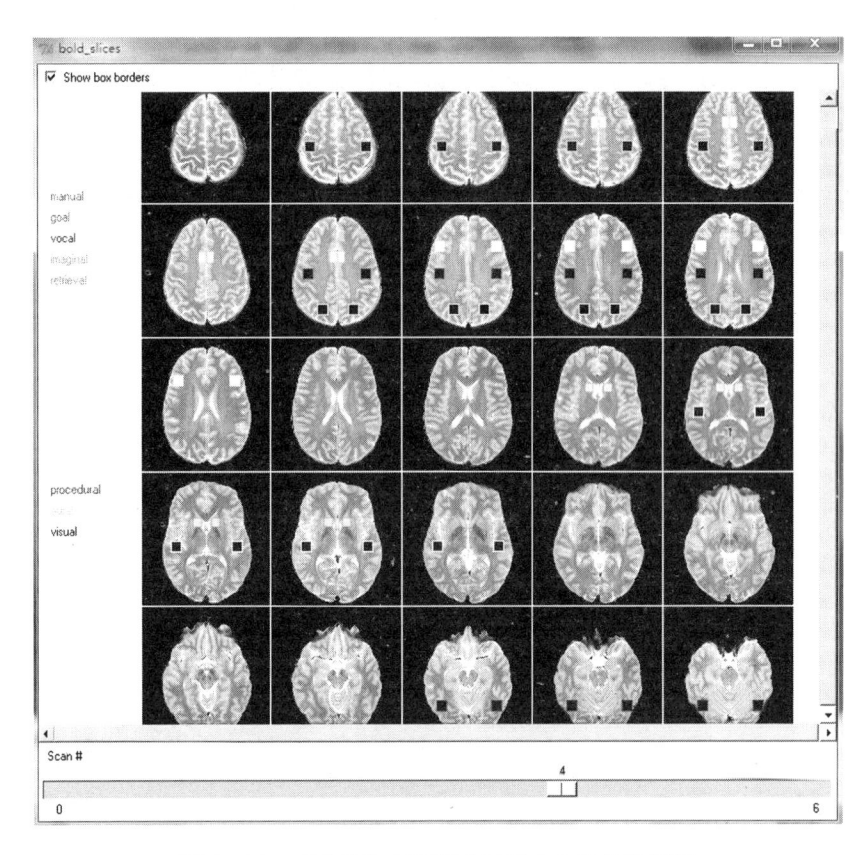

图5—11 "众数"问题解决过程中大脑的激活区

(prefrontal cortex) 激活相关。这一结论与秦裕林等人[1]、安德森等人[2]、Sohn等人[3][4]的研究结论,即前额叶(the prefrontal)而不是顶叶(the pa-

---

[1] Qin, Y., Sohn, M-H., Anderson, J. R., Stenger, V. A., Fissell, K., Goode, A., et al., "Predicting the Practice Effects on the Blood Oxygenation Level-dependent (BOLD) Function of fMRI in a Symbolic Manipulation Task", *Proceedings of the National Academy of Sciences of the U. S. A.*, Vol. 100, 2003, pp. 4951–4956.

[2] Anderson, J. R., Qin, Y., Stenger, V. A., & Carter, C. S., "The Relationship of Three Cortical Regions to an Information-processing Model", *Cognitive Neuroscience*, Vol. 16, 2004, pp. 637–653.

[3] Sohn, M-H., Goode, A., Stenger, V. A, Carter, C. S., & Anderson, J. R., "Competition and Representation during Memory Retrieval: Roles of the Prefrontal Cortex and the Posterior Parietal Cortex", *Proceedings of National Academy of Sciences*, Vol. 100, 2003, pp. 7412–7417.

[4] Sohn, M-H., Goode, A., Stenger, V. A, Jung, K-J., Carter, C. S., & Anderson, J. R., "An Information-processing Model of Three Cortical Regions: Evidence in Episodic Memory Retrieval", *NeuroImage*, Vol. 25, 2005, pp. 21–33.

rietal）与个人知识提取相关相一致。

程序性（procedural）模块负责程序性知识的提取，与基底节激活密切联系。该结论与 Hikosaka 等人[①]的研究结论一致。

图 5—12 以三维图的形式在大脑模型中显示了"众数"问题解决过程大脑激活区。图中"0.0—1.0"表示的是亮度值。"0"表示没有被激活，区域是黑色的；激活的越多，值越接近"1"，区域亮度越高。图的左侧以不同颜色标示了缓冲区，缓冲区右侧数字是激活程度。图的右侧是大脑激活区域，用与左侧模块颜色一致的颜色显示。

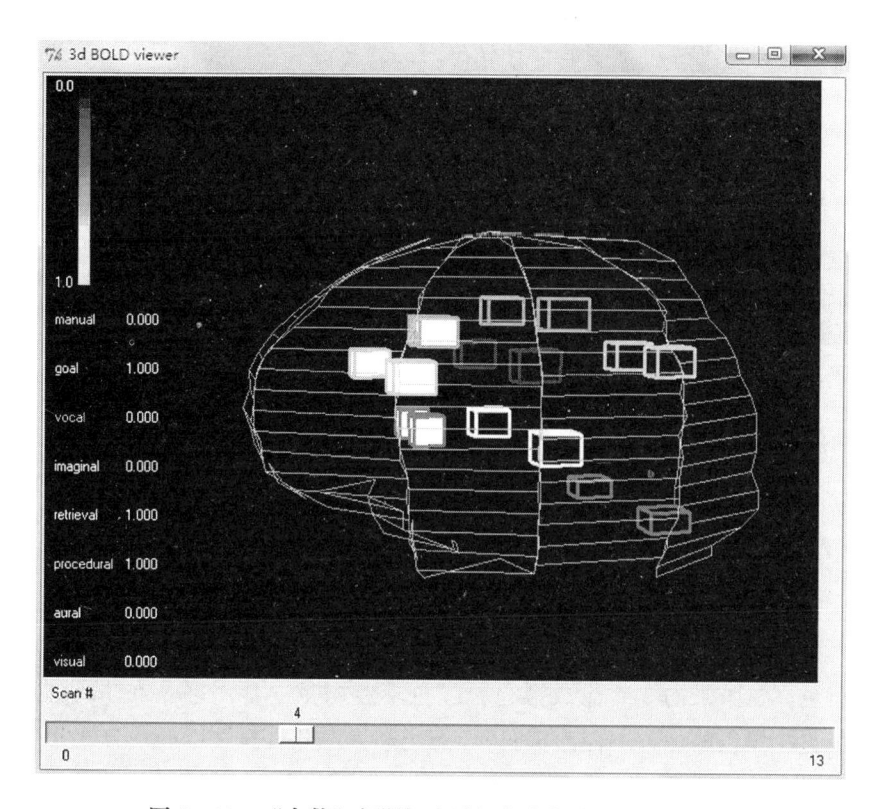

图 5—12 "众数"问题解决过程大脑激活区三维显示图

---

① Hikosaka, O., Nakahara, H., Rand, M. K., Sakai, K., Lu, Z., Nakamura, K., et al., "Parallel Neural Networks for Learning Sequential Procedures", *Trends in Neuroscience*, Vol. 22, 1999, pp. 464–471.

从图 5—12 中可以看出，此刻"众数"问题解决过程中目标、提取、产生式三个缓冲区中的内容均被激活。图中以三维形式可视化显示了问题解决过程中不同缓冲区对应的大脑激活区域，结果与图 5—11 相同，并得到已有研究的支持，这里不再赘述。

第四节 程序性知识问题解决认知模拟实证研究

一 目的

实验目的是比较程序性知识问题解决认知过程模拟和学生实际问题解决过程的一致性，以此来验证认知模拟的有效性。

二 方法

(一) 被试

抽取北京市石景山区某小学五年级（5）班六名学生为被试，其中男、女各半，平时数学综合成绩优、中、差各 2 名，平均年龄 133 个月，年龄范围在 128—138 个月之间。

(二) 材料

实验材料为根据本书目的专门设计的几道问题。

(1) 五年级（2）班进行跳绳测验，第 1 组 7 名同学 1 分钟跳绳成绩如下：

172　145　135　142　139　140　138

你认为用什么数表示这个小组同学跳绳的一般水平合适？

(2) 请给长方形纸张（如图 5—13 所示）涂颜色，整张纸的 1/3 涂成黄色，整张纸的 2/5 涂成黑色，颜色不能相重（涂黄色的位置不能涂黑色，涂黑色的地方不能涂黄色），黄色和黑色共占整张纸的几分之几？

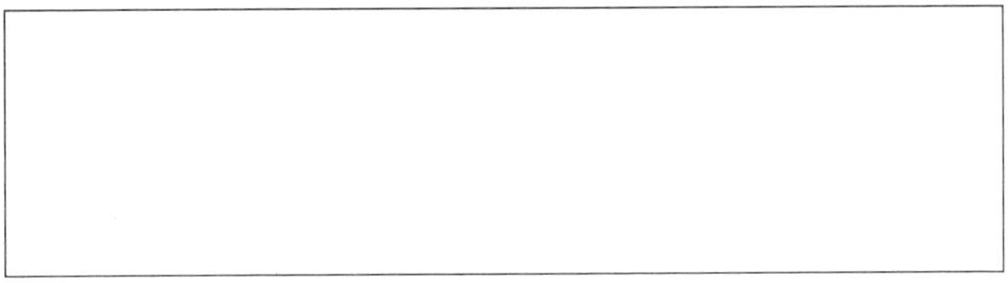

图 5—13　带有方格的长方形纸

其中，第 1 题是用于训练学生出声思考的练习题，第 2 题为"异分母相加"知识点题目。

（三）程序

（1）设计实验方案

根据研究任务和目的，确定实验对象、材料和指导语，分析口语报告记录，与认知模拟结果比较。

（2）实验器材

索尼录音笔、索尼数码摄像机、三脚架，作为实验过程中记录被试口语报告的器材。

（3）口语报告及记录

使用口语报告法收集资料。按照埃里克森和西蒙提供的出声思考研究程序，训练被试在解题过程中进行出声思考。指导语为："请大声读题，在解题过程中自己怎么想就怎么说。也就是说，在做题过程中一边想一边说。把自己的思考过程大声说出来，以便知道你是怎么做题的。"开始做题前，主试（研究者本人）先简单说明指导语的要求，之后，以第（1）题为例，主试示范并说明在做题过程中如何出声思考。在被试学会出声思考后，开始做题，并同时录像，记录学生解题过程。

（4）资料的转译和编码

收集的资料包括口语报告资料和解题作业两部分。对于口语报告资料，首先由专业人员转译成文本，再结合学生的解题作业进行编码分析，诊断学生问题所在。编码工作由两位专业人员负责，对于编码中少量不一致的地方，经讨论后达成一致。

西蒙等人指出，口语报告记录通常所提供的直观信息是有关解决问题时所需要的知识和信息，而不是实际使用的加工过程。[1] 所以，有必要从口语记录的信息中推论出加工过程而不是尝试直接编码这一加工过程。

（四）实验时间

实验时间为 2011 年 5 月 18 日星期三。

---

[1] Simon, H. A., & Kaplan, C. A., *Foundations of Cognitive Science*, Cambridge：MIT Press, 1989, pp. 1 - 47.

三 结果分析

纽厄尔和西蒙实现了人类思维的计算机模拟,并通过口语报告与机器模拟结果比较来推断机器模拟的有效性。[①] 基于此研究基础,本实验将模拟的过程与学生口语报告记录比较分析,用以验证模拟的有效性。

（一）口语报告分析

表5—3对"异分母相加"问题解决过程作了详细的描述。

表5—3　　"异分母相加"问题口语报告与认知过程分析

被试	口语报告	认知过程分析
（WangZY同学）	[读题] 请给长方形纸张涂颜色，整张纸的1/3涂成黄色，整张纸的2/5涂成黑色，颜色不能相重（涂黄色的位置不能涂黑色，涂黑色的地方不能涂黄色），黄色和黑色共占整张纸的几分之几?	通过阅读题目输入文本信息，经视觉编码后形成命题性文本框架及问题模式
	[分析] 它们（两个分数1/3 2/5）的分母是3和5，它俩是互质数，最小公倍数3×5=15。再用1×5=5，2×3=6，就是5/15，6/15，5/15+6/15=11/15	激活长时陈述性记忆相关概念"互质数"； 激活产生式P1：互质数求最小公倍数→两数相乘 3×5=15； 激活产生式P2：确定最小公倍数→1/3分子、分母乘以相同的数5，2/5分子、分母同乘以3； 激活产生式P3：同分母相加→分母不变，分子相加。

---

① Newell, A. and Simon, H. A., "Computer Simulation of Human Thinking", *Science*, Vol. 134, 1961, pp. 2011–2017.

第五章 小学数学问题解决认知模拟　89

续表

被试	口语报告	认知过程分析
（ChenHY 同学）	[读题] 请给长方形纸张涂颜色，整张纸的 1/3 涂成黄色，整张纸的 2/5 涂成黑色，颜色不能相重（涂黄色的位置不能涂黑色，涂黑色的地方不能涂黄色），黄色和黑色共占整张纸的几分之几？	通过阅读题目输入文本信息，经视觉编码后形成命题性文本框架及问题模式
	[分析] 先通分，3 和 5 的最小公倍数是 15，$\frac{1}{3} \times 5 = 5/15$，$\frac{2}{5} \times 3 = 6/15$。它们俩相加等于 11/15	激活产生式 P1：异分母分数相加→通分；激活"通分"产生式 P2：通分→计算分母的最小公倍数；产生式 P3：3 和 5 为互质数，求最小公倍数→最小公倍数为 3×5=15； 产生式 P4：1/3、2/5，最小公倍数 15，化成同分母→分母化成最小公倍数 15，分母、分子乘以相同的数，1/3 分子、分母乘以 5 为 5/15，2/5 分子、分母同乘以 3 为 6/15； 激活产生式 P4：同分母相加→分母不变、分子相加。
（XingYR 同学）	[读题] 请给长方形纸张涂颜色，整张纸的 1/3 涂成黄色，整张纸的 2/5 涂成黑色，颜色不能相重（涂黄色的位置不能涂黑色，涂黑色的地方不能涂黄色），黄色和黑色共占整张纸的几分之几？	通过阅读题目输入文本信息，经视觉编码后形成命题性文本框架及问题模式
	[分析] 共占整张纸的（几分之几），把它们通分，化成分母相同的 15， 1/3 化成 5/15，2/5 化成 6/15，6/15+5/15=11/15。这种方法感觉有点乱。可以把这张纸分成 15 份。 [问：为什么分成 15 份？] 因为它们分母是 15，问的是黄色和黑色共占整张纸的几分之几，分母通分之后就是 15，把整张纸分成 15 份，取其中的 11 份，黄色和黑色共占整张纸的 11/15。	（1）确定目标 激活产生式 P1：异分母相加→通分，激活"通分"产生式 P2：通分→求分母的最小公倍数；产生式 P3：3 和 5 为互质数，求最小公倍数→最小公倍数为 3×5=15； 产生式 P4：1/3、2/5，最小公倍数 15，化成同分母→分母化成最小公倍数 15，分母、分子乘以相同的数 1/3 同乘以 5=5/15，2/5 同乘以 3=6/15。激活产生式 P5：同分母相加→分母不变、分子相加。 （2）反思解题过程

续表

被试	口语报告	认知过程分析
(LiL同学)	[读题] 请给长方形纸张涂颜色，整张纸的1/3涂成黄色，整张纸的2/5涂成黑色，颜色不能相重（涂黄色的位置不能涂黑色，涂黑色的地方不能涂黄色），黄色和黑色共占整张纸的几分之几？	通过阅读题目输入文本信息，经视觉编码后形成命题性文本框架及问题模式
	[分析] 分母应该是15，（在图中将长方形分成三份，涂其中的一份。）2/5，就是把剩余的部分分成5份，取其中的2份，（整张纸的2/5）黄色和黑色共占整张纸的几分之几。就是1/3+2/5，分母是15，分子是2，所以是2/15。 [问：2怎么算出来的?] 2是用分子1×2，下面（指15）是3×5，分母相乘。	学生对整张纸的2/5理解错误，理解成剩余部分的2/5。 激活了错误的产生式P1：异分母相加➔分母、分子分别相乘。 进一步证实激活了产生式P1：异分母相加➔分母、分子分别相乘。

其中，（ ）中的内容为学生在口语报告中省去的内容，为了表述完整，将其加上，用（ ）标注。

分析"异分母相加"问题口语报告可以发现，WangZY、ChenHY和XingYR等同学解题过程都包括了通分、求最小公倍数、同分母相加等环节，但在求最小公倍数环节，WangZY提到了"3和5为互质数，最小公倍数为3×5=15"，而ChenHY和XingYR直接说出了"最小公倍数为3×5=15"。LiL同学解题错误，因为使用了错误的产生式。

（二）认知模拟与口语报告比较

"异分母相加"问题解决认知模拟与口语报告比较如图5—14所示。左侧是模拟的结果，右侧是口语报告的内容。比较后发现，两者一致。

四 讨论

（一）对同一道题，不同的学生采取不同的解题方法

关于"异分母相加"问题，WangZY、ChenHY和XingYR虽然都正确解题，但细节还是存在差异。在求最小公倍数环节，WangZY提到了"3和5为互质数，最小公倍数为3×5=15"，激活了长时陈述性记忆中"互

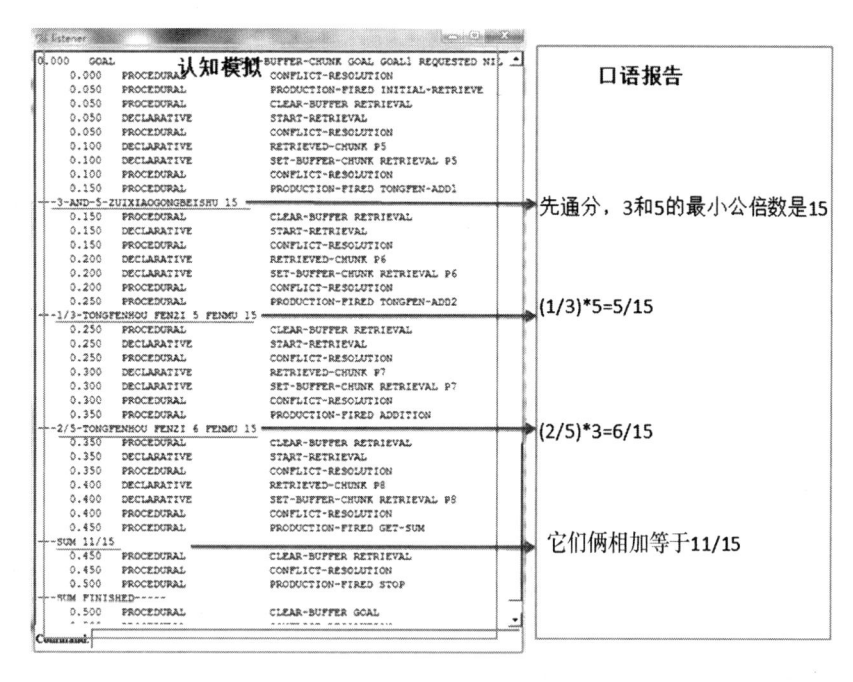

图 5—14 "异分母相加"认知模拟与口语报告比较

质数"的概念。求最小公倍数时，根据互质数的性质，最小公倍数为两数相乘，激活了长时程序性记忆。而 ChenHY 和 XingYR 则直接说出了"最小公倍数为 3×5＝15"，激活了长时程序性记忆。

（二）学生解题过程中，存在不同程度的"自动化"

在"异分母相加"问题求"3 和 5 的最小公倍数"时，WangZY 是"3 和 5 是互质数，最小公倍数是 3×5＝15"，而 ChenHY 则直接是"3 和 5 的最小公倍数是 15"，直接给出了计算结果。这一现象说明了学生在解题过程中，内部操作可以压缩，经过长时间的训练，几个简单的内部操作可能会压缩为一个，形成"组块"。如两个产生式规则 P1：A ➡B；P2：B ➡C，P1 和 P2 经常同时激活，会产生新的产生式规则 P3：A ➡C。安德森研究解代数方程问题时同样存在"自动化"（speed up）现象，认为经过充分的训练可能会将解方程简化为一系列的视觉编码和输出操作。[①] 匈菲尔德研究表明，要成为某个领域的专家，一般需要在长时记忆中拥有大

[①] Anderson, John R., "Human Symbol Manipulation Within an Integrated Cognitive Architecture", *Cognitive Science*, Vol. 29, 2005, pp. 313 – 341.

约 50000 个知识块,这些知识块是该领域内进行思维操作的具体对象,而且,在许多情况下看似在运用策略,实际上是在运用这类已相当完善的知识块。[①] 以上研究结论与本研究分析一致,这也在一定程度上解释了专家和新手在解决复杂问题时的差异,专家具有较多的"自动化"知识,而新手则较少。

(三) 错误的产生式是导致问题解决错误的重要原因之一

"异分母相加"问题中,LiL 求解"1/3 + 2/5"时,激活了错误的产生式 P1:异分母相加➔分母、分子分别相乘,导致问题解决错误。产生错误产生式的原因可能有两个:第一,LiL 同学对分数的意义不理解。长时陈述性记忆中关于分数的语义模型有问题。第二,对前面讲过的通分策略没有理解,不知道为什么通分,如何通分。安德森研究了学生学习解代数方程的认知过程也认为,学习发生在符号层级,创建(或生成)了新的产生式规则。[②] 因此,帮助学生形成正确的产生式规则是程序性知识学习的重要环节。

(四) 问题解决认知过程分析为问题诊断及干预提供帮助

LiL 在计算"异分母相加"时出现了典型错误,分析口语报告可以发现:(1) LiL 成功提取了陈述性知识 $3 \times 5 = 15$ 和 $1 \times 2 = 2$,说明两数相乘没有问题;(2) 虽然直接分子、分母分别相乘,说明能正确识别分数的分子、分母;(3) 解题错误关键是错误的产生式"异分母相加➔分子、分母分别相乘,作为和的分子、分母"。要帮助 LiL 同学改正错误,就要考虑如何帮助他形成正确的产生式"异分母相加➔求最小公倍数"及实现该产生式需要的基本操作。

(五) 认知模拟是否与学生问题解决过程一致

计算机能否完全模拟人的问题解决过程,大家一直存在争议。纽厄尔和西蒙提出的出声思维(think aloud)有效地解决了这一问题,并促进了认知心理学的发展,提供了研究人类思维的新视角,后来发展成为心理学研究中重要的方法——口语报告法。

学生因已有知识、学习风格、认知特点、家庭环境等因素,对同一问

---

① Schoenfeld, A. H., *Mathematical Problem Solving*, Orlando: Academic Press, 1985, p. 56.
② Anderson, John R., "Human Symbol Manipulation Within an Integrated Cognitive Architecture", *Cognitive Science*, Vol. 29, 2005, pp. 313 – 341.

题的解答不会完全一致，但总会有相似的地方。正如纽厄尔和西蒙通过口语报告的方法来验证计算机模拟时所指出的，不是所有人解决问题的过程都是一样的，但是有很多相似的地方，即共性的部分。[①] 在本书中主要考虑共性部分。

第五节 陈述性知识问题解决认知模拟实证研究

一 目的

实验目的是比较陈述性知识问题解决认知过程模拟和学生实际问题解决过程的一致性，以此来验证认知模拟的有效性。

二 方法

(一) 被试

抽取北京市石景山区某小学五年级（3）班6名学生为被试，其中男、女各半，平时数学综合成绩优、中、差各2名，平均年龄133个月，年龄范围在131—135个月之间。

(二) 材料

实验材料为根据本研究目的专门设计的几道问题。

(1) 五年级（2）班进行跳绳测验，第1组7名同学1分钟跳绳成绩如下：

172　145　135　142　139　140　138

你认为用什么数表示这个小组同学跳绳的一般水平合适？

(2) 学校同意我们五（3）班明年举办一次生日庆祝活动。但只能给某月出生的同学庆祝。如果你是班主任：

①你会如何选择？

②你觉得选哪个月比较合适？

其中，第1题是用于训练学生出声思考的练习题，第2题为"众数"知识点题目。

(三) 程序

[①] Newell, A. and Simon, H. A., "Computer Simulation of Human Thinking", *Science*, Vol. 134, 1961, pp. 2011–2017.

1. 设计实验方案

根据研究任务和目的，确定实验对象、材料和指导语，分析口语报告记录，与认知模拟结果比较。

2. 实验器材

索尼录音笔、索尼数码摄像机、三脚架，作为实验过程中记录被试口语报告的器材。

3. 口语报告及记录

使用口语报告法收集资料。按照埃里克森和西蒙（1981）提供的出声思考研究程序，训练被试在解题过程中进行出声思考。指导语为："请大声读题，在解题过程中自己怎么想就怎么说。也就是说，在做题过程中一边想一边说。把自己的思考过程大声说出来，以便知道你是怎么做题的。"开始做题前，主试（研究者本人）先简单说明指导语的要求，之后，以第（1）题为例，主试示范并说明在做题过程中如何出声思考。在被试学会出声思考后，开始做题，并同时录像，记录学生解题过程。

4. 资料的转译和编码

收集的资料包括口语报告资料和解题作业两部分。对于口语报告资料，首先由专业人员转译成文本，再结合学生的解题作业进行编码分析，诊断学生问题所在。编码工作由两位专业人员负责，对于编码中少量不一致的地方，经讨论后达成一致。

西蒙等人指出，口语报告记录通常所提供的直观信息是有关解决问题时所需要的知识和信息，而不是实际使用的加工过程。[①] 所以，有必要从口语记录的信息中推论出加工过程而不是尝试直接编码这一加工过程。

（四）实验时间

实验时间为 2011 年 6 月 2 日星期四。

三 结果分析

纽厄尔和西蒙实现了人类思维的计算机模拟，并通过口语报告与机器模拟结果比较来推断机器模拟的有效性。[②] 基于此研究基础，本实验将模

[①] Simon, H. A. Kaplan, C. A., *Foundations of Cognitive Science*, Cambridge: MIT Press, 1989, pp. 1 – 47.

[②] Newell, A. and Simon, H. A., "Computer Simulation of Human Thinking", *Science*, Vol. 134, 1961, pp. 2011 – 2017.

拟的过程与学生口语报告记录比较分析，用以验证模拟的有效性。

（一）口语报告分析

表5—4对"众数"问题解决过程做了详细的描述。

表5—4　　　"异分母相加"问题口语报告与认知过程分析

被试	口语报告	认知过程分析
（QiuDL 同学）	[读题]　学校同意我们五（3）班明年举办一次生日庆祝活动。但只能给某月出生的同学庆祝。如果你是班主任：（1）你会如何选择？（2）你觉得选哪个月比较合适？	通过阅读题目输入文本信息，经视觉编码后形成命题性文本框架及问题模式
	[分析]　（思考49秒）我不知道我们全班每个人的生日是多少，就是大概一下哪个月过生日的人最多，然后就选在那个月就行了。就是这样选的，具体是哪个月？我觉得先把每个人生日的月份先列出来，然后再找哪个月份过生日的人最多，就选那个月份进行举办。能照顾到大多数人的生日。	确定问题目标是求过生日人数最多的月份 统计每个月过生日的人数 选择过生日人数最多的月份 过生日最多的月份就是要选的月份 理解了问题情境，考虑到班主任角色
（LiC 同学）	[读题]　学校同意我们五（3）班明年举办一次生日庆祝活动。但只能给某月出生的同学庆祝。如果你是班主任：（1）你会如何选择？（2）你觉得选哪个月比较合适？	通过阅读题目输入文本信息，经视觉编码后形成命题性文本框架及问题模式
	[分析]应该选择哪个月出生的同学多就在哪个月办。应该就是统计一下，看看哪月的同学过生日的多，给这个月过生日多的同学过生日。 [主试问：怎么统计？]画一个表，1月到12月，（然后）1月的同学站起来看（数）一下有几个，2月（过生日）的同学站起来看一下，（依次下去）看哪一个月的人数最多，就给这个月过生日的同学过生日。	确定问题目标是过生日人数最多的月份 给出解题策略 激活程序性记忆"统计"产生式 激活程序性记忆中"比较"产生式

续表

被试	口语报告	认知过程分析
（ChenYL 同学）	[读题] 学校同意我们五（3）班明年举办一次生日庆祝活动。但只能给某月出生的同学庆祝。如果你是班主任：（1）你会如何选择？（2）你觉得选哪月比较合适？	通过阅读题目输入文本信息，经视觉编码后形成命题性文本框架及问题模式
	[分析] 我选 5 月 [主试问：怎么算出来的 5 月？] 5 月过生日的多。 [主试问：你怎么知道 5 月过生日的多呢？] 问同学。在学校过生日的时候，5 月份过生日的比较多。每年过生日的住宿生学校餐厅都发蛋糕，就知道（哪个月份）同学过生日的多。	提取了长时陈述性记忆"过生日人数最多的是 5 月份。"（隐含的假设是：问题的目标是选过生日人数最多的月份） 选择解题策略 激活了长时陈述性记忆中"在校生过生日"情景 住宿生过生日发蛋糕→发蛋糕最多的月份即为过生日人数最多的月份
（PangB 同学）	[读题] 学校同意我们五（3）班明年举办一次生日庆祝活动。但只能给某月出生的同学庆祝。如果你是班主任：（1）你会如何选择？（2）你觉得选哪月比较合适？	通过阅读题目输入文本信息，经视觉编码后形成命题性文本框架及问题模式
	[分析] 我觉得 1 月、3 月、5 月、7 月、8 月、10 月、12 月这几个月比较合适，因为这个月都是 31 天，给同学过的生日也会比较多。 1 月是放寒假，7 月、8 月是放暑假，所以在 3 月和 5 月之间选择，选 5 月吧， 10 月活动比较多，因为有国庆放 7 天，过生日就感觉特别紧。 5 月和 3 月就选 3 月吧。我感觉三月是最好的，因为当时在学期的中间，没有太大压力，也不会因为生日会放松学习。我感觉 3 月最好的，比较合适。	激活产生式 P1：天数多→过生日的人就多，其前提假设是：认为大家生日是均匀分布在每天，天数多的月份，过生日的人就多。 产生式错误，导致问题解决错误

其中，口语报告一列（）中的内容为学生省去的内容，为了表述完整，将其加上，用（）标注。

（二）认知模拟与口语报告比较

"众数"问题解决认知模拟与口语报告比较如图 5—15 所示。左侧是模拟的结果，右侧是口语报告的内容。比较后发现，两者一致。

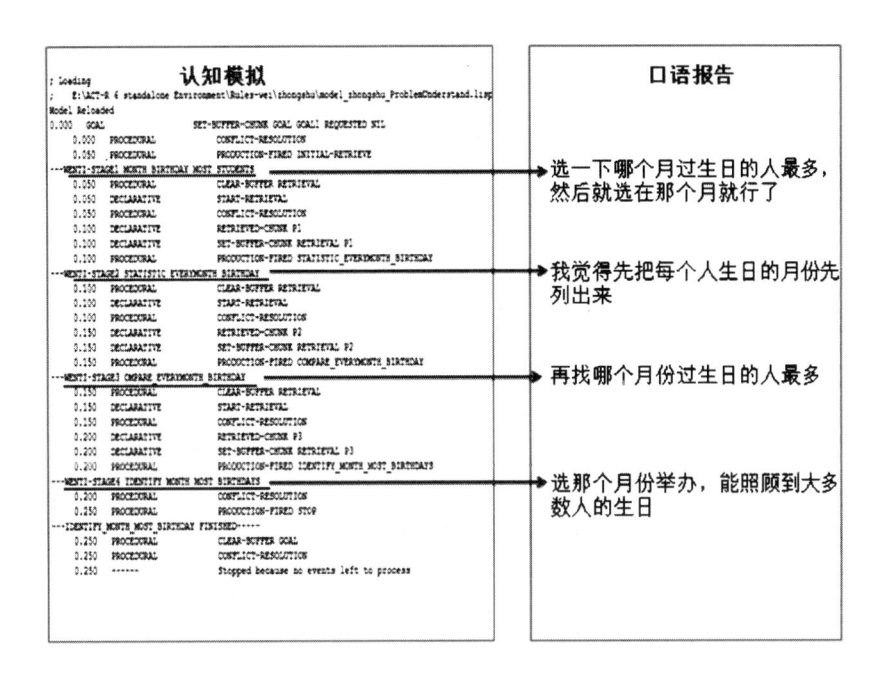

图 5—15   "众数"问题解决认知模拟与口语报告比较

四   讨论

（一）对同一道题，不同学生的解题细节有差异，但都有其共性部分

QiuDL 和 LiC 同学都正确地解答了"众数"问题，通过分析两位同学的口语报告发现，在统计每个月过生日的人数时，这两位同学采取了不同的方法。QiuDL 是先把每个人生日的月份先列出来，然后再找哪个月份过生日的人最多；而 LiC 是画一个表，1 月到 12 月，（然后）1 月的同学站起来看（数）一下有几个，2 月（过生日）的同学站起来看一下，（依次下去）看哪一个月的人数最多。QiuDL 和 LiC 都依次经历了确定问题目标（求过生日人数最多的月份）、统计每个月过生日的人数、比较每个月过生日的人数、确定过生日人数最多的月份几个阶段，具有共性部分。正如纽厄尔和西蒙通过口语报告的方法来验证计算机模拟时所指出的，不是所有人问题解决过程都是一样的，但是有很多相似

的地方，即共性的部分。① 在本书中主要考虑共性部分。

（二）确定目标是成功解决问题的重要环节之一

分析"众数"口语报告发现，QiuDL 和 LiC 第一步就正确地确定了问题的目标，之后采取策略，顺利地解决问题。ChenYL 同学虽然确定了问题的目标是选在校生过生日人数最多的月份，但没考虑全班学生，导致问题解决错误。

（三）理解问题情境在成功解决问题的重要环节之一

"众数"是一类典型的陈述性知识，"众数"概念的获取过程与学生的经历密切相关。题目中给出了"如果你是班主任"，赋予学生"班主任"角色，如果学生有"过生日"情境并对"班主任"角色有较深的认识，会考虑到公平，要照顾到大多数人，进而确定选择过生日人数最多的月份。QiuDL 和 LiC 同学很好地理解了这一情境，并确定了问题目标。ChenYL 回答问题时激活了"在校生过生日发蛋糕"的情景，能很快速地回答出发蛋糕多的月份，即过生日人数多的月份。后来跟老师证实，ChenYL 是在校生，亲身经历过发蛋糕的情景。然而，ChenYL 只考虑了在校生的生日，并没考虑全班学生的生日，即对"班主任"这一角色理解不够透彻，导致问题解决错误。

（四）学生解题过程中，存在不同程度的"自动化"

ChenYL 在求解"众数"问题时，直接给出了问题答案。分析口语报告发现，虽然解题过程存在一些问题，但也是经历了确定目标等阶段后，激活了长时陈述性记忆中在校生过生日人数最多的月份是 5 月，就直接说出了 5 月，把几个简单操作组合成一个"组块"，是"自动化"的结果。安德森研究解代数方程问题时同样存在"自动化"（speed up）现象，认为经过充分的训练可能会将解方程简化为一系列的视觉编码和输出操作。② 与本书分析一致。

（五）错误的产生式是导致问题解决错误的重要原因之一

PangB 在求解"众数"问题过程中，选择过生日人数最多的月份时激活了错误产生式"天数多➜过生日的人就多"，导致最后问题解决错误。

---

① Newell, A. and Simon, H. A., "Computer Simulation of Human Thinking", *Science*, Vol. 134, 1961, pp. 2011–2017.

② Anderson, John, R., "Human Symbol Manipulation Within an Integrated Cognitive Architecture", *Cognitive Science*, Vol. 29, 2005, pp. 313–341.

关于产生式在学习中的作用，安德森研究了学生学习解代数方程的认知过程也认为，学习发生在符号层级，创建（或生成）了新的产生式规则。[①]因此，帮助学生形成正确的产生式规则也是陈述性知识学习的重要环节。

第六节 认知模拟的贡献及局限性

问题解决的计算机模拟对人工智能的发展具有重要影响，促进了心理学对问题解决的深入研究，提高了人们对问题解决某些环节的认识。

（1）计算机模拟有助于问题解决内部认知过程可视化。心理学对问题解决的研究更多地关注其中的某个环节，如问题表征、策略选择等，内部过程无法可视化表示。虽然近年来认知神经科学对问题解决的研究取得了很多成果，提供了一定的依据，但这些成果更多地集中在神经系统层面，无法显式的表征内部过程。而计算机模拟涉及问题解决的整个过程，并将这一内部认知过程直观显示，清楚看到问题解决所需要的程序性知识和陈述性知识。

（2）计算机模拟推动了对知识库的研究。问题解决的计算机模拟需要知识库作为支撑，知识库中的知识越多，信息加工过程较容易，问题就更容易得以解决。知识库中常用的知识会形成较大的组块（chunk）进入长时记忆中，这为数学教学中知识的分解与组合提供了思路。

（3）计算机模拟提出了产生式系统的概念。产生式系统将问题解决的认知活动形式化，"如果（条件）则（动作）"的规则适用于不同内容和不同性质的问题，成为问题解决的一般机制。产生式的提出，强调问题解决中正确识别条件的重要性，也是正确应用算子的前提。因此，问题解决过程也就成为正确获得和应用产生式系统的过程，产生式系统为数学问题解决的研究提供了新的思路。

虽然问题解决的计算机模拟取得了一些成就，但还存在一些问题，需要进一步研究。

（1）问题解决的计算机模拟的程序是以串行方式进行的，而人在问题解决时的思维过程未必是串行的，这一问题在心理学中也存在很大争议。

[①] Anderson, John, R., "Human Symbol Manipulation Within an Integrated Cognitive Architecture", *Cognitive Science*, Vol. 29, 2005, pp. 313–341.

（2）人在问题解决时，根据当时的情境做出快速的回答，具有一定的随机性，而计算机模拟却不能做到这一点。

（3）问题解决的计算机模拟没有考虑人在解题过程中的动机、情感、情绪、态度等因素，这些因素对问题解决有重要影响，可对认知过程起着选择、引导和控制的作用。

尽管目前计算机模拟问题解决过程还存在很多的问题，但计算机程序具有严密的逻辑性和确定性，对揭示问题解决的认知过程是其他手段不可取代的。计算机模拟把问题解决过程中的一些因素综合起来，重建这个过程，克服了以往实验心理学以分析为主的做法，为从整体上了解问题解决的认知过程开辟了一条道路。[①] 因此，作为认知心理学的一个特殊研究方法，计算机模拟具有重要意义。

第七节　小结

本章首先说明了问题解决认知模拟的依据，之后介绍了所用的认知模拟工具——理性思维的适应性控制（adaptive control of thought - rational, ACT-R）的内部结构、应用领域及认知神经学基础。随后，选取了程序性知识问题（"异分母相加"）和陈述性知识问题（"众数"），分析了问题解决的认知过程，使用 Lisp 语言编写认知程序，在 ACT-R 中实现了认知模拟，认知模拟结果可视化，分析了问题解决过程中激活的脑区。为了验证认知模拟的有效性，选取了某小学两个班的部分学生进行了口语报告实验，比较结果发现，认知模拟和口语报告一致。

问题解决的计算机模拟对人工智能的发展具有重要影响，促进了心理学对问题解决的深入研究，提高了人们对问题解决某些环节的认识。尽管目前计算机模拟问题解决过程还存在很多的问题，但认知模拟对揭示问题解决的认知过程是其他手段不可取代的，为从整体上了解问题解决的认知过程开辟了一条道路。

对问题解决认知过程的分析和模拟，使问题解决这一隐式的过程可视化，不仅有助于加深对认知过程的认识，而且有助于对学习障碍学生进行认知诊断，提供有针对性的辅导，帮助提高学习成绩。

[①] 王甦、汪安生：《认知心理学》，北京大学出版社 1992 年版，第 307 页。

第六章　基于认知过程的小学数学探究问题设计

世界各国都非常重视探究在数学学习和教学中的作用。近年来，美国政府特别强调让学生参与真实科学探究活动的重要性[1][2]。在欧洲、澳大利亚、以色列等地，课堂教学也特别强调探究活动。《国家中长期教育改革和发展规划纲要（2010—2020年）》指出："学校给学生留下了解社会、深入思考、动手实践的时间。"探究教学是新课程改革倡导的教学方式。

问题是数学创新的基础、数学探究性学习的起点。探究学习特别强调问题在学习活动中的重要性，[3] 恰当的探究问题能够激发学生的好奇心和求知欲，引导学生积极思考，培养学生完整的思考能力及逻辑方法，提高教学活动的针对性和有效性。《义务教育数学课程标准》（2011年版）也强调"教师应成为学生学习活动的组织者、引导者、合作者，为学生的发展提供良好的环境和条件"。典型问题是开展探究学习必不可少的"环境和条件"。探究问题的设计充分体现教师作为学生学习活动的组织者、引导者的作用。在探究教学过程中，教师需要有明确的探究方向。然而，在小学前期调研发现，一线教师期望在课堂教学中开展探究教学，然而缺乏对探究问题的分析，不能掌握设计探究问题的有效方法和手段。以致在课堂教学中普遍存在"探究形式大于内容"的现象。如何设计探究问题

---

[1] Loucks-Horsley, Susan, and Steve Olson, eds, *Inquiry and the National Science Education Standards: A Guide for Teaching and Learning*, Washington, DC: National Academies Press, 2000, p. 26.

[2] Schweingruber, Heidi, Thomas Keller, and Helen Quinn, eds, *A Framework for K-12 Science Education: Practices, Crosscutting Concepts, and Core Ideas*, Washington, DC: National Academies Press, 2012.

[3] 余文森：《论自主、合作、探究学习》，《教育研究》2004年第11期。

是中小学一线数学教师普遍关心的问题,是有效开展探究教学的关键,也是提高学生创新思维能力的有效途径。

第一节 探究问题设计相关研究

在数学教学中,训练学生的思维方法应该在教学活动中进行。教师不要代替学生思考,不要把答案直接告诉学生,尽量减少平铺直叙地解说教材,"事非经过不知难",让学生亲自动手操作,应该创造条件让学生经过独立思考来获得对知识的理解,真正体验知识(如概念)产生的过程,在这一过程中,教师应该有耐心,在合适的时刻进行恰当的提示。

学习者学习的过程是问题解决的过程。杜威(Dewey, J.)将问题解决的事件序列归结为:(1)问题的呈现。(2)学习者明确问题,或区别出情境的本质特征。(3)学习者形成可用于问题解决的假设。(4)试图验证假设直至学习者找到问题的答案。[1] 分析问题解决的事件序列可以看出,只有第一步是外部事件,其余都是内部事件。而第一步的外部事件即呈现给学生的题目。因此,探究学习过程中,探究题目的设计非常关键。第五章对问题解决认知过程,即内部事件的分析和模拟,为探究题目的设计提供了依据和参考。下面分别从探究教学模式及策略、探究问题的类型与设计、信息技术支持的数学探究学习等方面展开论述。

一 探究教学模式及策略

关于探究教学模式,Poon 提出了小学教师探究教学框架,并在四所小学开展了探究教学实践,发现概念性知识和程序性知识在探究活动中非常重要。[2] 王晶莹采用文本分析法,比较研究了中美四位科学课程教师的探究教学模式,发现美国教师的探究教学以问题为核心,让学生进行内隐地学习,通过问题使学生反思。从识别问题、形成假设、制订计划、实验探究、分析数据、验证假设、解释结果、回顾反思到实际应用都是一个以问题为中心的循环开放系统。中国教师多是关注探究教学中知识和技能这

---

[1] Dewey, J., *How We Think*, Boston: Health, 1910, p. 27.
[2] Poon, C. L., Lee, Y. J., Tan, A. L., et al., "Knowing Inquiry as Practice and Theory: Developing a Pedagogical Framework with Elementary School Teachers", *Research in Science Education*, Vol. 42, 2012, pp. 303 – 327.

一维度的目标。①

Stafylidou 等人研究发现，学生在探究分数的意义及大小时，经常使用无效甚至错误的策略。② 如果教师直接告诉学生答案，探究学习则变成了简单的知识传授。教师需要掌握探究学习过程，当学生探究过程中出现问题时，教师才能给予恰当的引导。

Fernandez 等人对日本小学数学探究教学研究发现，教师给出的探究问题是典探究教学的四个关键内容之一。③ 波利亚认为数学教学应该给学生提出一些引起思考和争论性的题目，尽量让学生在现有条件下亲自去发现尽可能多的东西。④

二 关于探究问题的类型与设计

关于学生提出探究问题的类型和训练方法，Gott⑤、Watson⑥ 及 Chin⑦ 等研究者对学生提出探究问题的类型进行了研究，由于研究情境的不同，问题类型存在较大差异。Koufetta 等人给出了提高学生提出探究问题的训练措施：小组讨论、头脑风暴、创设有趣情境等。⑧ Chin 把非探究问题称为低级问题，探究问题称为高级问题。⑨ 罗国忠给出了提出探究问题的三个阶段：产生问题意识、试图表述问题、用科学的语言表述问题。⑩

---

① 王晶莹：《中美科学教师探究教学课程目标达成的比较》，《全球教育展望》2010 年第 4 期。

② Stafylidou, S., Vosniadou, S., "The Development of Students' Understanding of the Numerical Value of Fractions", *Learning and Instruction*, Vol. 14, 2004, pp. 503–518.

③ Fernandez, C., Yoshida, M., *Lesson Study: A Japanese Approach to Improving Mathematics Teaching and Learning*, New York: Routledge Press, 2012, p. 112.

④ [美] G. 波利亚：《数学的发现（第二卷）》，刘远图、秦璋译，科学出版社 1987 年版，第 483 页。

⑤ Gott, R., Duggan, S., "Problems with the Assessment of Performance in Practical Science: which way now?", *Cambridge Journal of Education*, Vol. 32, 2002, pp. 183–201.

⑥ Watson, R., Goldsworthy, A., Wood-Robinson, V., "What Is Not Fair with Investigations?", *School Science Review*, Vol. 80, 1999, pp. 101–06.

⑦ Chin, C., Kayalvizhi, G., "Posing Problems for Open Investigations: What Questions do Pupils Ask?", *Research in Science & Technological Education*, Vol. 20, 2002, pp. 269–287.

⑧ Koufetta-Menicou, C., Scaife, J., "Teachers' Questions—Types and Significance in Science Education", *School Science Review*, Vol. 81, 2000, pp. 79–84.

⑨ Chin, C., Kayalvizhi, G., "Posing Problems for Open Investigations: What Questions do Pupils ask?", *Research in Science & Technological Education*, Vol. 20, 2002, pp. 269–287.

⑩ 罗国忠：《关于提出探究问题的实证研究》，《课程教材教法》2010 年第 30 期。

在探究问题设计方面，Ding 等人采用学生访谈的方法，消除物理专家和学生看待问题的视角所产生的影响，提高问题设计的有效性。[1] 李红美分析了交互式探究教学中设计教学应答系统（Audience Response Systems）问题理论框架。[2] 李朋飞给出了教学应答系统应答问题的设计步骤。[3]

关于探究问题的教育意义，Lock 研究发现仅仅基于学生兴趣所提出的很多问题探究性差，甚至没有教育价值。[4] Jong 对荷兰中学生的研究表明，探究学习班级的学生在概念性知识上得分高，传统教学班级的学生在程序性知识上得分高[5]。

三 信息技术支持的数学探究学习

在信息技术支持数学探究教学方面，Baki 研究发现，和传统教学相比，运用动态几何软件（Dynamic Geometry Software）能提高一年级数学师范生的空间识别技能。[6] Falcade 等人使用了动态几何软件中的跟踪工具帮助学生探究函数的概念和轨迹。[7] Eysink 比较了技术环境支持下不同学习方法的有效性，研究发现探究学习在发展更深概念知识上是最有效的。[8] 基于 Web 的问题解决能力训练和评估系统 IMMEX（Interactive Multimedia Exercises）中的问题解决也强调科学探究的重要性，并详细记录探

---

[1] Ding, L., Reay, N. W., Lee, A., et al., "Are We Asking the Right Questions? Validating Clicker Question Sequences by Student Interviews", *American Journal of Physics*, Vol. 77, 2009, p. 643.

[2] 李红美:《教学应答系统问题设计的框架与策略》,《电化教育研究》2013 年第 8 期。

[3] Pengfei Li, *Creating and Evaluating a New Clicker Methodology*, The Ohio State University, 2007, pp. 102 – 107.

[4] Lock, R., "Open-ended Problem Living Investigations", *School Science Review*, Vol. 71, 1990, pp. 63 – 72.

[5] De Jong, T., Hendrikse, P., Van Der Meij, H., "Learning Mathematics Through Inquiry: A Large-Scale Evaluation", *Designs for Learning Environments of the Future*, Springer US, 2010, pp. 189 – 203.

[6] Baki, A., Kosa, T., Guven, B., "A Comparative Study of the Effects of Using Dynamic Geometry Software and Physical Manipulatives on the Spatial Visualisation Skills of Pre-service Mathematics Teachers", *British Journal of Educational Technology*, Vol. 42, 2011, pp. 291 – 310.

[7] Falcade, R., Laborde, C., Mariotti, M. A., "Approaching Functions: Cabritools as Instruments of Semiotic Mediation", *Educational Studies in Mathematics*, Vol. 66, 2007, pp. 317 – 333.

[8] Eysink, T. H. S., De Jong, T., Berthold, K., et al., "Learner Performance in Multimedia Learning Arrangements: An Analysis Across Instructional Approaches", *American Educational Research Journal*, Vol. 46, 2009, pp. 1107 – 1149.

究过程。[①]

四 评述

通过以上文献分析发现，数学探究问题的研究已引起了研究者的重视。美国探究式教学更多倾向于课程内容，而我国的探究教学更多地是从教学法、教学策略等方面来讨论。目前关于探究问题的设计更多倾向于教师个人经验，主观性强，缺少了系统分析和科学设计。

第二节 探究问题设计依据与原则

我国于 2001 年 6 月颁布的《基础教育课程改革纲要（试行）》已指出，改变课程实施过于强调接受学习、死记硬背、机械训练的现状，倡导学生主动参与、乐于探究、勤于动手，培养学生搜集和处理信息的能力、获取新知识的能力、分析和解决问题的能力以及交流与合作的能力。《国家中长期教育改革和发展规划纲要（2010—2020 年）》指出："学校给学生留下了解社会、深入思考、动手实践的实践。"问题的选择要符合学生的认知规律；问题的表述应该和小学生的认知水平一致，尽量采用图形和表格的形式，以帮助学生理解问题的含义建立具体事务和抽象概念之间的联系。

一 探究问题设计依据

小学数学探究问题设计过程既要考虑小学儿童心理特点、生活经历，又要考虑前修知识和问题解决学习过程分析。

小学生思维的基本特点是从以具体形象思维为主要形式逐步过渡到以抽象逻辑思维为主要形式，但这种抽象逻辑思维在很大程度上仍然是直接与感性经验相联系的，仍然具有很大成分的具体形象性。[②] 皮亚杰认为小

[①] Stevens, R., Soller, A., Cooper, M., et al., "Modeling the Development of Problem Solving Skills in Chemistry with a Web-based Tutor", *Intelligent Tutoring Systems*, Springer Berlin Heidelberg, 2004, pp. 580 – 591.

[②] 朱智贤：《儿童心理学》，人民教育出版社 2009 年版，第 307 页。

学生处于具象思维发展到抽象思维的过渡阶段。① 虽然在当今信息时代，儿童被称为"数字土著"（Digital Natives）一代，儿童的认知发展阶段存在个性化差异，但是认知发展阶段的顺序并没有改变。在小学阶段，教学的直观性是引起儿童注意的重要条件。"数数"解题过程中"掰手指"，实物与数字的对应，都突出了"实物感知"在小学儿童数学学习过程中的作用。

实验研究表明：7、8岁儿童的记忆能力和学前儿童比较起来，差别不大。② 有意识记和抽象逻辑识记初步发展，无意识记和具体形象识记仍然占有主要地位。随着儿童进入小学阶段学习，有意识记、抽象逻辑识记、理解的识记逐渐占有主导地位。

认知过程分析是依据小学数学问题解决认知模型，分析问题解决认知过程并给出具体描述。分析的结果作为设计探究问题的重要依据。

二 探究问题设计原则

1. 问题表述符合小学生的认知水平

分析小学阶段一到六年级数学教材发现，小学数学课程内容从具体到抽象，随着年级增长，课程内容抽象度越高，小学一、二年级以具体实物为主。探究问题设计过程要符合小学生的身心发展规律和认知规律，反映小学阶段学生数学学习的特点。问题的表述应该符合小学生的认知水平，避免"成人化""学术化"，尽量采用图形和表格的形式呈现，以帮助学生理解问题的含义，建立具体事物和抽象概念之间的联系。

2. 问题情境与学生现实生活相联系

考虑到小学生所处认知发展特点，强调问题设计须将知识点与学生现实生活中的问题有机结合。小学阶段，尤其是低年段的学生，还不能很好地理解抽象的概念，不能很好地把握运算规则中规律性的东西。即使到了高学年段，也应注意数学概念和规律所依附的物理背景，能够让学生体验并理解，而不是死记硬背。Cheung 也指出探究中提出的问题实际上和学

---

① Piaget, J., *The Child's Conception of Number*, London: Routledge&Kegan Paul, 1952, p.49.

② 朱智贤：《儿童心理学》人民教育出版社 2009 年版，第 292 页。

生的生活缺乏联系,教师难以找到探究材料。① 因此,问题设计须将知识点与学生现实生活中的问题有机结合,贴近学生的生活,从学生实际生活中获取教学素材,不断启发和引导学生,让学生逐步感悟到数学中的概念和规律是从现实生活中抽象出来的。问题越真实,对学生理解知识、应用知识的要求就越高,所要实现的就越具有全面性、整体性和综合性,这对学生的知识基础与基本能力就具有更大的挑战性。② 学生在解决实际问题过程中建构起来的知识将是灵活的知识。通过对实际问题的解决,使学生体验到学习的价值和意义,从而激发学生的学习动机。Schliemann 等人③④也强调解决现实生活问题的重要性,他们研究发现,学生建构的用来解决真实世界背景中问题的策略和解题方法更有意义。

3. 将知识隐含在解决问题的过程中

目前大部分探究题目往往是直接告诉学生所要用到的知识点,仅仅是知识的讲授与应用,缺少了"问题探究""知识发现"的过程。这样获得的知识很难灵活地迁移到复杂的实际问题中。学生解决探究问题是为了从问题解决过程中反思和抽象出专业知识、解决问题的策略。探究问题的设计应让学生在解决探究问题的过程中"不知不觉"地获取知识。

4. 让学生体验并经历知识产生的过程

学生要解决问题需要亲自动手收集数据、分析数据,进而发现知识。问题的解答不能"一眼就看出",而要"付出持续努力的思考"。Resnick 将付出努力的、非算法式思维作为高层次的思维技能重要成分。⑤ 学生亲自经历了知识应用的情境,体会了知识是如何被使用的。这样获取的知识是学生自己的知识,是能够灵活加以迁移的知识。

5. 把模型思想融入问题设计过程中

---

① Cheung, D., "Facilitating Chemistry Teachers to Implement Inquiry-based Laboratory Work", *International Journal of Science and Mathematics Education*, Vol. 6, 2008, pp. 107 – 130.

② 刘儒德:《基于问题的学习在中小学的应用》,《华东师范大学学报(教育科学版)》2002 年第 3 期。

③ Schliemann, A. D., "Mathematics Among Carpenters and Carpenters Apprentices: Implications for School Teaching", *Mathematics for All*, 1985, pp. 92 – 95.

④ Schliemann, A. D. & Nunes, T., "A Situated Schema of Proportionality", *British Journal of Developmental Psychology*, Vol. 8, 1990, pp. 259 – 268.

⑤ L. B. Resnick, *Education and Learning to Think*, Washington, DC: National Academy Press, 1987, p. 59.

数学模型是用数学解决实际问题是常用的一种方法。小学生在数学学习中已逐步掌握了加法、减法、乘法、除法、方程等数学模型。在生活中解决实际问题时，能将实际问题提炼成数学问题，运用所学数学模型加以解决。模型思想的建立是学生体会和理解数学与外部世界联系的基本途径，[1]是数学基础知识和数学应用之间的桥梁。建立和求解模型的过程应该从现实生活或具体情境中抽象出数学问题。通过解决含有模型思想的典型问题，有助于学生初步形成模型思想，提高数学学习的兴趣和应用意识。教师在设计问题时，应该充分考虑模型思想。学生在以后遇到类似的问题时，能够提炼成数学问题，有效运用数学模型加以解决。

第三节 典型探究问题设计

现代认知心理学家安德森从知识的心理性质的角度出发，将学生学习的书本知识分为"陈述性知识"和"程序性知识"。"陈述性知识"和"程序性知识"的划分有哲学根源，安德森对其心理机制做了充分的阐述。"陈述性知识"和"程序性知识"这种分法是较为常见且被广泛接受的一种知识分类，本书中亦采用这种知识分类。

通过对教材内容的分析发现，"陈述性知识"和"程序性知识"的划分并不是绝对的，Rittle-Johnson、Siegler 和 Alibali 研究也发现，陈述性知识和程序性知识的发展是相互纠缠在一起的，存在复杂的相互促进作用，[2]往往同一个知识点同时有"陈述性知识"和"程序性知识"，根据其侧重点不同来确定属于哪种类型。根据以上分析，从小学五六年级数学教材中选取了两个典型知识点"众数"和"圆柱侧面积"。其中五年级下册的"众数"知识点以"陈述性知识"为主，六年级下册"圆柱侧面积"知识点以"程序性知识"为主。

下面以"众数"和"圆柱侧面积"两个知识点为例，讨论问题的设计。

---

[1] 中华人民共和国教育部制定：《义务教育数学课程标准》（2011 年版），北京师范大学出版社 2012 年版，第 7 页。

[2] Rittle-Johnson, B., Siegler, R. S. & Alibali, M. W., "Developing Conceptual Understanding and Procedural Skill in Mathematics: An Iterative Process", *Journal of Educational Psychology*, Vol. 93, 2011, pp. 346–362.

一 "众数"课前探究题设计

"众数"是小学五年级下册讲授的一个重要概念。之前学生已经学过"平均数""中位数"等概念。

(一) 理论依据

概念学习不只是某种由记忆来形成的联结的总和,也不只是一种心理的习惯,而是一种既复杂又真实的思维活动。实践经验表明,直接讲授概念效果是不好的,学生虽然能记住概念的表述、模仿概念的知识,但运用概念解决现实问题的能力很差。阿赫通过实验表明,概念形成不是机械的被动过程,而是一个创造性过程;一个概念产生和形成于一种复杂操作的过程之中,这种复杂操作的目的在于解决某种问题;仅仅具备有利于词语和物体机械联结的外部条件还不足以产生一个概念。根据阿赫的图式(schema),概念形成是一种目标指向的过程,是为通向最终目标的各个步骤进行服务的一系列操作。为了使概念形成的过程得以进行,必须呈现一个不能解决的问题,除非通过形成新概念,否则这个问题便无法解决。[1]

设计并呈现一个使概念得以形成的问题不等于可以把问题本身视作概念形成过程的原因,必须把目标定在了解外部任务和发展动力之间内在的联系方面,并且把概念形成看作青少年整个社会成长和文化成长的一种功能,它不仅影响青少年的思维内容,而且影响青少年的思维方式。

"众数"概念的获得以数据分析为基础。《义务教育数学课程标准》(2011年版)强调,在数学课程中,应当注重发展学生的"数据分析观念"[2]。了解现实生活中有许多问题应当先做调查研究,收集数据,通过分析做出判断,体会数据中蕴含的信息。

"众数"是五年级下册讲授的一个新概念,直接将"众数"概念告诉学生,虽然简单省事,学生能记住概念的内容,但忽视了概念形成过程本身的动力和发展,忽视了学生在概念形成过程中的体验。因此,在研究中我们并没有直接将概念告诉学生,而是将精心设计的问题呈现给学生,让学生自己探究完成,亲身经历问题解决的过程,即概念形成的过程。在解

---

[1] [俄] 列夫·维果斯基:《思维与语言》,李维译,北京大学出版社2010年版,第67页。
[2] 中华人民共和国教育部制定:《义务教育数学课程标准》(2011年版),北京师范大学出版社2012年版,第5页。

110　问题解决与认知模拟

决问题的过程中理解并掌握"众数"的概念。

（二）设计过程

1. 教材题目分析

教材中为了讲授"众数"概念，在导入"众数"概念前，给出了一道题目，目的是让学生通过做题来学会"众数"概念，题目[①]如图6—1所示。

五（2）班要选10名同学组队参加集体舞比赛。

先选20名舞姿比较好的同学。

图6—1　教材中的"众数"问题

五（2）班要选10名同学组队参加集体舞比赛。

下面是20名候选队员的身高情况（单位：m）。

1.32　1.33　1.44　1.45　1.46　1.46　1.47

1.47　1.48　1.48　1.49　1.50　1.51　1.52

1.52　1.52　1.52　1.52　1.52　1.52

根据以上数据，你认为参赛队员身高是多少比较合适？

然后给出"上面这组数据中，1.52出现的次数最多，是这组数据的众数。众数能够反映一组数据的集中情况"。

仔细分析题目中的数据和目标会发现：

（1）无论身高是多少都不能满足目标，都不合适；

（2）单一身高不是选择10名同学的充分条件；

（3）数据直接给出，省去了收集数据的步骤，实际问题是不会自动给出数据的。

（4）题目给出的"选舞伴"情境，并不是小学生熟悉的生活情境，

---

① 课程教材研究所编著：《义务教育课程标准实验教科书数学（五年级下册）》，人民教育出版社2006年版，第122页。

对于城市小学生或许熟悉，但对于农村小学生来讲，这一问题情境非常陌生，不利于知识的发现和掌握。

通过以上分析可以发现，教材中给出的题目不是"众数"问题的典型案例。

2. "众数"问题解决认知过程分析

"众数"是"统计与概率"部分的典型内容，是人教版小学数学教材五年级下学期学习的概念。丁祖荫对儿童概念掌握的过程进行了实验研究，结果表明，小学儿童的概念掌握表现了阶段特征，小学低年级儿童较多运用"具体实例""直观特征"掌握概念；小学高年级儿童逐渐能根据非直观的"重要属性""实际功用""种属关系"掌握概念。"众数"就是培养学生从数据中发现非直观的"重要属性"，即出现次数最多。

"众数"是一个抽象概念，五年级儿童虽然具有一定的抽象思维能力，但仍然需要具体的材料帮助儿童理解概念。心理学的研究也认为，儿童掌握概念系统的过程，也就是儿童应用以往丰富的概念材料去同化（或领会）深刻而又系统的知识的过程。[①]

"众数"的认知过程分析以小学数学问题解决认知模型（a cognitive model of mathematical problem solving，CMMPS）[②]为框架。求数据 $\{a_1, a_2, a_3, \cdots, a_n\}$ 中"众数"的问题解决过程描述为：

（1）题意理解。求给定数据中的"众数"。

（2）拟订方案。从数据 $\{a_1, a_2, a_3, \cdots, a_n\}$ 中找出现次数最多的数。

（3）执行方案。

①激活长时程序性记忆中的数数操作，在数据 $\{a_1, a_2, a_3, \cdots, a_n\}$ 中分别数 $a_1, a_2, a_3, \cdots, a_n$ 的个数；

②确定 $a_1, a_2, a_3, \cdots, a_n$ 出现的次数分别为 $M_1, M_2, M_3, \cdots, M_n$；

③激活长时程序性记忆中的比较操作，比较 $M_1, M_2, M_3, \cdots, M_n$ 的大小，确定最大值 M_{max}；

④M_{max} 对应的数 a_i 就是数据 $\{a_1, a_2, a_3, \cdots, a_n\}$ 的众数。

---

① 朱智贤：《儿童心理学》，人民教育出版社 2009 年版，第 324 页。
② 魏雪峰、崔光佐：《小学数学问题解决认知模型研究》，《电化教育研究》2012 年第 11 期。

（4）回顾检查。检查每个环节是否有误，长时陈述性记忆中增加了"众数"概念；长时程序性记忆中增加了求"众数"的操作，同时数数和比较动作进一步强化。

通过分析"众数"问题解题过程发现，关键是确定解题的策略，即"数据中出现次数最多的数"。之后的操作如"数数""比较""对应"等，都是以前学过的知识。

儿童概念的获得是从具体逐步抽象的过程，儿童在开始掌握概念的时候，由于知识经验的缺乏，许多概念常常是孤立的，还没有加入一定的概念系统中。只有在概念系统中去掌握概念，才能掌握得更好。例如，只有儿童掌握了中位数、平均数等概念，才能更好地掌握"众数"概念，建立它们之间的联系。

3."众数"问题概念模型

新颁布的《义务教育数学课程标准》（2011年版）提出，在数学课程中，应当注重发展学生的模型思想，建立和求解模型的过程包括：从现实生活或具体情境中抽象出数学问题。[①] 乔纳森研究发现，解决问题时要求学生构建问题的概念模型（conceptual model），构建概念模型是问题转换的关键步骤。[②] 通过分析"众数"求解过程，得出"众数"问题的概念模型，如图6—2所示。通过模型分析可以发现，求解"众数"关键是选择解题策略，即如何从"过生日"的情境中抽象或转换为数学问题。转换成数学问题后，学生可以利用已有知识和技能，完成该问题的求解。因此，探究问题的设计应该考虑帮助学生完成从应用问题到数学问题的转换。

4."众数"探究题

杜威在其《我们如何思维》（*How We Think*）一书中关于"讲课"的论述中指出："准备就是提出问题，激发学生联想到熟悉的个人经历，这在了解新的问题时很有帮助。""只要学生将这些认识与实际活动联系起来，那认识新事物的过程就会变得简单容易。"[③] 基于以上考虑和对"众数"解题模型的分析，在设计"众数"探究问题时，创设"过生日"这

---

① 中华人民共和国教育部制定：《义务教育数学课程标准》（2011年版），北京师范大学出版社2012年版，第7页。

② Jonassen, D. H., "Designing Research-based Instruction for Story Problems", *Educational Psychology Review*, Vol. 15, 2003, pp. 267 – 296.

③ ［美］约翰·杜威：《我们如何思维》，伍中友译，新华出版社2010年版，第167页。

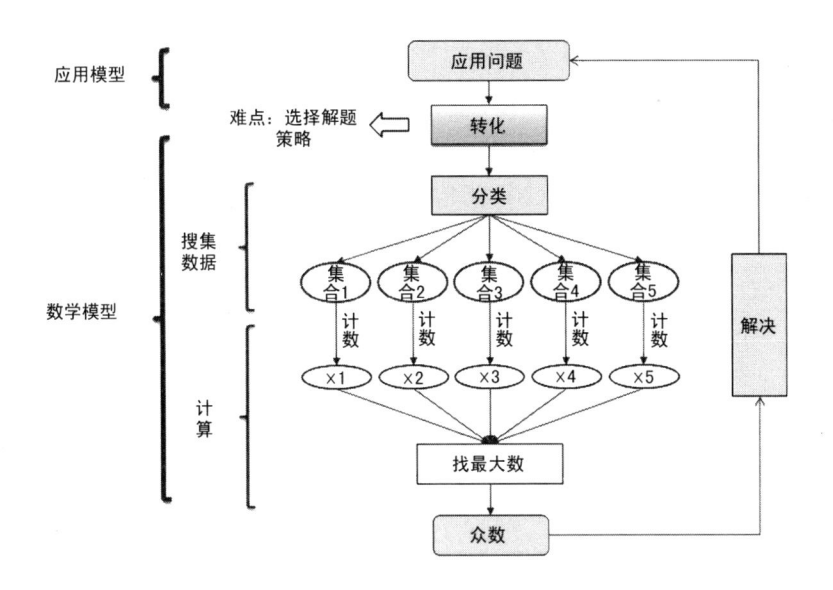

图 6—2　"众数"概念模型

一学生熟悉的情境，具体问题如下。

学校同意我们五（一）班明年举办一次生日庆祝活动。但只能给某月出生的同学庆祝。如果你是班主任：

①你会如何选择？
②你觉得选哪个月比较合适？

（1）设计的理念

①此题目是真正的应用问题，"过生日"这一问题情境与学生实际生活紧密相关；

②学生自己分析问题，构建问题的模型，选择解题策略；

③学生自己动手收集数据，获取每个月过生日的人数；

④学生自己动手统计数据，计算每个月过生日的人数；

⑤比较每个月过生日的人数，过生日最多的月份即为该问题的解。

（2）设计的目标

①让学生不但理解概念本身，而且亲身体验概念产生的意义；

②体验"众数"概念的应用情境，并自己构建众数解题的策略和方法，形成知识的深度迁移；

③培养学生从应用模型到数学建模的能力。

通过求解"众数"探究问题，不再是由教师直接给出众数的概念，而是让学生自己动手统计班内学生的生日月份数，进而比较每个月份过生日人数的多少。让学生不但理解概念本身，而且亲身体验概念产生的意义；体验"众数"概念的应用情境，并自己构建众数解题的策略和方法，形成知识的深度迁移；培养学生从应用问题到数学建模的能力。"众数"探究问题的设计体现了"问题情境—建立模型—求解验证"的数学活动过程，同时也体现了模型思想的基本要求，有利于学生在求解问题的过程中理解、掌握"众数"有关知识，积累数学活动经验。通过求解探究问题，更有利于学生主动去发现、分析和解决问题，培养学生的创新意识。

二 "圆柱侧面积"课前探究题设计

（一）理论依据

程序性知识特指在特定条件下所采取的行为，通常指操作能力。"圆柱侧面积"是一类典型的程序性知识，程序性知识是通过练习获得的，在许多有关问题解决和技能获得的理论中，陈述性知识往往是作为程序性知识的预备性知识而存在的。[1][2]

当学习者面对全新的问题情境时，解决问题的过程就是高级规则获得的过程。加涅（Gagne）对问题解决的研究表明，当学习者成功解决问题时，一个高级规则就获得了，这一规则可以很快被归纳到其他同类问题的新情境中。直接呈现问题的答案给学习者，这对学习显然是无效的，其理由是：这样的呈现不需要高级规则的获得，答案可作为简单连锁而被习得，最可靠的教学方法是运用例子来刺激学习者自己发现规则。[3] 设计高质量的课前探究题，让学生自己探究、经历知识发现的过程，即获取高级规则的过程。

---

[1] Anderson, J. R., *The Architecture of Cognition*, Cambridge: Harvard University Press, 1983, p.59.

[2] Byrnes, J. P., "The Conception Basis of Procedural Learning", *Cognitive Development*, Vol. 7, 1992, pp. 235 – 257.

[3] ［美］加涅：《学习的条件和教学论》，皮连生、王映学、郑葳等译，华东师范大学出版社1999年版，第179页。

"圆柱侧面积"是六年级下册讲授的一个新知识点,之前学生已经学过长方形面积、圆的周长、圆的度数等知识,已经具备解决"圆柱侧面积"所需的前修知识,研究中设计典型问题,让学生自己发现圆柱侧面积的计算方法。

(二)设计过程

"圆柱侧面积"是小学六年级下册讲授的程序性知识。之前学生已经学过"圆的周长""长方形面积"等计算公式。

1. 教材题目分析

教材在讲"圆柱侧面积"时(如图6—3、图6—4所示),先让学生认识圆柱,给出了"底面""侧面""高"等概念。然后呈现给学生圆柱的侧面展开后是长方形,所以,计算圆柱的侧面积就转换成了计算长方形的面积。

图6—3 教材中的"圆柱侧面积"问题1

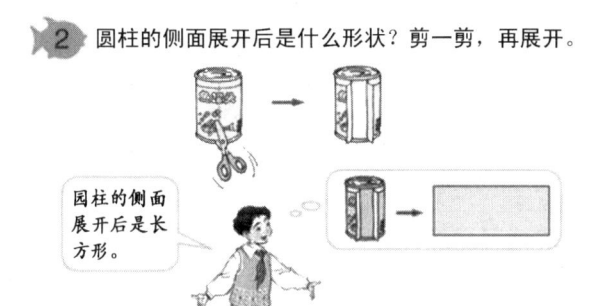

图6—4 教材中的"圆柱侧面积"问题2

教材的这一安排，从逻辑上讲符合学生的认知规律，仔细分析细节会发现：

（1）直接将圆柱侧面展开这一策略呈现给学生，学生没有经历对为什么要展开的深入思考。

（2）题目应创设情境，让学生自己想出圆柱侧面积的求解方法。

2. 解题模型

"圆柱侧面积"的解题模型，如图6—5所示。

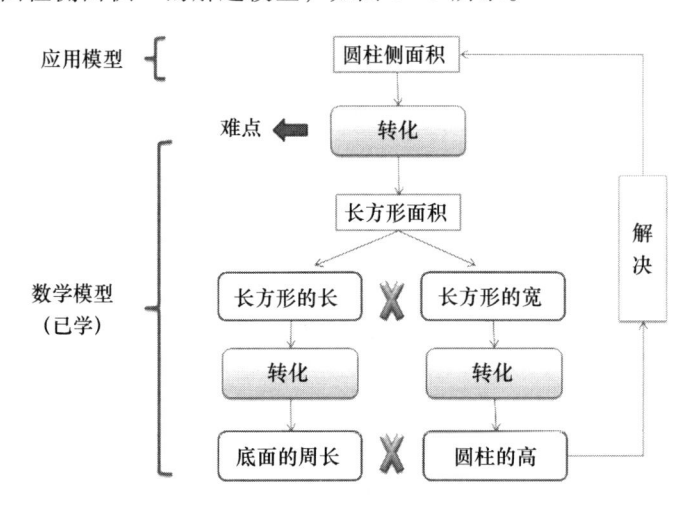

图6—5 "圆柱侧面积"解题模型

分析"圆柱侧面积"这一知识点会发现，解题关键是圆柱侧面积转换为长方形面积。从学生生活实际出发设计问题，创设情境，让学生在解题过程中想到圆柱侧面可转换成长方形。

3. 探究题

基于探究题设计原则和"圆柱侧面积"解题模型，设计了一下题目：

某薯片厂生产了一批桶装薯片，需要在薯片盒（如图6—6所示）侧面贴上包装纸，你能帮他们计算一下一个薯片盒至少需要多少包装纸吗？

（1）设计的理念

①"贴包装纸"这一问题情境与学生实际生活紧密相关；

②学生自己分析问题，构建问题的模型，选择解题策略；

③学生动手剪纸、包装薯片盒；

④学生动手量出包装纸的长和宽；

图6—6 薯片盒

⑤学生计算包装纸的面积,即长×宽;
⑥总结计算圆柱侧面积的方法。
(2) 设计的目标
①让学生不但理解圆柱侧面积计算公式,而且亲身体验公式产生的过程和意义;
②体验"圆柱侧面积"公式的应用情境,并自己构建"圆柱侧面积"解题的策略和方法,形成知识的深度迁移。

第四节 探究问题教学应用

培养学生的逻辑推理能力是《义务教育数学课程标准》(2011年版)所倡导的,也是小学数学探究教学的目标之一。培养方法就是在课堂探究教学中使用典型问题,让学生在解决典型探究题的过程中提高逻辑推理能力。

为了验证探究问题的教学有效性,依据书中所述探究问题设计方法,针对小学数学四年级下册的所有知识点设计了典型探究题,并在数学课堂探究教学中使用。研究过程中选取了北京市某小学四年级两个班,一个为实验班,一个为对比班,如表6—1所示。实验班课堂教学中使用了典型探究问题，实验班有 34 名学生，其中男生 21 名，女生 13 名，年龄分布在 10—11 岁之间；对比班有 32 名学生，其中男生 17 人，女生 15 人，年龄分布在 10—11 岁之间。

表 6—1　　　　　　　　　　学生情况统计　　　　　　　　　　（单位：人）

	男生	女生	年龄（10—11 岁）	合计
实验班	21	13	34	34
对比班	17	15	32	32

实验过程中，使用瑞文标准推理测验量表来测试学生的逻辑推理能力。实验前测于 2013 年 1 月开展，后测于 2013 年 7 月开展，实验持续一个学期。瑞文标准推理测验量表最早是由英国心理学家瑞文（J. C. Raven）于 1938 年设计的非文字智力测验，[1] 量表由 A‑E 共五个模块 60 张图片组成，A 模块最简单，E 模块最难，A—E 模块难度递增。前后测分别使用了《标准瑞文推理测验》[2] 对学生进行施测，数据分析使用 SPSS 19。

一　实验班与对比班推理能力比较

瑞文量表的前后测数据如表 6—2 所示。

表 6—2　　　　　　　　　　前后测瑞文成绩

		均值	标准差	标准误	极小值	极大值
前测瑞文成绩	对比班	40.05	7.93	1.82	23	53
	实验班	40.85	6.54	1.12	31	55
后测瑞文成绩	对比班	42.84	6.64	1.52	24	52
	实验班	48.24	5.03	0.86	36	58

从表 6—2 可以看出，前测阶段，实验班和对比班的瑞文成绩均值非常接近（两者仅相差 0.8 分），而后测阶段实验班比对比班均值高出 5.4 分。

---

[1] Raven, J. C., "Standardization of Progressive Matrices 1938", *British Journal of Medical Psychology*, Vol. 19, 1941, pp. 137–150.

[2] 张厚粲、王晓平：《瑞文标准推理测验在我国的修订》，《心理学报》1989 年第 2 期。

以教学过程中使用典型探究问题为自变量，采用单因素方差分析比较实验班和对比班的前后测瑞文成绩，结果如表6—3所示。

表6—3　　　　　　　　　　　方差分析

	平方和	df	均方	F	显著性
前测瑞文成绩	7.807	1	7.807	0.16	0.69
后测瑞文成绩	354.526	1	354.526	11.09	0.00

从表6—3看出，在前测阶段，$F=0.156$，显著性水平$p=0.69>0.05$，实验班和对比班瑞文成绩没有显著性差异。在后测阶段，$F=11.09$，显著性水平$p=0.00<0.05$，实验班和对比班瑞文成绩达到显著性差异。这一结果表明，使用典型探究问题，有效提高了实验班学生的推理能力。

二　实验班数学推理能力比较分析

考虑到瑞文成绩与年龄相关，为排除年龄增长带来的影响，把样本中成绩值与所在年龄的常模对比，可对应归入八个等级，即瑞文等级。实验班前后测瑞文成绩与瑞文等级如表6—4所示。

表6—4　　　　**实验班瑞文成绩与瑞文等级前后测均值**

	均值	N	标准差	均值的标准误
前测瑞文成绩	40.85	34	6.54	1.12
后测瑞文成绩	48.24	34	5.03	0.86
前测瑞文等级	4.29	34	1.19	0.21
后测瑞文等级	5.41	34	1.26	0.22

对实验班的前后测数据进行配对样本t检验，如表6—5所示。

表6—5　　　　　　**实验班配对样本t检验**

	成对差分			t	df	Sig.（双侧）
	均值	标准差	均值的标准误			
前测瑞文成绩—后测瑞文成绩	-7.39	4.78	0.82	-9.01	33	0.00

续表

	成对差分			t	df	Sig.（双侧）
	均值	标准差	均值的标准误			
前测瑞文等级—后测瑞文等级	-1.12	1.20	0.21	-5.43	33	0.00
前测 A 模块—后测 A 模块	-0.38	0.74	0.13	-3.02	33	0.01
前测 B 模块—后测 B 模块	-0.71	1.51	0.26	-2.73	33	0.01
前测 C 模块—后测 C 模块	-1.32	1.61	0.28	-4.80	33	0.00
前测 D 模块—后测 D 模块	-1.74	2.09	0.36	-4.83	33	0.00
前测 E 模块—后测 E 模块	-3.24	2.16	0.37	-8.73	33	0.00

从表 6—4、表 6—5 数据看出，实验班瑞文推理能力配对 t 检验样本数为 34，前测瑞文成绩的均值为 40.85，后测瑞文成绩的均值为 48.24，后测比前测提高了 7.39，显著性水平 $p = 0.00 < 0.001$，达到了极显著水平。也就是说，使用典型探究问题开展教学前后，学生的数学推理能力有了明显提升。后测的标准差小于前测标准差，即离散程度变小，并且均值提高，说明前测中低分学生成绩提升较为明显。即使用典型探究问题开展教学后对数学推理能力较差的学生具有较好的促进作用。

分析瑞文等级前后测数据发现，前测瑞文等级的均值为 4.29，后测瑞文等级的均值为 5.41，即前测与后测中学生的瑞文等级平均水平都为中等偏上。后测平均等级比前测平均等级提高 1.12，高于 1 个等级水平，显著性水平 $p = 0.00 < 0.001$，达到了极显著水平。也就是说，使用典型探究问题开展教学前后，学生的数学推理能力有了明显提升。

进一步分析瑞文量表中 A—E 五个模块的前后测数据发现，C、D、E 三个模块的提升较为显著，显著性水平 $p = 0.00 < 0.001$，达到了极显著水平。其中 E 部分即最难部分的提高最为显著，说明在小学数学课堂教学中使用典型探究问题，对学生高级数学推理的提升具有重要作用。

第五节　小结

数学教学提倡探究学习，探究问题是有效开展探究学习的关键。如何设计典型的探究问题是广大中小学数学教师普遍关心的问题。问题设计是探究教学的重要组成部分，教师根据探究问题特点，在学生探究过程中开展有效交互，进行有针对性的引导。在开展探究教学过程中，典型探究问题的设计需要充分发挥学生的积极性，贴近学生的生活实际，遵循学生的身心发展规律和数学课程特点。

本章从探究教学模式及策略、探究问题的类型与设计、信息技术支持的数学探究学习三方面讨论了探究问题设计研究现状，提出了小学数学探究问题设计的依据与原则。主要包括：（1）问题表述符合小学生的认知水平；（2）问题情境与学生现实生活相联系；（3）将知识隐含在解决问题的过程中；（4）让学生体验并经历知识产生的过程；（5）把模型思想融入问题设计过程中。随后，依据这些设计原则给出了"众数"、"圆柱侧面积"课前探究题的设计过程。在此基础上，针对小学数学四年级下册的所有知识点设计了典型探究题，并在数学课堂开展探究教学实验，分析了实验效果。

探究问题在小学数学课堂的合理运用，激发了学生数学学习的兴趣，重视学生探索数学的体验，引发学生的数学思考，鼓励学生的创造性思维，积极培养小学生良好的数学学习习惯，能够提高数学思维能力和利用数学知识解决实际问题的能力，为技术在数学探究教学中的应用提供依据和参考，同时也为开展"一对一"认知诊断提供有针对性的问题基础。

第七章 "一对一"认知诊断

认知诊断是认知分析在教学中的应用。基于第四、第五两章对问题解决认知过程的分析和模拟，深入理解问题解决过程中的一系列认知操作和认知成分，探讨基于认知模型的"一对一"认知诊断流程，对学生尤其是学习困难学生问题解决认知过程进行诊断，为教育实践及个体发展提供更具体、更详细、更有针对性的指导和建议。

国际上很多国家重视提高学生成绩。2001年1月美国小布什政府通过了《不让一个孩子掉队》（No Child Left Behind Act，NCLB）的国家法案，[①] 该法案把"提高处境不利学生的学业成绩"列为七个优先领域的第一个，提出政府的教育评估应向每个学生、家长和教师提供描述性的、诊断性的报告。为了更好的满足"不让一个孩子掉队"法案的具体要求，2011年9月奥巴马政府再次批准了《初等和中等教育法案》（Elementary and Secondary Education Act，ESEA）[②]，更好的专注于改进学生的学习和提高教学质量。

我国义务教育也非常重视所有学生的发展，突出学习评价的目的，以数学课程为例，《义务教育数学课程标准》（2011年版）指出，[③] 数学课程要使得人人都能获得良好的数学教育，不同的人在数学上得到不同的发展；学习评价的主要目的是为了全面了解学生学习的过程和结果，激励学生学习和改进教师教学。改变以往学习评价只注重结果而忽视学习过程的

[①] U. S. Department of Education, "No Child Left Behind", http：//www2. ed. gov/nclb/landing. jhtml.

[②] U. S. Department of Education, "Elementary and Secondary Education Act", http：//www. ed. gov/esea.

[③] 中华人民共和国教育部制定：《义务教育数学课程标准》（2011年版），北京师范大学出版社2012年版，第2—3页。

局面。

评价教育过程中非常重要的一个环节，学习评价关注学习过程，问题解决是学生学习的重要组成部分，要实现对学生的问题解决认知过程进行测量和评估离不开认知诊断（Cognitive Diagnosis，CD）的理论和方法。认知诊断强调对学习过程的关注，发现学习过程中的不足，诊断结果提供给学生、家长和教师，帮助学生改进学习、提高教学质量。

第一节 小学数学问题认知诊断

对于数学问题解决的研究，一直是国内外心理学界、数学教育界研究关注的重点。[1][2] Montague 以六年级学习困难学生为研究对象，研究了认知和元认知策略的作用，提出了解决应用题的认知和元认知教学模型。[3] 在该模型中，Montague 将解应用题的认知过程分为以下七个阶段：阅读、分析、形象化、假设、估计、计算和检查。Jitendra 将图式教学用于学习不良儿童教育中，并进行了系统的研究。[4][5][6][7] 她使用图式教学法对学习不良儿童的数学应用题学习进行了有效干预，学生的解题策略有所改进，除个别研究外，其他所有研究都产生了积极效果。

---

[1] Mayer, R. E., & Hogarty, M., *The Process of Understanding Mathematical Problems*, Mahwah: Lawrence Erlbaum Associates, 1996, pp. 29–53.

[2] 陈英和、仲宁宁、耿柳娜：《关于数学应用题心理表征策略的新理论》，《心理科学》2004 年第 1 期。

[3] Montague, M., "The Effects of Cognitive and Metacognitive Strategy Instruction on Mathematical Problem Solving of Middle School Students with Learning Disabilities", *Journal of Learning Disabilities*, Vol. 25, 1992, pp. 230–248.

[4] Jitendra, Asha, K. & Hoff, Kathryn, "The Effects of Schema-based Instruction on the Mathematical Word-problem-solving Performance of Students with Learning Disabilities", *Journal of Learning Disabilities*, Vol. 29, 1996, pp. 422–431.

[5] Jitendra, Asha, K. & Xin, Yan Ping, "Mathematical Word Problem Solving Instruction for Students with Mild Disabilities and Students at Risk for Math Failure: A Research Synthesis", *The Journal of Special Education*, Vol. 30, 1997, pp. 412–438.

[6] Jitendra, Asha K., Griffin, C., et al., "Effect of Mathematical Word Problem Solving by Students at Risk or with Mild Disabilities", *The Journal of Educational Research*, Vol. 91, 1998, pp. 345–356.

[7] Jitendra, Asha K., Hoff, Kathryn & Beck, M. M., "Teaching Middle School Students with Learning Disabilities to Solve Word Problems Using a Schema-based Approach", *Remedial and Special Education*, Vol. 20, 1999, pp. 50–54.

Tatsuoka 使用诊断测试的方法比较了 20 个国家八年级学生的数学成绩，使用 TIMSS-R（The Third International Math and Science Study-Revised）分析数据。涂冬波等将认知诊断应用于小学儿童数学问题解决中，探讨了儿童对于数学问题解决的认知发展特点及所存在的缺陷，以促进儿童相关认知发展及知识获取。[①] 这些研究为小学数学问题解决的认知诊断提供了重要的理论基础。

一 学生解答应用题认知诊断分析

许多学者从数学问题语句表征角度来分析解题错误。Hayes 等人发现，如果学生能够正确判断数学应用题的整体结构，那么就能正确识别一长段文字叙述中哪些信息是必要的，哪些信息是多余的或无关的，但是，如果学生错误的判断了问题的类型，就难以完成这一任务，容易导致解题错误。梅耶研究发现，总体来说，学生较容易看出有关信息是必要的（正确率为89%），而不易看出无关信息是不必须的（正确率为54%）。[②] 傅小兰等人通过分析 34 名大学生被试的问题表征环节及问题解决的结果，得出了问题表征与解题错误之间的关系。[③] Anand&Ross 研究发现，学生解答应用题的错误原因，主要是对问题结构的错误表征，而不主要是计算困难。[④] 施铁如通过收集和分析被试解题口语报告资料发现，导致错误解法的关键原因之一是不能正确辨认模式，解题错误学生往往做盲目的尝试和反复的搜寻。[⑤]

Kotovsky 等人研究了问题同型（problem isomorphs）的不同特点，对导致问题难度差异的原因做了系统的分析，实验结果表明，问题难度的差异并不能从问题结构上加以解释，被试在想象、构造或考虑问题的方式上

[①] 涂冬波、戴海琦、蔡艳、丁树良:《小学儿童数学问题解决认知诊断》，《心理科学》2010 年第 6 期。

[②] Mayer, R. E., *Educational Psychology: A Cognitive Approach*, Boston: Little, Brown, 1987, p.115.

[③] 傅小兰、何海东:《问题表征过程的一项研究》，《心理学报》1995 年第 2 期。

[④] Anand, P. G. & Ross, S. M., "Using Computer-assisted Instruction to Personalize Arithmetic Materials for Elementary School Children", *Journal of Educational Psychology*, Vol. 2, 1987, pp. 72 – 78.

[⑤] 施铁如:《解代数应用题的认知模式》，《心理学报》1985 年第 3 期。

的不同才是决定问题难度的关键。①

研究分析了问题表征与解题错误之间的关系,确定了导致解题错误的原因,并没有提供有针对性的措施来帮助学生纠正错误。

二 认知神经科学领域中的数学认知诊断

认知神经科学运用包括脑成像在内的各种方法来探讨数学认知的实质,对数学问题解决障碍的生理过程及环境进行新的诠释。Rotzer 等人研究发现,有计算障碍的儿童大脑中,与数的大小加工有关的脑区呈现脑结构异常。De Smedt 等人发现,人体染色体 22q11 微缺失综合征(22q11 Deletion Syndrome)与算术障碍有关。② Rotzer 等人③、Kaufmann④、Price⑤研究发现,计算障碍儿童大脑中,与数的大小加工有关的脑区呈现脑机能异常。

随着认知神经科学中关于数学认知研究的不断深入,将认知神经科学和数学教育有效结合起来,运用认知神经科学方法,为数学认知障碍提供可靠依据,诊断数学认知障碍产生的原因,采取有效干预措施,进而帮助存在认知障碍的学生提高数学学习的效果。

国内的研究者几乎都是利用最近一次或最近几次的数学成绩作为衡量学生数学能力的指标。然而,考试通常是阶段性的,一般都是对某段时间内所学知识的考察,与题目的难度等有关,数学成绩能否反映学生真实的数学能力值得怀疑。数学障碍的诊断应该建立在对学生数学能力的全面、准确评价基础之上。

---

① Kotovsky, K., Hayes, J. R., Simon, H. A., "Why are Some Problems Hard? Evidence from Tower of Hanoi", *Cognitive Psychology*, Vol. 17, 1985, pp. 248 – 294.

② De Smedt, B., Swillen, A., Verschaffel, L., & Ghesquiere, P., "Mathematical Learning Disabilities in Children with 22q11.2 Deletion Syndrome: A Review", *Developmental Disabilities Reaearch Reviews*, Vol. 15, 2009, pp. 4 – 10.

③ Rotzer, S., Kucian, K., Martin, E., Aster, M. V., Klaver, P., & Loenneker, T., "Optimized Voxed-based Morphometry in Children with Developmental Dyscalculia", *Neuro Image*, Vol. 39, 2008, pp. 417 – 422.

④ Kaufmann, L., Vogel, S. E., Starke, M., Kremser, C., Schocke, M., & Wood, G., "Developmental Dyscalculia: Compensatory Mechanisms in Left Intraparietal Regions in Response to Nonsymbolic Magnitudes", *Behavioral and Brain Functions*, Vol. 5, 2009, pp. 35 – 40.

⑤ Price, G. R., Holloway, I., Rasanen, P., Vesterinen, M., & Ansari, D., "Impaired Parietal Magnitude Processing in Developmental Dyscalculia", *Current Biology*, Vol. 17, 2007, pp. 1042 – 1043.

因此，数学障碍诊断应该关注学生解题的认知过程，而不仅仅是解题的结果。通过对问题解决认知过程的分析，能比较客观地发现解题障碍，从而进行有针对性的诊断与干预。

第二节 "一对一"认知诊断的目的及特点

传统的测验大都采用纸笔测验，采用"多人一测""多人一题"的形式，注重测试的结果，只提供考试分数或能力分数，信息较为简单。对于单一的分数，无法判断学生掌握了哪些知识和未掌握哪些知识，也不能分析学生解题错误的原因。对于相同分数的学生，也无法判断他们之间可能存在的知识掌握和认知加工的差异。考试并不是为了给学生划分等级，而是为了更具体的确定问题所在。

认知诊断的目的主要是诊断学生在数学问题解决过程中所存在的优势及劣势，重点分析不足和问题所在，为教学干预提供可靠依据。

认知诊断的结果只是为教学干预提供了可靠依据，并没有给出如何将这些干预用于学生学习和教学中。然而，当把诊断结果用于教学中激励学生学习、改进教学时，往往会遇到一些困难。Roussos 关于认知诊断效度的研究，通过调查和访谈发现，师生将诊断结果整合到学习与教学之中时仍然存在困难。[1] 波利亚认为，诊断就是对于学生的学习情况进行更深入的评估，想提高学生的学习成绩，教师就需要更为深入地评估学生的优点和缺点。[2] 根据维果斯基的"最近发展区"理论，不同儿童（或同一儿童）在不同认知领域的最近发展区不同，在不同情境中从教学中的获益也会有所不同。Geert 提倡诊断和教学都应根据儿童不同的现有水平和未来发展水平来进行。[3] DiBello 强调考试的目的是能提供学生理解问题的信息，能够直

---

[1] Roussos, L. A., Templin, J. L., & Henson, R. A., "Skills Diagnosis Using IRT-Based Latent Class Models", *Journal of Educational Measurement*, Vol. 44, 2007, pp. 293–311.

[2] [美] G. 波利亚：《怎样解题》，涂泓、冯承天译，上海科技教育出版社 2007 年版，第 79 页。

[3] Geert, P. V., "A Dynamic Systems Model of Basic Developmental Mechanisms: Piaget, Vygotsky, and Beyond", *Psychological Review*, Vol. 105, 1998, pp. 634–677.

接用于指导教学和学生学习。[1] Lane[2]、Leighton[3]、Leighton 等人（Leighton, Gierl, & Hunka）[4] 认为，很少有大规模的测试能对考生的思维过程产生诊断信息，因为很少有大规模的测试有明确的推断目标。因此，针对不同水平学生的诊断、干预非常必要。

《义务教育数学课程标准》（2011 年版）强调，学习评价的主要目的是为了全面了解学生学习的过程和结果，激励学生学习和改进教师教学；评价既要关注学生学习的结果，也要重视学习的过程。[5] "一对一"认知诊断是能够满足儿童不同的现有水平和未来发展水平、结合教学与诊断的一种动态评价方法，其特点是强调"一对一"性，兼顾学习结果的评估和学习过程的剖析，兼并鉴定与分类、诊断与处方的评价功能，目的是深入地评估每个学生的优点和缺点，针对学生在做题过程中的表现给予及时、适当的反馈，引导学生逐步完成问题解决，达成目标，有利于学习发生。

《义务教育数学课程标准》（2011 年版）同时也强调教学活动应努力使全体学生达到课程目标的基本要求，同时要关注学生的个体差异，促进每个学生在原有基础上的发展；对于学习有困难的学生，教师要给予及时的关注与帮助，鼓励他们主动参与数学学习活动，并尝试用自己的方式解决问题、发表自己的看法，要及时地肯定他们的点滴进步，耐心地引导他们分析产生困难或错误的原因，并鼓励他们自己去改正，从而增强学习数学的兴趣和信息。[6] "一对一"认知诊断尤其关注学习困难学生的学习过程，记录并分析不同阶段学生解题过程的认知变化情况。

---

[1] Louis V. DiBello, William Stout, "Guest Editors' Introduction and Overview: IRT-Based Cognitive Diagnostic Models and Related Methods", *Journal of Educational Measurement*, Vol. 44, 2007, pp. 285 – 291.

[2] Lane, S., NCME Presidential Address, "Validity of high-stakes Assessment: Are Students Engaged in Complex Thinking?", *Educational Measurement: Issues and Practice*, Vol. 23, 2004, pp. 6 – 14.

[3] Leighton, J. P., "Avoiding Misconceptions, Misuse, and Missed Opportunities: The Collection of Verbal Reports in Educational Achievement Testing", *Educational Measurement: Issues and Practice*, Vol. 23, 2004, pp. 6 – 15.

[4] Leighton, J. P., Gierl, M. J., & Hunka, S., "The Attribute Hierarchy Model: An Approach for Integrating Cognitive Theory with Assessment Practice", *Journal of Educational Measurement*, Vol. 41, 2004, pp. 205 – 236.

[5] 中华人民共和国教育部制定：《义务教育数学课程标准》（2011 年版），北京师范大学出版社 2012 年版，第 3 页。

[6] 同上书，第 49 页。

第三节 基于认知模型的"一对一"诊断

一 诊断流程

皮亚杰在研究儿童认知发展的过程中,采用了观察法、临床法等研究方法。Campbell & Carlson 认为这些方法用于认知诊断研究具有重要意义。[1]

研究人员(Kane; Messick; Mislevy, Steinberg, & Almond)[2][3][4] 认为,学习的认知模型是描述测试结构、设计测试题目、根据测试成绩生成诊断推论的重要组成部分。"一对一"认知诊断过程中首先根据知识点设计典型问题,以 CMMPS 为依据,分析正确的问题解决认知过程及学生在实际的问题解决认知过程,比较两者的异同,发现学生问题解决过程中的问题所在。基于认知模型的"一对一"认知诊断如图7—1所示。

(1) 基于 CMMPS 问题解决认知过程分析

Yang & Embretson 认为教育或心理中的认知诊断测验至少应测量三方面的认知特性:①特定认知领域较重要的知识或技能。这些知识或技能是高层能力构建的基础;②知识结构。知识结构不仅表明知识、技能的数量,而且还表明人们是如何对这些知识、技能进行组织;③认知过程。[5] 在"一对一"认知诊断中也会充分考虑这三方面的认知特性,对小学数学问题解决认知过程的分析是基础,对小学数学问题解决所需知识和技能的掌握是关键,对小学数学问题解决认知领域知识或技能的认识是保障。基于 CMMPS 分析典型问题,获取正确的问题解决认知过程。

(2) 使用口语报告法收集数据

---

[1] Campbell, Carole & Jerry S. Carlson, "The Dynamic Assessment of Mental Abilities", *European Contributions to Dynamic Assessment*, Vol. 3, 1995, pp. 1 – 31.

[2] Kane, M. T., "An Argument-based Approach to Validity", *Psychological Bulletin*, Vol. 112, 1992, pp. 527 – 535.

[3] Messick, S., *Educational Measurement* (3rd), New York: American Council on Education/Macmillan, 1989, pp. 13 – 103.

[4] Mislevy, R. J., Steinberg, L. S., & Almond, R. G., "Focus Article: On the Structure of Educational Assessments", *Measurement: Interdisciplinary Research and Perspectives*, Vol. 1, 2003, pp. 3 – 67.

[5] Yang, X. D. & Embretson, S. E., *Construct Validity and Cognitive Diagnostic Assessment*, Cambridge: Cambridge University Press, 2007, pp. 119 – 145.

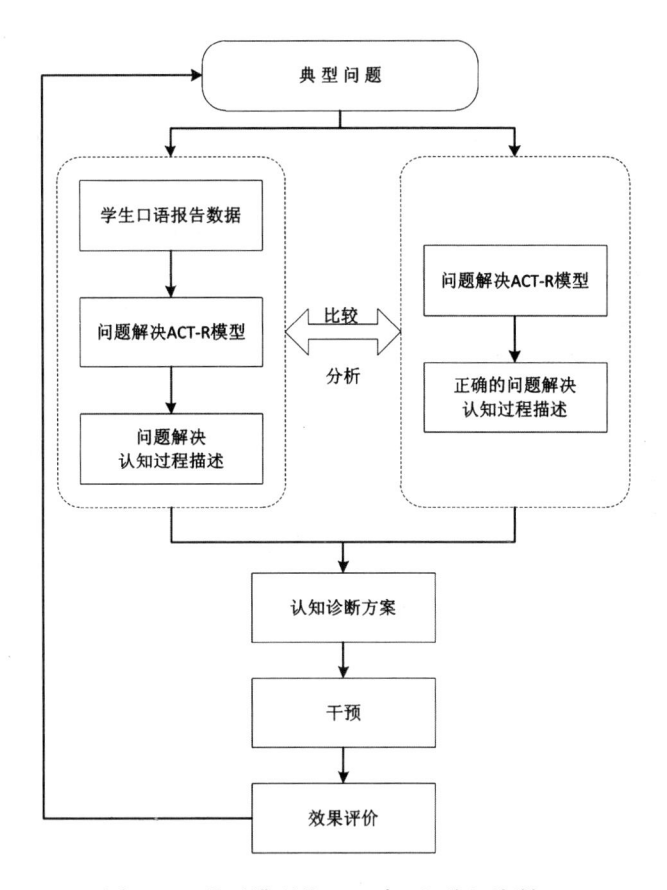

图 7—1 基于模型的"一对一"认知诊断

Leighton & Gierl 使用口语报告法收集数据作为认知诊断的依据进行了研究。[①] 在"一对一"认知诊断研究中,也使用口语报告法收集学生做题过程中的数据,并基于 CMMPS 分析口语报告数据,获取实际的问题解决认知过程。

(3) 制订诊断方案

比较并分析(1)和(2)的结果,发现导致问题解决错误的认知过程,并制订诊断方案。

(4) 对学生进行干预

---

① Leighton, J. P. & Gierl, M., "Verbal Report as Data for Cognitive Diagnostic Assessment", *Cognitive diagnostic assessment for education: Theory and Applications*, 2007, pp. 146 – 172.

干预过程参考著名数学家和数学教育家波利亚的关于数学问题解决四个阶段划分的思想。

第一，理解题目。必须理解题目的言语陈述，清楚地看到所要求的是什么。

第二，拟订方案。必须了解各个项目是如何相关的，未知量和数据之间有什么关系，以得到问题解决的思路，拟订一个方案。

第三，执行方案。执行第二阶段拟订的方案。

第四，回顾完成的解答，检查和讨论它。

（5）效果评价

考虑学生解题能力差异，从问题库中选取合适的问题来评价认知诊断的效果。若效果不理想需要再次设计典型问题，对学生进行认知诊断和干预。

二 认知模型的作用

调研发现，小学数学教师对学生解题错误的诊断主要依靠个人经验，凭直觉判断错误产生的原因，诊断缺乏客观性、科学性，认知模型能为认知诊断提供帮助。

（1）为认知诊断提供可靠依据

如同医学诊断需要有标准的数据为依据，教育中的诊断也需要这样的依据为参考。问题解决认知模型CMMPS能分析问题解决的认知过程，为认知诊断提供依据和参考。

（2）明确界定解题错误产生的原因

通过CMMPS分析问题解决过程，获取正确解答问题的认知过程，以此为依据，与解题错误的认知过程比较，发现导致错误的内部过程，明确界定解题错误产生的原因，进而提供有针对性的干预。

第四节 对数学教学的启示

一 关注学生的能力差异

"一对一"认知诊断能够判断出每个学生的数学解题能力缺陷，进而针对学生解题过程中的错误表现，为不同能力水平的学生提供不用水平的问题，学生在解题过程中遇到困难时，教师提供有针对性的提问，逐步引导学生自己正确解答问题，满足不同能力水平学生的需求，促进学生数学能力可持续发展。

二 有助于数学认知障碍的早期鉴别和干预

通过"一对一"认知诊断，先期发现困难，通过相应的补救措施减少或排除这些障碍。通过对数学学习困难学生情况的分析，针对不同的问题类型、不同的年级，找出导致学习困难的认知障碍所在，分析产生认知障碍的原因。"冰冻三尺，非一日之寒"，高年级学生存在的认知障碍可能是在低年级的学习中逐步产生的，因此，针对认知障碍产生的原因，在低年级学习时进行预防和干预，会对后期的学习产生积极影响。如学生在计算两位数相乘时经常出错，仔细分析计算过程会发现，学生已经掌握了简单乘法规则，但是在两数相加时"进位"出现错误，即在大脑中已形成了一定认知模式。要解决这一问题，就需要教师在一年级学生第一次接触加法、"进位"计算时重点关注，使用适合学生认知特点的方法细心讲解，可以有效预防后期学习可能出现的问题，起到"事半功倍"的效果。

三 有针对性的开展面向数学认知障碍群体的特殊辅导

对学习困难学生的认知障碍进行分析会发现，在同一年级水平会存在相同或相似的认知障碍。针对典型的认知障碍现象进行深入分析，发现存在的原因并制订有效的干预措施，对具有该典型认知障碍的学生进行有针对性的辅导。改变之前教师在班上面对所有学生讲解所有问题的现状，一方面能节省学生的学习时间，提高数学学习兴趣，另一方面又能针对具体数学问题进行深入讲解，真正做到"对症下药"。如，在有条件的学校开展"一对一"认知诊断就是很好的选择。

四 合理利用学生"最近发展区"，促进认知发展

教师通过诊断可以获知学生当前的认知水平，按照教育目标的要求，制订一系列的干预措施，按一定的顺序和要求呈现给学生，有意识地参与和干预学生的学习过程。学生从中掌握知识、技能、解题策略，并内化到原有认知结构中，形成新的认知结构，进而促进儿童认知发展。Feuerstein 也指出，在每个人的成长过程中都伴随着中介经验的学习，中介经验学习的好坏直接影响到个体的认知发展。

第五节 小结

本章讨论了问题解决认知过程分析在教学中的应用——"一对一"认知诊断与干预。首先界定了认知诊断的概念及理论基础,分析了小学数学问题认知诊断已有研究,然后在认知诊断的基础上提出了"一对一"认知诊断,给出了"一对一"认知诊断的内涵,说明了"一对一"认知诊断的目的及特点,强调诊断的针对性和干预的及时性,提出了相应的诊断方法和流程,最后讨论了认知诊断对数学教育的启示。

国外对于认知诊断的相关研究比较活跃,开展了大量的理论研究和应用研究,并取得了比较理想的成果。在国内,关于认知诊断的研究相对较少,大多数是介绍性和理论性的,很难对实际教学提供指导,关于小学数学问题解决认知诊断的实证研究则更少,有待进一步深入。

第八章 "一对一"认知诊断的教学实践应用

第一节 实验设计

"一对一"认知诊断与干预实验主要包括以下几部分。

(1) 前修知识测试

用来判断学生对学习新知识点所需前修知识的掌握情况,其中包括对部分新知识点的测试。对回答完全正确的学生追加测试,判断学生是否已经掌握了新知识,以保证学习发生在实验过程中。

(2) 典型问题设计

选择有代表性的知识点,从学生生活实际出发设计典型问题,包括课前探究题、课后探究题等。

(3) 课前探究

在讲授新课前一天将设计的课前探究题发给学生,独立完成。同时采用口语报告法记录学生的解题过程,对口语报告资料转译、编码,分析学生问题解决的认知过程及解题过程出现的错误,制订干预方案。

(4) 课后探究

课堂讲授之后,用探究题的形式来考查学生对新知识的掌握情况,采用口语报告法记录学生解题过程,分析问题过程遇到的困难。

(5) "一对一"认知诊断干预

选取部分课后探究阶段解题错误的同学,采取"一对一"的方法诊断、干预,对于一次认知诊断干预不成功的情况,再进行第二次认知诊断干预。

"一对一"认知诊断与干预流程如图8—1所示。

134　问题解决与认知模拟

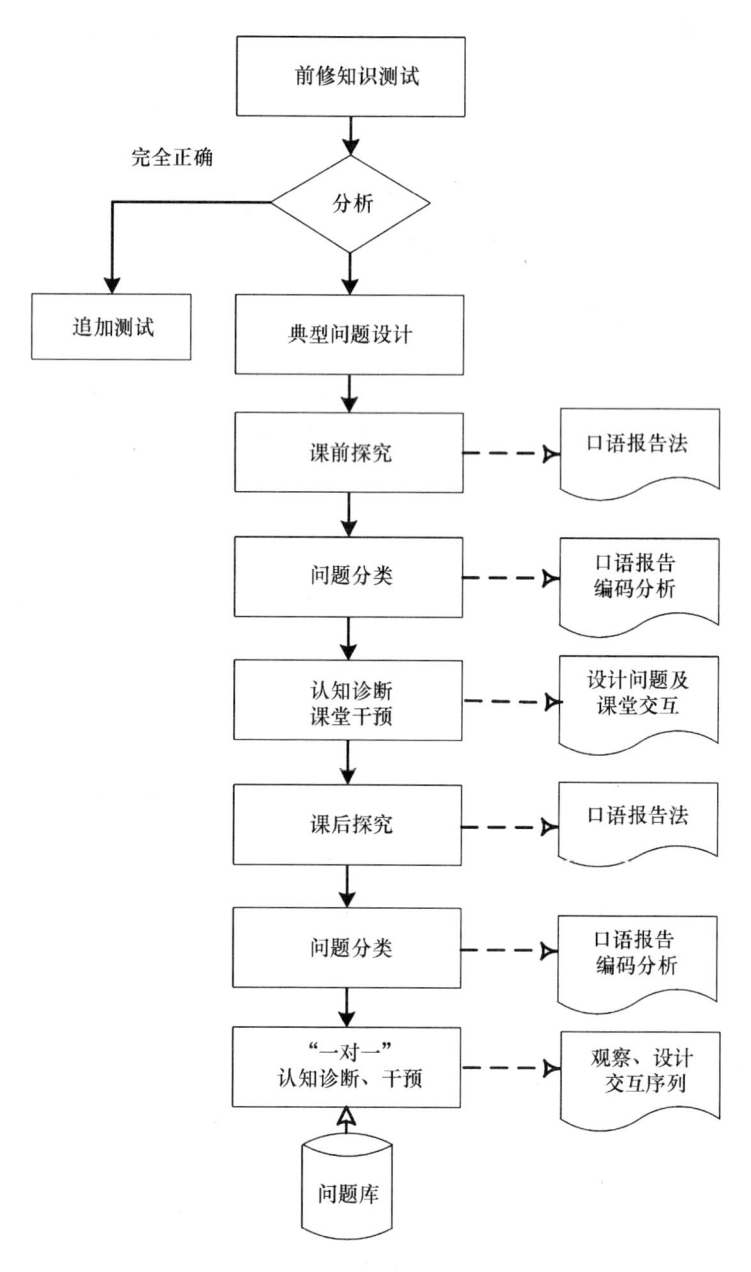

```
                      ┌──────────┐
                      │ 前修知识测试 │
                      └──────────┘
                            │
         完全正确           ▽
       ┌───────────────〈 分析 〉
       │                    │
       ▼                    ▼
  ┌────────┐         ┌──────────┐
  │ 追加测试 │         │ 典型问题设计 │
  └────────┘         └──────────┘
                            │
                            ▼
                      ┌──────────┐         ╔════════╗
                      │ 课前探究  │─ ─ ─ ─ ▷║ 口语报告法 ║
                      └──────────┘         ╚════════╝
                            │
                            ▼
                      ┌──────────┐         ╔════════╗
                      │ 问题分类  │─ ─ ─ ─ ▷║ 口语报告 ║
                      └──────────┘         ║ 编码分析 ║
                            │              ╚════════╝
                            ▼
                      ┌──────────┐         ╔════════╗
                      │ 认知诊断  │─ ─ ─ ─ ▷║ 设计问题及 ║
                      │ 课堂干预  │         ║ 课堂交互 ║
                      └──────────┘         ╚════════╝
                            │
                            ▼
                      ┌──────────┐         ╔════════╗
                      │ 课后探究  │─ ─ ─ ─ ▷║ 口语报告法 ║
                      └──────────┘         ╚════════╝
                            │
                            ▼
                      ┌──────────┐         ╔════════╗
                      │ 问题分类  │─ ─ ─ ─ ▷║ 口语报告 ║
                      └──────────┘         ║ 编码分析 ║
                            │              ╚════════╝
                            ▼
                      ┌──────────┐         ╔════════╗
                      │ "一对一"  │─ ─ ─ ─ ▷║ 观察、设计 ║
                      │ 认知诊断、干预│         ║ 交互序列 ║
                      └──────────┘         ╚════════╝
                            ▲
                         ╭─────╮
                         │ 问题库 │
                         ╰─────╯
```

图8—1　"一对一"认知诊断实验流程

第二节 陈述性知识"一对一"认知诊断实证研究

一 目的

"众数"是小学数学五年级下册教材第六单元"统计"中的知识点,[①] 是典型的陈述性知识。实验目的是对陈述性知识解题困难学生进行"一对一"认知诊断和干预,分析并比较干预前后变化。

二 方法

（一）被试

选取河北省高阳县永亮小学五年级某班 28 名学生为被试,其中,男生 10 人,女生 18 人,平均年龄 134 个月,年龄范围在 129—143 个月之间。

（二）材料

选取五年级"众数"应用题,是典型的陈述性知识;对学生来讲,是新知识点,但所需先决知识都已经学过。"众数"应用问题是呈现给学生与生活实际联系紧密的"过生日"情境,并赋予学生"班主任"角色;如何通过解决实际问题,总结出求"众数"（学生还不知道求的是"众数"）的方法,诊断学生在解题过程中出现的问题。

测验材料为根据本研究目的专门设计的测试题,具体材料如下。

1. 前修知识测试题

（1）中国姓氏文化源远流长,每一种姓氏都包含其独特的、丰富的文化内涵。如果要完成我们班的姓氏排名:

①你会采用哪种方式收集学生的姓氏?

②统计每个姓氏的学生数量。

③按照姓氏笔画从大到小的顺序对班级的姓氏进行排列。

（2）求下列数的平均数,并找出下列数的中位数,列出计算过程。

　　3.6,　2.4,　2.8,　2.8,　2.9,　3.2,　2.1,　2.2

---

① 课程教材研究所编著:《义务教育课程标准实验教科书数学（五年级下册）》,人民教育出版社 2006 年版,第 122 页。

(3) 请根据给出的 25 个数，将空白处补充完整。

1.32　1.33　1.33　1.33　1.33　1.33　1.33　1.44
1.45　1.46　1.46　1.47　1.47　1.48　1.48　1.49
1.50　1.51　1.51　1.52　1.52　1.53　1.54　1.55　　1.55

1.32 是（最小数）

1.55 是（　　）

1.47 是（中位数）

1.33 是（　　）

2. 前测追加测试题

思考一下生活中有哪些问题属于众数问题并说出理由。

3. 口语报告训练题

口语报告训练题如图 8—2 所示。

五年级（2）班进行跳绳测验，第1组7名同学1分钟跳绳成绩如下。

172　145　135　142　139　140　138

你认为用什么数表示这个小组同学跳绳的一般水平合适？

图 8—2　口语报告训练题

4. 课前探究题

动动脑筋，请帮班主任想出一个好办法：

我们班明年要举办一次生日庆祝活动，但只能给某月出生的同学庆祝。如果你是班主任：

(1) 你的选择要考虑到哪些方面？

(2) 你打算如何选择？

(3) 选哪个月比较合适呢？依据是什么？

5. 课后探究题

某鞋厂准备推广一批新式运动鞋，打算为我们班某一种鞋码的同学提供免费试穿，如果你是班长，你会如何选择？

6. 第一次诊断干预题目

（1）数据收集题目

五（1）班全体同学左眼视力情况如下：

5.0　4.9　5.3　5.2　4.7　5.2　4.8　5.1　5.3　5.2
4.8　5.0　4.5　5.1　4.9　5.1　4.7　5.0　4.8　5.1
5.0　4.8　4.9　5.1　4.5　5.1　4.6　5.1　4.7　5.1
5.0　5.1　5.1　4.9　5.0　5.1　5.2　5.1　4.6　5.0

这组数据的众数是什么？

（2）策略类题目

全校要组织一次春游，只能选一个地方，可供大家选择的地点有：

A. 北京天安门；B. 白洋淀；C. 泰山

如果你是校长，你会如何选择？

7. 第二次诊断干预题目

（1）数据收集题目

一个射击队要从两名运动员中选拔一名参加比赛，在选拔赛上两人各打了10发子弹，成绩如下：

甲：9.5　10　9.3　9.5　9.6　9.5　9.4　9.5　9.2　9.5
乙：10　9　10　8.3　9.8　9.5　10　9.8　8.7　9.9

①甲、乙成绩的平均数、众数分别是多少？

②你认为谁去参加比赛更合适？为什么？

（2）策略类题目

学校要举办元旦文艺晚会，每个班只能出一个节目，但是我们班现在有三个候选节目：

①小明独唱《春天在哪里》；

②小红独舞《我们是祖国的花骨朵》；

③小蓝朗诵诗歌《面朝大海，春暖花开》。

如果你是班主任，为了保证公平，你会怎么做？

（三）程序

1. 设计实验方案

根据实验目的，确定实验对象、材料和指导语，对实验过程和实验结果的预测等方面做出总体安排。

2. 实验器材

索尼录音笔、索尼摄像机、三脚架，作为实验过程中记录被试口语报告的器材。

3. 前测

分析"众数"问题解决所需具备的前修知识，设计合适的题目对学生测试，了解前修知识掌握情况，前测题目都回答正确的同学，通过"追加测试题目"来判断是否已经掌握"众数"概念。

4. 口语报告及记录

使用口语报告法收集资料。按照埃里克森和西蒙提供的出声思考研究程序，训练被试在解题过程中进行出声思考。做题开始前，主试（研究者本人）先简单说明指导语的要求，之后，以口语报告训练题为例，主试示范并说明在做题过程中如何出声思考。在被试学会出声思考后，开始做题，并同时录像，记录学生解题过程。

5. 资料的转译和编码

收集的资料包括口语报告资料和解题作业两部分。对于口语报告资料，首先由专业人员转译成文本，再结合学生的解题作业进行编码分析，诊断学生问题所在。编码工作由两位专业人员负责，对于编码中少量不一致的地方，经讨论后达成一致。

6. 制订干预方案

根据收集的学生解题时口语报告资料及学生做题时的视频，分析学生问题解决过程中的思路、障碍，制订具体干预方案，如哪些提示能帮助学生解决问题、怎样提示效果更好等。

7. 访谈

针对学生解题过程中出现的障碍对任课老师访谈，了解学生平时表现，矫正干预方案。

8. 干预

将制订的方案用于解题困难学生做题过程中，给学生足够时间，观察并记录学生反应。

9. 效果评价

通过设计的题目来评价学生知识掌握情况。

（四）实验时间

实验时间为 2011 年 12 月 12—15 日。

三 结果分析

在整个实验过程中,对五年级全班 28 名同学进行了课前探究题口语报告实验,28 名同学进行了课后探究题口语报告实验,对 18 名同学进行了第一次认知诊断干预,对 13 名同学进行了第二次认知诊断干预,两次认知诊断干预过程中,对每位同学分别提供数据统计和策略选择两类题目,共 118 人次口语报告实验。

(一)"一对一"认知诊断总体效果分析

"众数"前测结果统计情况如表 8—1 所示。

表 8—1 　　　　　　　"众数"前修知识测试结果

	1（1）	1（2）	1（3）	2（1）	2（2）	3	4
正确人数（人）	8	23	20	25	26	9	2
正确率（%）	28.6	82.1	71.4	89.3	92.9	32.1	7.1

其中,1（1）表示前测第 1 题第 1 问,1（2）表示前测第 1 题第 2 问,以此类推。从统计结果可以发现,对于第 1 题,1（1）考查学生收集数据的方式,有 8 名同学采用了先在纸上写姓氏再进行统计的方法,策略明确;而其他同学采用直接点数的方法。1（2）关于姓氏统计结果,5 名学生漏掉少数姓氏,出现统计错误。1（3）关于姓氏排列,8 名同学因比较错误导致排列出现错误。分析发现,统计策略的选择要比具体的统计过程困难。第 2 题,2（1）求平均数有 3 名同学出现错误,2（2）求中位数有 2 名同学出现错误,中位数的确定比平均数的确定要容易,因为平均数涉及求和与除法计算,容易产生错误。第 3 题考查学生对已学概念的理解,正确率不到三分之一,有 9 名学生填了"最多的数"(还不知道"最多的数"就是"众数")。第 4 题是针对前面所有问题都回答正确的同学进行的追加测试,考查学生是否理解"众数",只有 2 名学生给出了相应的实例,如电话(手机)号码的第一位数的"众数"是 1,占 7.1%。以上结果表明,"众数"所要求的前修知识学生已基本掌握,而"众数"概念,对于 92.9% 的同学来讲是新知识。

课前探究阶段共有 28 人参与,其中,MaYY、DuanYM、WangYF 3 名学生基本正确解答问题，占10.7%；WangSY、MaHR、DuanYD 3名学生解题思路清晰，但统计每月过生日人数时出现错误，占10.7%；WangWY、DuanJN 2名学生题意理解，但比较策略欠缺，不知道如何比较每月过生日的人数，占7.2%；MaYP、ZhangN、DuanYC、DuanZX、DuanHJ、CuiW 6名学生题意不理解，尤其是不理解班主任的角色，占21.4%。LiuZ、LiuML、DuanQ、XingQL、ChengYN、WangC等14人没有解题策略，占50%。分析课前探究口语报告发现，多数同学解题过程中并不是按照一个策略执行下去，在解题过程中往往解题策略会发生变化。

分析课前探究阶段学生口语报告资料发现，存在的主要问题有缺乏解题策略（占50%），其次是不理解题意（占21.4%），即使理解题意并知道解题策略的学生，在统计时却出现错误（占17.9%）。不理解题意肯定会导致解题策略缺乏，在课堂讲授时，为使学生理解题意，从学生生活实际出发，强调"过生日"情境和"班主任"角色；关于统计错误的问题，让出现错误的学生统计班上同学的生日情况。课堂讲授后进入课后探究阶段。

课后探究阶段共有27人参与，其中，LiuZ、DuanYD、DuanZX、DuanJN、ZhangN、WangWY、DuanXY、WangSY、XingQL、DuanQ、DuanXT、LiuJ、MaJW、ChengY、DuanYM、MaYY、DuanZM 17人正确解答问题，占63%；WangC、LiuML、MaHR、DuanXN 4人出现统计出错，占14.8%；DuanYC、ChengYN 2人解题策略不明确，占7.4%。MaYP、DuanHJ、WangYF、LiuYR 4人题意不理解，占14.8%。

课前、课后探究结果统计如表8—2所示。

表8—2　　　　　"众数"课前、课后探究结果统计

	正确解答问题	不理解题意	解题策略不明确	统计出现错误
课前探究（%）	10.7	21.4	50	17.9
课后探究（%）	63	14.8	7.4	14.8

从表8—2可以看出，经过课堂讲授这一整体干预环节，学生在题意理解、解题策略、统计等方面均有不同程度提高，说明学习发生了，干预是有效的。

针对那些没有正确解答课后探究题的同学，采用"一对一"认知诊

断和干预。

（二）诊断干预前后学生问题解决认知过程变化

为了比较诊断干预前后学生解题过程的变化情况，以 WangC 同学为例，通过口语报告资料分析诊断干预过程中认知过程的变化情况。

1. 课前探究阶段

课前探究时间是 2011 年 12 月 12 日。

基于 CMMPS 的"众数"课前探究题问题解决认知过程分析如表 8—3 所示。

表 8—3　　　　"众数"课前探究题问题解决认知过程分析

	Visual	Production	Retrieval	Goal	Imaginal	Manual
1	文本编码					
2			DM 中相关语义知识			
3				选哪个月比较合适？	选哪个月比较合适？	
4	选一个月给学生过生日、班主任角色➔选过生日最多的月份（符合常理）					
5				选过生日最多的月份（目标转换）		
6						哪个月过生日的人最多，然后就选在那个月
7					哪个月过生日的人最多	
8				统计每个月过生日的人数		

续表

	Visual	Production	Retrieval	Goal	Imaginal	Manual
9			统计、数数			
10					比较每个月过生日的人数	
11			数的大小比较			
12				选择人数最多的月份		
13						人数最多的月份
14						结束

每一列表示问题解决过程中某模块中的内容，最左侧的一列数字表示行号，每一行代表认知逻辑步骤（cognitive logic step），并非与实际的解题步骤完全一致，最后一行表示认知过程结束，即问题解决过程结束；每列表示每个模块在不同时刻的内容。

WangC 同学"众数"课前探究口语报告分析如表 8—4 所示。表格左侧是实验过程中记录的口语报告数据，右侧是针对口语报告数据，使用 CMMPS 分析获得的认知过程，诊断结果是将右侧的认知过程分析与基于 CMMPS 的"众数"问题解决认知过程（如表 8—3 所示）进行比较得出的。

表 8—4　　　　WangC"众数"课前探究口语报告分析

口语报告	认知过程分析
［读题］我们班明年要举办一次生日庆祝活动，但只能给某月出生的同学庆祝。如果你是班主任，选哪个月比较合适呢？依据是什么？	通过阅读题目输入文本信息，经视觉编码后形成命题性文本框架及问题模式

第八章 "一对一"认知诊断的教学实践应用

续表

口语报告	认知过程分析
[分析] 我会为 MaJW 过生日 [问：为什么？] 因为 MaJW 是我的好朋友 [问：那你选 MaJW 的话，你要选几月？] 3月	（直接给出答案） 选择的依据，即 Production 模块中内容是"选择好朋友的生日月份"
[那你觉得选3月合适吗？] 合适 [问：这是给你们班上的人过生日，为什么选它就合适？] 因为3月的人数最多 [问：你怎么知道3月份的最多？] 别人告诉我的 [问：别人是谁啊？] WangYF	（引导学生思考答案是否合适） （强调问题情境） 变换策略，Production 模块中内容变为"选择过生日人数最多的月份"
[那你觉得选好朋友的还是选最多的合适啊？] 最多的 [问：为什么？] 因为我不知道我朋友是几月的 [问：那你最后会选几月？] 8月 [问：为什么？] 因为8月过生日的也很多 [问：那你准备怎么选？] [问：你觉得3月的很多，8月的也很多，那你最后选哪个月？] 3月 [问：如果要知道谁多，要怎么做？] 查电脑 [问：电脑查什么？] 百度，输入要查的 [问：那你看你的生日，百度能搜出来吗？] 不能 [问：那你要怎么做？] 问同学 [问：问多少个？] 问两个 [问：为什么？] 因为一个不知道，还可以问另一个 [问：那如果两个人都不知道呢？] 问他自己 [问：谁自己？] MaJW	（引导学生确定解题策略） 确定解题策略，即 Production 模块中内容变为"选过生日人数最多的月份" 回答前后矛盾 （与之前确定的解题策略不一致） （自己随便说出） （借助电脑） （之前用过百度，进行过搜索） Production 模块中内容变为"给好朋友过生日"
[问：你除了想给你好朋友过，还想选哪个月吗？] 选3月 [问：为什么？] 因为3月是单数 [问：为什么要选单数？] 单数是男生 [问：你最后要选哪个月？] 3月 [问：为什么？] 因为3月是单数 [问：还有很多单数月份啊？] 3月的人数也多 [问：你觉得这道题难吗？] 有点难	再次变换解题策略，Production 模块中内容变为"选单数的月份" 解题策略，Production 模块中内容变为"选好朋友的生日，人数也多的月份"

144 问题解决与认知模拟

续表

口语报告	认知过程分析
[诊断] WangC 同学具有较强的发散思维能力，反应快，想出了多种策略和方法，但解题策略不明确，思路不清晰，没有正确的解答问题。	

注：( ) 中的内容为说明部分。

2. 课后探究阶段

课后探究时间是 2011 年 12 月 13 日。

基于 CMMPS 的"众数"课后探究题问题解决认知过程分析如表 8—5 所示。

表 8—5　　"众数"课后探究题问题解决认知过程分析

	Visual	Production	Retrieval	Goal	Imaginal	Manual
1	文本编码					
2			DM 中相关语义知识			
3				你会如何选择？	你会如何选择？	
4		选一种鞋码、班长角色→选最多的鞋码（符合常理）				
5				选最多的鞋码（目标转换）		
6						穿哪个鞋码的人最多，然后就选在那个鞋码
7					穿哪个鞋码的人最多	
8				统计每个人的鞋码		

续表

	Visual	Production	Retrieval	Goal	Imaginal	Manual
9			统计、数数			
10					比较班上每个鞋码的人数	
11			数的大小比较			
12				选择人数最多的鞋码		
13					人数最多的鞋码	
14						结束

每一列表示问题解决过程中某模块中的内容，最左侧的一列数字表示行号，每一行代表认知逻辑步骤（cognitive logic step），并非与实际的解题步骤完全一致，最后一行表示认知过程结束，即问题解决过程结束；每列表示每个模块在不同时刻的内容。

WangC 同学课后探究口语报告如表 8—6 所示。表格左侧是实验过程中记录的口语报告数据，右侧是针对口语报告数据，使用 CMMPS 分析获得的认知过程，诊断结果是将右侧的认知过程分析与基于 CMMPS 的"众数"课后探究题问题解决认知过程（如表 8—5 所示）进行比较得出的。

表 8—6　　WangC 同学"众数"课后探究口语报告分析

口语报告	认知过程分析
[读题]　某鞋厂准备推广一批新式运动鞋，打算为我们班某一种鞋码的同学提供免费试穿，如果你是班长，你会如何选择？	通过阅读题目输入文本信息，经视觉编码后形成命题性文本框架及问题模式

续表

口语报告	认知过程分析
[分析] 选39号的，因为我的鞋是39号的，选39号合适 [问：那你再看一下题目，觉得合适不？] 合适 [问：如果是班长，合适不？] 不合适，会选择班里鞋号穿的最多的 [问：那你怎么知道哪个鞋号最多呢？] 通过举手，因为举手较简单 （教师给学生一份全班学生鞋号的数据） [问：现在有一份数据，你要怎么做？] （在纸上数各个鞋号的个数） 选37号，因为37号最多，有8个 38号和39号的都是7个，通过数算出来；40号有2个 [问：你觉得自己统计是对的还是错的？] 觉得自己算对了，因为觉得自己算得比较认真 [问：那你看对了不？] 对了，没有，漏了一个，以为没有36号的，从37号开始算的。36号有4个。 [问：最后选哪个？] 选37号的，因为37号的最多，因为可以提供8双鞋。 [问：你觉得这道题难不？] 有一点 [问：和生日的比起来呢？] 这道难 [问：你是一下就想到了吗？] 想了一小会儿 [问：你觉得数学难不？] 不难，只要认真听就会。 [问：那你数学好不？] 一会好一会坏	确定解题策略，Production 模块中内容为"选自己的鞋号" （引导学生理解题意） （题意理解不准确） （提醒学生"班长"角色） Goal 模块内容为"班长"角色，Production 模块中内容变为"穿的最多的鞋号" Manual 模块内容为：选择收集数据的方式"举手" 执行策略，Manual 模块内容为：数数操作 Manual 模块内容为：选择个数最多的鞋号 （主试提醒对解题过程检查回顾） （对解题过程有信心） Rethinking：检查之后发现错误 确定答案，Manual 模块内容为：选最多的鞋号 Retrieval 模块：提取长时记忆中的相关知识 （可能以往学习中存在注意力不集中现象） （成绩不稳定，从解题过程可发现）

[诊断] WangC 同学解题过程中从两种策略中选择了一个，开始统计鞋号个数时出现错误，检查回顾后进行纠正，最后正确解答。说明该同学解题过程中没有检查回顾的习惯。

注：（ ）中的内容为说明部分。

3. 第一次认知诊断与干预

第一次认知诊断干预时间是 2011 年 12 月 14 日。

第一次认知诊断与干预包括两部分内容：数据统计类和策略选择类。其中，前者用于诊断学生问题解决过程中数据统计出现的问题并给予干预；后者是诊断学生在问题解决过程中策略选择出现的问题并给予干预。

数据统计类问题诊断干预口语报告如表 8—7 所示。表格左侧是实验过程中记录的口语报告数据，右侧是针对口语报告数据，使用 CMMPS 分析获得的认知过程。

表 8—7　　　　WangC 同学"众数"第一次认知诊断干预
口语报告分析（数据统计类）

口语报告	认知过程分析
[读题]　五（1）班全体同学左眼视力情况如下……	通过阅读题目输入文本信息，经视觉编码后形成命题性文本框架及问题模式
[分析]　（开始在纸上写出："答：众数是 5.2。"） [问：你看题目是什么意思？] 这组数据的众数是多少？ （立马把原来的作答划掉，经过短暂的数数，在纸上写出：众数是 5.1) [问：5.1 有多少个？] 12 个 [问：那其他的呢？你怎么知道 5.1 是最多的啊？] （在纸上写出：5.0 的有 7 个，4.9 的有 4 个，5.3 的有 2 个，5.2 的有 4 个，4.7 的有 3 个，4.8 的有 4 个，5.1 的有 12 个，4.5 的有 2 个，4.6 的有 2 个。12 > 7 > 4 = 4 = 4 > 3 > 2 = 2 = 2)	（直接给出答案，题目未看完）Visual 模块信息表征不全 （提示再看问题） （再看问题后） 题意理解正确，写出正确答案 （引导学生说出解题过程） Production 模块内容： 先统计不同视力的个数， 再比较个数的大小， 选择个数最多的视力。
[诊断]　WangC 同学题目没看完、题意没理解就急于做题，导致解题错误。主试简单提醒后，再次看题，题意很快理解，正确解题。	

注：( ) 中的内容为说明部分。

WangC 同学策略选择类问题认知诊断干预口语报告如表 8—8 所示。左侧是实验过程中记录的口语报告数据，右侧是针对口语报告数据，使用

CMMPS 分析获得的认知过程。

表 8—8　　　　WangC 同学"众数"第一次认知诊断干预
口语报告分析（策略选择类）

口语报告	认知过程分析
[读题]　全校要组织一次春游，只能选一个地方，可供大家选择的地点有： A. 北京天安门；B. 白洋淀；C. 泰山。如果你是校长，你会如何选择？	通过阅读题目输入文本信息，经视觉编码后形成命题性文本框架及问题模式
[分析] [读题]：如果你是班长，你会如何选择？ 我会选择白洋淀 [问：为什么？] 因为白洋淀可以钓鱼，我最爱去白洋淀 [问：那你看题目最后一行。] 我会选择我们班最多同学想去的 [问：那你最后会选哪一个？] 如果我是班长，我会听同学们的；如果是我，我会选择白洋淀 [问：那你最后会选哪一个？] 听同学们的 [问：你怎么开始会想到白洋淀？] 因为我以为我不是班长 特点：一上来就做题，不把题看完，没有完全理解题意就开始做，一旦理解题意后开始做，都还能正确地做出来	（再次读题） 给出问题求解策略，即 Production 模块："选我最爱去的地方" （提示学生） 题意理解，确定策略，即 Production 模块："选最多同学想去的地方" 策略选择，Production 模块：针对不同的角色有不同的策略 确定策略，Production 模块："选同学想去最多的地方" （诊断一开始的错误原因，因角色导致目标设定错误） Goal：角色错误
[诊断]　WangC 同学做题速度快，因对问题情境（角色）没理解导致解题策略错误。再看题目后，认识到赋予的角色后，选择正确策略，解答问题。	

注：（　）中的内容为说明部分。

4. 第二次认知诊断干预

第二次认知诊断干预时间是 2011 年 12 月 15 日。

第二次认知诊断干预也包括两部分内容：数据统计类和策略选择类。其中，前者用于诊断学生在数据统计过程出现的问题并给予干预；后者是诊断学生在策略选择过程中出现的问题并给予干预。

WangC 同学数据统计类问题诊断干预口语报告如表 8—9 所示。表格左侧是实验过程中记录的口语报告数据，右侧是针对口语报告数据，使用

CMMPS 分析获得的认知过程。

表 8—9　　　　WangC 同学"众数"第二次认知诊断干预
口语报告分析（数据统计类）

口语报告	认知过程分析
[读题]　一个射击队要从两名运动员中选拔一名参加比赛，在选拔赛上两人各打了10发子弹，成绩如下： 甲：9.5　10　9.3　9.5　9.6　9.5　9.4　9.5　9.2　9.5 乙：10　9　10　8.3　9.8　9.5　10　9.8　8.7　9.9 ①甲、乙成绩的平均数、众数分别是多少？ ②你认为谁去参加比赛更合适？为什么？	通过阅读题目输入文本信息，经视觉编码后形成命题性文本框架及问题模式
[分析]　计算平均数、众数 （迅速地在纸上写出）甲： $(9.5+10+9.3+9.5+9.6+9.5+9.4+9.5+9.2+9.5)/10$ $=95/10$ $=9.5$ 答：平均数是9.5，答：众数是9.5 乙：$(10+9+10+8.3+9.8+9.5+10+9.8+8.7+9.9)/10$ $=95/10$ $=9.5$ 答：平均数是9.5，答：众数是10 答：我认为甲去参加比赛，因为（甲乙平均数相同）甲每发击中的都在9以上。	（正确理解题意） （输出解题过程） Manual 模块内容 （计算正确） （输出解题过程） （计算正确） Manual 模块内容 （考虑全面）
[诊断]　WangC 同学计算准确，做题速度快，选参赛选手时综合考虑，思维全面。	

注：（ ）中的内容为说明部分。

WangC 同学策略选择类问题认知诊断干预口语报告如表 8—10 所示。表格左侧是实验过程中记录的口语报告数据，右侧是针对口语报告数据，使用 CMMPS 分析获得的认知过程。

表 8—10　　　　WangC 同学"众数"第二次认知诊断干预
口语报告分析（策略选择类）

口语报告	认知过程分析
[读题]　学校要举办元旦文艺晚会，每个班只能出一个节目，但是我们班现在有三个候选节目： ①小明独唱《春天在哪里》 ②小红独舞《我们是祖国的花骨朵》 ③小蓝朗诵诗歌《面朝大海，春暖花开》 如果你是班主任，为了保证公平，你会怎么做？	通过阅读题目输入文本信息，经视觉编码后形成命题性文本框架及问题模式

续表

口语报告	认知过程分析
[分析] 我会选择同学们（最）喜欢的那一首 [问：你怎么知道同学喜欢哪一首？] 问同学 [问：问多少同学？] 问 28 个 [问：问了以后，你会选哪个？] 哪个最多，就选哪个。	正确理解"班主任角色"，Goal 模块内容 确定解题策略，Production 模块："选同学们最喜欢的那首" 给出统计策略，Production 模块："问同学" （提示：问哪些同学） Production 模块：问全班同学（包括自己） （提示：问同学后，下一步如何做） Production 模块：数据统计，选最多的那个

[诊断]　WangC 同学改变了以前题目没读完就做题的习惯，解题思路清晰，方法恰当。

注：（）中的内容为说明部分。

5. 不同阶段解题过程比较分析

为了便于比较，表 8—11 给出了 WangC 同学课前探究、课后探究、第一次认知诊断干预、第二次认知诊断干预四个阶段解题过程变化情况。

表 8—11　　WangC 同学不同阶段问题解决认知过程的变化

阶段		解题过程特点
课前探究（12 月 12 日）		解题策略不明确，思路不清晰，没有正确的解答问题
课后探究（12 月 13 日）		从两种策略中选择了一个，开始统计鞋号个数时出现错误，检查回顾后进行纠正，最后正确解答。说明该同学解题过程中没有检查回顾的习惯
第一次干预 （12 月 14 日）	数据收集类题目	题目没看完、题意没理解就急于做题，导致解题错误。主试简单提醒后，再次看题，题意很快理解，正确解题
	策略选择类题目	做题速度快，因对问题情境（角色）没理解导致解题策略错误。再看题后，认识到赋予的角色后，选择正确策略，解答问题
第二次干预 （12 月 15 日）	数据收集类题目	计算准确，做题速度快，选参赛选手时综合考虑，思维全面，正确解答问题
	策略选择类题目	改变了以前题目没读完就做题的习惯，理解问题情境，解题思路清晰，方法恰当，正确解答问题

从表 8—11 对比分析可以看出，WangC 同学解题过程干预前后变化显著，利于正确解答问题，形成良好的解题思路。

在实验结束后由任课教师组织的测试中，WangC 同学取得了 94 分的好成绩。所用题目是《少年智力开发报》第 16 期"小学数学五年级（人民教育出版社）"上的测试题。从试卷分析来看，WangC 同学计算没有问题，失分是因粗心所致，检查回顾方面比以前有较大进步。

6. 教师访谈

关于 WangC 同学的平时学习情况，采访了任课数学教师段俊香老师，段老师反映：

（1）WangC 很聪明，性格外向，自信，思维活跃。但是语文学习不好，影响数学问题理解。上低年级时受到老师关注比较少，语文理解能力差。应用题上有些题意理解不好，造成错误。课上讲过的内容，理解起来都没问题。只要题意能理解，列式表达都没问题，有时可能会因为粗心导致计算错误。

（2）WangC 做题速度非常快，就做题速度而言，在班里能排前两名。做完后没有检查的习惯，有时错误率比较高。

以上段老师反映的情况与分析 WangC 同学口语报告得出的结论基本一致。

（三）问题解决过程中的生日数据收集与统计策略

数据收集是"众数"问题求解的前提。在解决现实问题时，数据不是现成的，需要收集和统计。前面的数据分析已经表明，很多学生（如 DuanYC、DuanZX 等）在数据统计策略上存在漏数、多数等问题，导致问题解决错误。"众数"问题数据处理包括收集每个月过生日的人数和统计后确定过生日人数最多的月份。为了深入、形象地揭示数据收集、统计策略，编写了 ACT-R 程序模拟。

图 8—3 是模拟收集 5 月份（用 M 表示）过生日的人数，即 M 的个数。采用的策略是先数第 1 行中 M 的个数，再数第 2 行中 M 的个数，最后数第 3 行中 M 的个数。输出结果是 5，即程序中的 "the number of students whose birthday month is may is 5"。图 8—4 将这一数据收集过程可视化，红色圆圈标注的是最后数的 M。这一策略的可视化有助于帮助学生解决面对数据"无从下手"的困难。当然，学生也可根据喜好选择某一策略，以上提到的仅是其中的一种。

152　问题解决与认知模拟

```
7% listener                                                                    _ □ x
0.285   VISION         SET-BUFFER-CHUNK VISUAL-LOCATION VISUAL-LOCATION12-0
0.335   PROCEDURAL     PRODUCTION-FIRED ATTEND-LETTER
0.335   DECLARATIVE    SET-BUFFER-CHUNK RETRIEVAL P1
0.420   VISION         SET-BUFFER-CHUNK VISUAL TEXT22
0.470   PROCEDURAL     PRODUCTION-FIRED COUNT-LETTER
0.520   PROCEDURAL     PRODUCTION-FIRED READ-NEXT-WORD
0.520   VISION         FIND-LOC-FAILURE
0.570   PROCEDURAL     PRODUCTION-FIRED CHANGE-ROW
0.570   DECLARATIVE    SET-BUFFER-CHUNK RETRIEVAL P1
0.620   PROCEDURAL     PRODUCTION-FIRED READ-NEXT-ROW
0.620   VISION         SET-BUFFER-CHUNK VISUAL-LOCATION VISUAL-LOCATION7-0
0.670   PROCEDURAL     PRODUCTION-FIRED ATTEND-LETTER
0.670   DECLARATIVE    SET-BUFFER-CHUNK RETRIEVAL P2
0.755   VISION         SET-BUFFER-CHUNK VISUAL TEXT23
0.805   PROCEDURAL     PRODUCTION-FIRED COUNT-LETTER
0.855   PROCEDURAL     PRODUCTION-FIRED READ-NEXT-WORD
0.855   VISION         SET-BUFFER-CHUNK VISUAL-LOCATION VISUAL-LOCATION16-0
0.905   PROCEDURAL     PRODUCTION-FIRED ATTEND-LETTER
0.905   DECLARATIVE    SET-BUFFER-CHUNK RETRIEVAL P3
0.990   VISION         SET-BUFFER-CHUNK VISUAL TEXT24
1.040   PROCEDURAL     PRODUCTION-FIRED COUNT-LETTER
1.090   PROCEDURAL     PRODUCTION-FIRED READ-NEXT-WORD
1.090   VISION         FIND-LOC-FAILURE
1.140   PROCEDURAL     PRODUCTION-FIRED CHANGE-ROW
1.140   DECLARATIVE    SET-BUFFER-CHUNK RETRIEVAL P2
1.190   PROCEDURAL     PRODUCTION-FIRED READ-NEXT-ROW
1.190   VISION         SET-BUFFER-CHUNK VISUAL-LOCATION VISUAL-LOCATION8-0
1.240   PROCEDURAL     PRODUCTION-FIRED ATTEND-LETTER
1.240   DECLARATIVE    SET-BUFFER-CHUNK RETRIEVAL P4
1.325   VISION         SET-BUFFER-CHUNK VISUAL TEXT25
1.375   PROCEDURAL     PRODUCTION-FIRED COUNT-LETTER
1.425   PROCEDURAL     PRODUCTION-FIRED READ-NEXT-WORD
1.425   VISION         FIND-LOC-FAILURE
1.475   PROCEDURAL     PRODUCTION-FIRED CHANGE-ROW
1.475   DECLARATIVE    SET-BUFFER-CHUNK RETRIEVAL P3
1.525   PROCEDURAL     PRODUCTION-FIRED READ-NEXT-ROW
1.525   VISION         FIND-LOC-FAILURE
1.575   PROCEDURAL     PRODUCTION-FIRED FINISH
---THE NUMBER OF STUDENTS WHOSE BIRTHDAY MONTH IS MAY IS 5
1.575   ------         Stopped because no events left to process

Command:
```

图 8—3　数据收集过程模拟

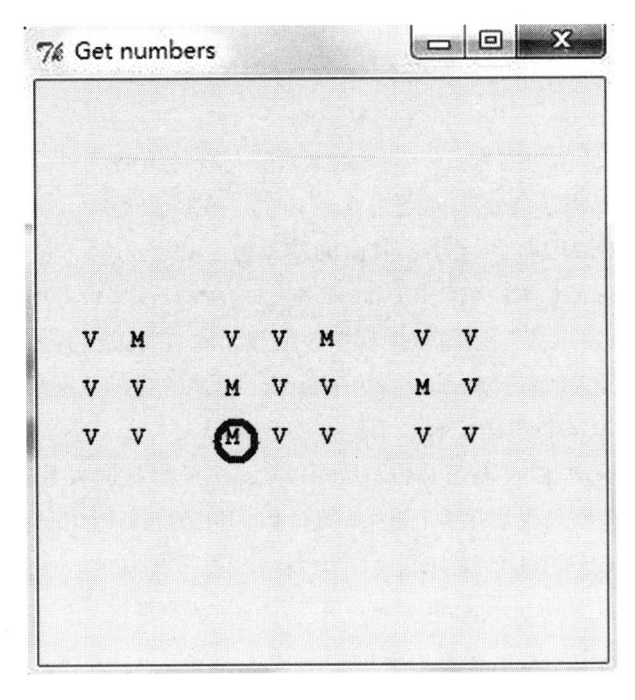

图 8—4　数据收集过程可视化

要正确统计过生日人数最多的月份,需要具备的陈述性知识如表8—12 所示。

表 8—12　　　　统计过生日人数最多的月份所需陈述性知识

(p1 ISA count-order first 1 second 2)
(p2 ISA count-order first 2 second 3)
(p3 ISA count-order first 3 second 4)
(p4 ISA count-order first 4 second 5)
(p5 ISA count-order first 5 second 6)
(p6 ISA count-order first 6 second 7)
(p7 ISA count-order first 8 second 9)
(p8 ISA count-order first 9 second 10)
(p9 ISA count-order first 10 second 11)
(p10 ISA count-order first 11 second 12)

表8—12 中,p1 表示有序数对(1,2),p2 表示有序数对(2,3)共有10 个有序数对。这些有序数对用于比较两个数的大小。对于成人而言,数的大小比较已经自动化。而若小学生不掌握这些数对,则在比较数的大小时会出现错误,即不能正确选择过生日人数最多的月份。

现已知各月份过生日人数为:1 月份3 个、2 月份2 个、3 月份4 个、4 月份3 个、5 月份6 个、6 月份4 个、7 月份2 个、8 月份3 个、9 月份2 个、10 月份4 个、11 月份4 个、12 月份5 个。图8—5 是统计过生日人数最多的月份认知模拟图,结果为5 月份。

四　讨论

（一）学生解题阶段不明确

教师在上课过程中只是讲内容讲授给学生,让学生接受、理解、掌握,并没有深入考虑问题解决的过程和阶段。成绩好的学生在解题过程中可能会总结、归纳解题步骤,而成绩一般或差的学生只是接受知识,在解决新问题时往往是回忆旧问题,而不是分析新问题,往往会出现"束手无策"的情况。帮助学生形成良好的解题思路是关键。

（二）学生对题目的理解不完整,是解题过程中最普遍存在的不足之处

从以上的分析数据看出课前、课后探究阶段分别有 21.4%、14.8% 的同学题意不理解。分析学生调查问卷第18 题发现(如表8—13 所示),

154　问题解决与认知模拟

```
1.500   PROCEDURAL          CONFLICT-RESOLUTION
1.550   PROCEDURAL          PRODUCTION-FIRED START-COMPARE
1.550   PROCEDURAL          CLEAR-BUFFER RETRIEVAL
1.550   DECLARATIVE         START-RETRIEVAL
1.550   PROCEDURAL          CONFLICT-RESOLUTION
1.600   DECLARATIVE         RETRIEVAL-FAILURE
1.600   PROCEDURAL          CONFLICT-RESOLUTION
1.650   PROCEDURAL          PRODUCTION-FIRED FAIL
1.650   PROCEDURAL          CLEAR-BUFFER RETRIEVAL
1.650   DECLARATIVE         START-RETRIEVAL
1.650   PROCEDURAL          CONFLICT-RESOLUTION
1.700   DECLARATIVE         RETRIEVED-CHUNK P6
1.700   DECLARATIVE         SET-BUFFER-CHUNK RETRIEVAL P6
1.700   PROCEDURAL          CONFLICT-RESOLUTION
1.750   PROCEDURAL          PRODUCTION-FIRED PREPARE-SECOND-NUMBER
1.750   PROCEDURAL          CLEAR-BUFFER RETRIEVAL
1.750   DECLARATIVE         START-RETRIEVAL
1.750   PROCEDURAL          CONFLICT-RESOLUTION
1.800   DECLARATIVE         RETRIEVED-CHUNK M7
1.800   DECLARATIVE         SET-BUFFER-CHUNK RETRIEVAL M7
1.800   PROCEDURAL          CONFLICT-RESOLUTION
1.850   PROCEDURAL          PRODUCTION-FIRED START-COMPARE
1.850   PROCEDURAL          CLEAR-BUFFER RETRIEVAL
1.850   DECLARATIVE         START-RETRIEVAL
1.850   PROCEDURAL          CONFLICT-RESOLUTION
1.900   DECLARATIVE         RETRIEVAL-FAILURE
1.900   PROCEDURAL          CONFLICT-RESOLUTION
1.950   PROCEDURAL          PRODUCTION-FIRED FAIL
1.950   PROCEDURAL          CLEAR-BUFFER RETRIEVAL
1.950   DECLARATIVE         START-RETRIEVAL
1.950   PROCEDURAL          CONFLICT-RESOLUTION
2.000   DECLARATIVE         RETRIEVAL-FAILURE
2.000   PROCEDURAL          CONFLICT-RESOLUTION
2.050   PROCEDURAL          PRODUCTION-FIRED FINISH-COMPARE
2.050   PROCEDURAL          CONFLICT-RESOLUTION
2.100   PROCEDURAL          PRODUCTION-FIRED STOP
----THE MODE IS 5
2.100   PROCEDURAL          CLEAR-BUFFER GOAL
2.100   PROCEDURAL          CONFLICT-RESOLUTION
2.100   ------              Stopped because no events left to process
Command:
```

图 8—5　统计过生日人数最多的月份认知模拟图（部分）

有 15 名（53.6%）同学因为题意理解不清楚导致解题错误，成绩优秀、中等、差均不同程度存在题意理解的问题，分别有 5 人、8 人、2 人。其中，表 8—13 中，"1"表示"不理解题目"；"2"表示"理解题意，但不知道采用何种方法去解题"；"3"表示"计算容易出错"；"4"表示"没有检查的习惯"。

表 8—13　　　　　　　平时成绩 * 解数学题遇到的困难统计表

		第 18 题				合计
		1	2	3	4	
平时成绩	1	5	2	6	1	14
	2	8	3	11	3	25
	3	2	4	5	0	11
合计		15	9	22	4	50

在与任课教师访谈中也发现不理解题意是解题过程中普遍存在的问题。De Smedt 对四、五年级学生的实验中发现，儿童的语音表征水平影响个体对算术知识的提取，表征水平越显著，提取速度越快。[①] 证明了言语理解在问题解决中的作用。经主试简单提示后，多数同学都能理解题意，正确解答问题。

（三）学生注意力不集中是导致题目理解不完整的重要因素之一

在口语报告实验过程中研究者发现，解题错误的学生多数存在注意力不集中的现象（如 CuiW 等），在解题过程中存在东张西望等现象。后期在观察实验录像的过程中也发现这种现象。在与任课教师访谈中，教师指出，这些解题时注意力不集中的学生，在上课也存在交头接耳、东张西望、小动作不断等现象。不仅在数学课，在语文课、科学课上也存在这种现象。这些学生已经养成了注意力不集中的习惯，教师应设计活动，帮助学生养成注意力集中的习惯。

（四）语文成绩差是导致题目理解不完整的重要因素之一

针对部分诊断干预后仍然没有顺利解题的学生，研究者与语文老师访谈后发现，这些学生（除极个别外）的语文成绩普遍差。语文成绩差导致题意理解不清，在大脑中很难形成正确的问题表征，错误的问题表征是导致解答应用题错误的主要原因。Anand 和 Ross 的研究也发现，学生解答应用题的错误原因，主要是对问题结构的错误表征，而不主要是计算困难。[②] 另外，傅小兰等人[③]、施铁如[④]等的研究也说明了这一点。

（五）个人经历、家庭生活等背景知识对解题的影响

在题目设计部分，分析了人教版教材"众数"知识点的"选舞伴"题目，对于有过跳舞经历的学生来讲比较容易理解，据任课教师反映，农村学生大都没有跳舞的经历，对"选舞伴"题目不易理解。而绝大多数学生有过"过生日"的经历，具有"过生日"的情境知识有利于题目的理解。

[①] De Smedt, B., Grabner, R. H., & Studer, B., "Oscillatory EEG Correlates of Arithmetic Strategy Use in Addition and Subtraction", *Experimenta Brain Research*, Vol. 195, 2009, pp. 635–642.

[②] Anand, P. G. & Ross, S. M., "Using Computer-assisted Instruction to Personalize Arithmetic Materials for Elementary School Children", *Journal of Educational Psychology*, Vol. 79, 1987, pp. 72–78.

[③] 傅小兰、何海东：《问题表征过程的一项研究》，《心理学报》1995 年第 2 期。

[④] 施铁如：《解代数应用题的认知模式》，《心理学报》1985 年第 3 期。

Verschaffel 等人也强调背景对解应用题时的重要性，他们研究发现，学生在解应用题时，忽视真实情境的情形不仅普遍，而且相当严重。①

（六）学生问题解决阶段的"非线性"

关于问题解决的阶段有不同的划分，但大多是一个"线性"的过程，是一个非常理性、理想的过程。然而在实验过程中发现，学生在实际解决问题的过程中，并不是依次经历问题解决的所有阶段，存在循环往复现象，这与个人养成的解题习惯有关。面对问题，有些学生先看问题再读题，而有些学生则是先读题再看问题；有些学生（包括学习成绩好的学生，如 DuanYC、WangC 等）没有问题解决的检查阶段。一方面说明了学生在问题解决方法、策略上的差异性，另一方面也为解题错误的诊断提供了分析依据。

第三节 程序性知识"一对一"认知诊断实证研究

一 目的

"圆柱侧面积"是小学数学六年级（下册）教材第 2 单元"圆柱与圆锥"中的一个知识点，② 是小学数学中典型的程序性知识。实验目的是对程序性知识解题困难学生进行"一对一"认知诊断和干预，分析并比较干预前后变化。

二 方法

（一）被试

选取河北省高阳县永亮小学六年级某班 50 名学生作为被试，其中，男生 26 人，女生 24 人，平均年龄 145.5 个月，年龄范围在 135—187 个月之间。男女性别基本保持平衡。

（二）材料

选取六年级"圆柱侧面积"应用题，是典型的程序性知识。该知识

---

① Verschaffel, L., & De Corte, E., "Teaching Realistic Mathematical Modeling in the Elementary School: A Teaching Exeperiment with Fifth Graders", *Journal for Research in Mathematics Education*, Vol. 28, 1997, pp. 577 – 601.

② 课程教材研究所编著：《义务教育课程标准实验教科书数学（六年级下册）》，人民教育出版社 2009 年版，第 10 页。

点对学生来讲,是新知识点,但所需先决知识都已经学过。"圆柱侧面积"应用题给出了"包装纸"的情境,让学生动手操作,发现解决问题的方法,如将侧面展开就将该问题转换成求长方形面积,诊断学生在解题过程中出现的问题。

测验材料为根据本研究目的专门设计的测试题,具体材料分别是:

1. 前修知识测试题

(1) 篮球场的长是28米,宽是15米,它的面积是多少平方米?半场是多少平方米?

(2) 一块长方形的菜园,它较长的一长边靠墙,长20米,用篱笆将这个菜园围起来40米,这块菜地的面积是多少?

(3) 一个圆形养鱼池,直径是4米,占地面积是多少平方米?

(4) 有一只羊拴在草地的木桩上,绳子的长度是4米,这只羊最多可以吃到多少平方米的草?

2. 口语报告训练题

口语报告训练题如图8—6所示。

五年级(2)班进行跳绳测验,第1组7名同学1分钟跳绳成绩如下。

172　　145　　135　　142　　139　　140　　138

你认为用什么数表示这个小组同学跳绳的一般水平合适?

图8—6　口语报告训练题

3. 课前探究题

某薯片厂生产了一批桶装薯片(如图8—7所示),需要在薯片盒侧面贴上包装纸,你能帮他们计算一下一个薯片盒至少需要多少包装纸吗?

4. 课后知识测试题

(1) 图8—8中的图形哪些是圆柱?请标注出来。

(2) 指出图8—9中圆柱的底面、侧面和高。

158　问题解决与认知模拟

8—7　薯片盒

图 8—8　课后知识测试题 1

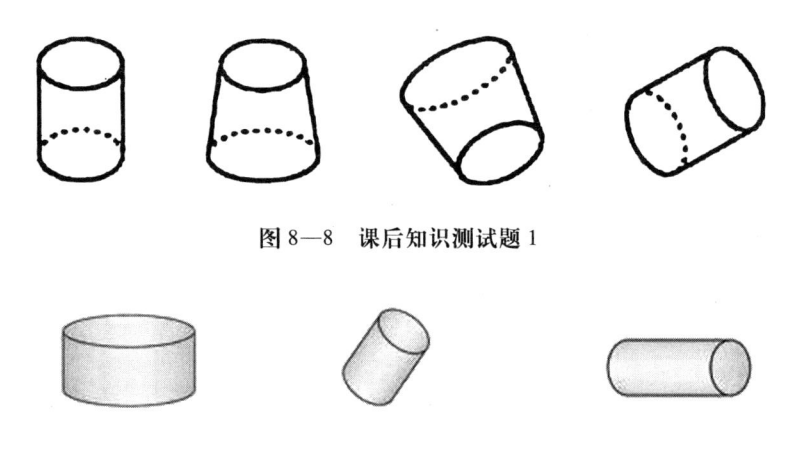

图 8—9　课后知识测试题 2

（3）一个圆柱形茶叶盒，底面直径是 5 厘米，高 10 厘米，求它的侧面积。

（4）用一个滚刷（如图 8—10 所示）往墙壁上刷涂料，滚刷的半径是 6 厘米，长 30 厘米。如果每蘸一次涂料，滚刷可以滚动 4 圈，可以刷多少平方厘米的墙壁？

5. 课后探究题

有一个圆柱体，切了一块之后（如图 8—11 所示），你能求出它的侧面积吗？其中，h = 10cm，r = 4cm。

图 8—10 滚刷

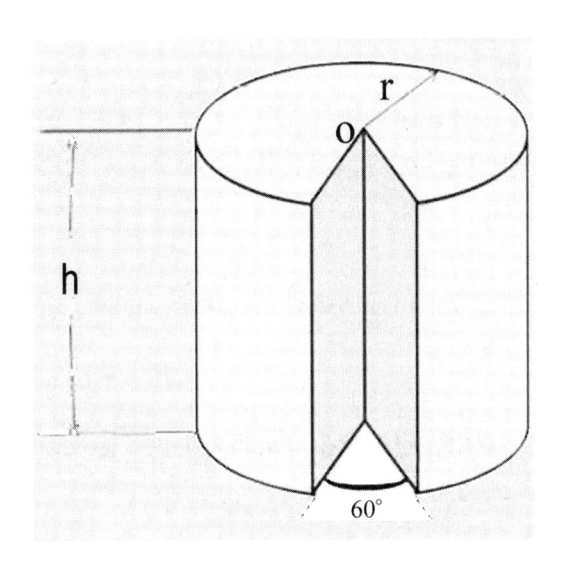

图 8—11 圆柱体

(三) 程序
1. 设计实验方案
根据实验目的，确定实验对象、材料和指导语，对实验过程和实验结果的预测等方面做出总体安排。
2. 实验器材
索尼录音笔、索尼摄像机、三脚架，作为实验过程中记录被试口语报告的器材。

3. 口语报告及记录

使用口语报告法收集资料。按照埃里克森和西蒙提供的出声思考研究程序，训练被试在解题过程中进行出声思考。做题开始前，主试（研究者本人）先简单说明指导语的要求，之后，以口语报告训练题为例，主试示范并说明在做题过程中如何出声思考。在被试学会出声思考后，开始做题，并同时录像。

4. 资料的转译和编码

收集的资料包括口语报告资料和解题作业两部分。对于口语报告资料，首先由专业人员转译成文本，再结合学生的解题作业进行编码分析，诊断学生问题所在。编码工作由两位专业人员负责，对于编码中少量不一致的地方，经讨论后达成一致。

5. 制订干预方案

根据收集的学生解题时口语报告资料及学生做题时的视频，分析学生问题解决过程中的思路、障碍，制订具体干预方案，如哪些提示能帮助学生解决问题、怎样提示效果更好等。

6. 访谈

针对学生解题过程中出现的障碍对任课老师访谈，全面了解学生平时表现，纠正干预方案。

7. 干预

在学生解题过程中，根据学生口语报告提供及时反馈，给学生足够的时间，观察并记录学生反应。

8. 效果检验

通过设计的题目来评价学生知识掌握情况。

（四）实验时间

实验时间为 2011 年 12 月 17 日至 2011 年 12 月 22 日。

三 结果分析

在整个实验过程中，对六年级全班 50 名学生进行了"圆柱侧面积"已修知识测试，48 名学生进行了课前探究题口语报告实验，47 名同学进行了课后探究题口语报告实验，对 46 名同学进行了第一次认知诊断干预,对 5 名同学进行了第二次认知诊断干预,共计 146 人次口语报告实验。

(一)"一对一"认知诊断总体效果

1. 前修知识测试结果分析

"圆柱侧面积"前修知识测试结果统计,如表 8—14 所示。

表 8—14　　　　"圆柱侧面积"前修知识测试结果

	第1题	第2题	第3题	第4题
正确人数(人)	47	44	44	40
正确率(%)	94	88	88	80

分析学生试卷发现,第 1 题是直接考察计算长方形面积,做错的 3 人,1 人因粗心忘记了做第 2 问,1 人面积单位写错,1 人计算错误;第 2 题是间接考察长方形面积,做错的有 6 人,均是不理解题意;第 3 题考察圆的面积,做错的有 6 人,其中 5 人不理解题意,1 人将直径作为半径来计算,第 2 题做错的 6 人第 3 题也同时出现错误;第 4 题是与生活实际相关的问题,有 10 人做错,其中 6 人不理解题意,3 人计算错误,1 人将半径作为直径来计算。有 2 人前测的 4 道题全部做错,占 4%。从测试结果看,学习"圆柱侧面积"的前修知识学生已掌握。前修知识测试错误情况分析如表 8—15 所示。

表 8—15　　　　"圆柱侧面积"前修知识测试题错误原因分析

	第1题	第2题	第3题	第4题
不理解题意		6 人(100%)	5 人(83.3%)	6 人(60%)
数学公式掌握不牢	1 人(33.3%)		1 人(16.7%)	1 人(10%)
计算错误	1 人(33.3%)			3 人(30%)
粗心	1 人(33.3%)			
合计	3 人	6 人	6 人	10 人

从学生平时成绩来看,即使平时成绩优秀的学生也有 2 人出现错误,均出现在第 4 题,其中 1 人不理解题意,1 人计算错误;成绩中等的仅 1

人在求解第 4 题时出错，原因是计算错误；在解题错误的学生中，平时成绩差的学生占了多数。从前修知识测试统计结果来看，中等生略好于优等生。

2. 课前探究阶段结果分析

分析课前探究阶段 48 名学生口语报告资料发现，16 人正确解答问题，占 33.3%；13 人解题思路清晰，但操作时出现错误，占 27.1%；4 人一开始不会做，但给实物操作后，知道是求长方形的面积，占 8.3%；14 人题意理解不清，占 29.2%；1 人看题后无任何解题策略，占 2.1%。如表 8—16 所示。

表 8—16　　　　"众数侧面积" 课前探究结果统计

课前探究情况	人数（人）	比例（%）
正确解答	16	33.3
思路清晰，操作出现错误	13	27.1
一开始不会，给实物操作后会做	4	8.3
题意理解不清	14	29.2
无任何解题策略	1	2.1
合计	48	100

从错误情况分类来看，题意不理解是导致解题错误的主要原因，其次是解题操作，没有任何解题策略的只占很少一部分。从中也可以发现，实物操作有助于学生解题。以上统计结果为设计课堂教学提供了有针对性的帮助。

3. 课后探究阶段结果分析

课后探究题与课前探究题相比难度加大，考查学生对圆柱侧面积的理解程度。共有 47 人参加了课后探究口语报告实验，统计结果如表 8—17 所示。3 人正确解答问题，占 6.4%，3 人分别采用了剩下的圆周长×高、圆柱侧面积−圆柱侧面积×1/6 + 两个长方形面积、平分圆柱三种不同的方法；3 人题意理解正确但计算出现错误，占 6.4%；10 人解题思路正确，但不会求切掉的面积，占 21.3%；30 人不理解侧面包括哪几部分，占 63.8%；1 人看到问题后没有解题策略，占 2.1%。

表8—17　　　　　　"圆柱侧面积"课后探究结果统计

	正确解答	理解题意但计算错误	思路正确,但不会求切掉的面积	不理解侧面包括哪几部分	无解题策略
优（人）	2	2	4	9	
中（人）	1	1	2	13	
差（人）			4	8	1
合计（人）	3	3	10	30	1
比例（%）	6.4	6.4	21.3	63.8	2.1

从统计结果看出，导致解题错误的主要原因是"不理解侧面包括哪几部分"，即没有真正理解侧面的概念，优、中、差学生几乎各占1/3。为了有效干预，对这些学生的口语报告进行深入分析，对错误类型分类，如表8—18所示。

表8—18　　　　　　"侧面不理解"错误类型分类

	漏掉两个长方形	漏掉切去的部分	计算整个侧面	计算切去的部分
优（人）	7	2		
中（人）	10	2	1	
差（人）	5		2	1
合计（人）	22	4	3	1
比例（%）	73.3	13.3	10	3.4

从表8—18数据分析看出，"漏掉两个长方形"是导致"侧面不理解"的主要因素，高达73.3%，中等生占了近一半。学生之所以"漏掉两个长方形"，是因为对不规则图形的侧面积不理解，在干预阶段使用实物展示、学生动手操作等方法，让学生直观感受将不规则图形转换为规则图形的方法，进而利用所学侧面积知识求解。

4. 第一次干预结果分析

分析课后探究口语报告资料，针对导致解题错误的主要原因"漏掉两个长方形"，结合课前探究阶段"包装纸"的实例，提供学生一些不规则的图形进行探究，教师给予尽量少的提示，并记下学生的解题过程。共对46名学生进行了干预，结果如表8—19所示。

表 8—19　　　　"圆柱侧面积"第一次干预结果统计

	正确解答	思路正确，但计算错误	不理解侧面包括哪几部分	无解题策略
优（人）	17		2	
中（人）	12	1	1	
差（人）	5	2	5	1
合计（人）	34	3	8	1
比例（%）	73.9	6.5	17.4	2.2

干预结果显示，73.9%的学生正确解答问题，优、中学生占了绝大多数。有 8 人对侧面积概念不理解，包括 2 名优等生，说明这 2 名优等生应用已学知识解决简单问题的成绩比较好，一旦涉及复杂问题或要求迁移能力强的问题则表现不好。课后探究中无解题策略的学生，在干预后依然没有解题策略，效果不显著。

对于正确解答的 34 人中，采用了不同的方法，分析结果如表 8—20 所示。

表 8—20　　　"圆柱侧面积"第一次干预正确解答不同策略统计

	策略 A	策略 B	策略 A + 策略 B	策略 C
优（人）	9	3	3	2
中（人）	10	1	1	
差（人）	5			
合计（人）	24	4	4	2
比例（%）	70.6	11.8	11.8	5.8

其中，策略 A：圆柱侧面积×5/6 +2 个长方形面积；策略 B：展开是长方形，长×宽；策略 C：剩余圆底面周长×高+2 个长方形面积；策略 A+策略 B 表示采用了两种方法。统计结果看出，采用策略 A 的占了大多数，占 70.6%；使用策略 B 和策略 C 的学生中，优等生占优势，说明在解这道题时优等生的数学思维较为灵活。

5. 第二次干预结果分析

选取第一次干预后侧面概念不理解的 5 名学生，以口语报告资料为依据，诊断解题过程，进行第二次干预。5名学生中，优2人，中1人，差2人，全部正确解答。求解过程所用策略情况如表8—21所示。

表8—21　"圆柱侧面积"第二次干预正确解答不同策略统计

	策略 A	策略 B
优（人）	1	1
中（人）	1	
差（人）	2	
合计（人）	4	1
比例（%）	80	20

其中，策略A：圆柱侧面积×5/6+2个长方形面积；策略B：剩余圆底面周长×高+2个长方形面积。结果显示，5人中有4人使用了一般方法，即策略A；仅1人使用了将不规则图形转换为规则图形的解题策略。

从以上的分析可以看出，规则图形的侧面积学生容易理解，对于不规则图形的侧面积，学生很难理解。干预的关键是如何帮助学生理解不规则图形的侧面积，实践证明，使用实物展示的方法，将不规则图形转换为规则图形是一个很好的策略，完成转换之后，计算对于学生来讲并不困难。

（二）诊断干预前后学生问题解决认知过程变化分析

以RanA同学为例，分析诊断干预前后各个阶段问题解决认知过程的变化。

1. 已修知识测试题分析

RanA同学在"圆柱侧面积"已修知识测试中正确解答了全部4道题，说明该同学已掌握长方形面积、圆面积计算方法。

2. 课前探究阶段

课前探究时间是2011年12月17日。

基于CMMPS的"圆柱侧面积"问题解决认知过程如表8—22所示。

表 8—22　　"圆柱侧面积"课前探究问题解决认知过程分析

	Visual	Production	Retrieval	Goal	Imaginal	Manual
1	视觉编码					
2			长时陈述性记忆中相关语义知识			
3				至少需要多少包装纸?	至少需要多少包装纸?	
4	编码"至少需要多少包装纸?"					
5		至少需要多少包装纸?➔求圆柱侧面积				
6					求圆柱侧面积	
7	编码"圆柱侧面积"					
8		求圆柱侧面积➔求长方形的面积				
9					求长方形面积	
10			长方形面积			
11		求长方形面积➔长×宽				
12					长方形的长?	
13		求长方形的长➔尺子量出长				

续表

	Visual	Production	Retrieval	Goal	Imaginal	Manual
14						量出长方形的长
15					长方形的宽?	
16		求长方形的宽➔尺子量出宽				
17						量出长方形的宽
18		求长方形面积➔长×宽				
19						长方形的面积为长×宽
20						包装纸的面积为长方形的面积，即长×宽
21						结束

其中，在问题解决过程中，求长方形的长和宽时，有两种策略：（1）直接将侧面展开为长方形，用尺子分别量出长、宽；（2）根据圆周长的公式，长方形的长为底面圆的周长，宽为圆柱的高，面积为底面圆的周长×高，即$2\pi r \times h$。

表8—22中每一列表示问题解决过程中某模块中的内容，最左侧的一列数字表示行号，每一行代表认知逻辑步骤（cognitive logic step），并非与实际的解题步骤完全一致，最后一行表示认知过程结束，即问题解决过程结束；每列表示每个模块在不同时刻的内容。

RanA同学"圆柱侧面积"课前探究口语报告资料如表8—23所示。左侧是实验过程中记录的口语报告数据，右侧是针对口语报告数据，使用CMMPS分析获得的认知过程，诊断结果是将右侧的认知过程分析与基于CMMPS的问题解决认知过程（如表8—22所示）进行比较得出的。

168   问题解决与认知模拟

表8—23   RanA 同学"圆柱侧面积"课前探究口语报告分析

口语报告	认知过程分析
[读题] 某薯片厂生产了一批桶装薯片（如图8—7所示），需要在薯片盒侧面贴上包装纸，你能帮他们计算一下一个薯片盒至少需要多少包装纸吗？	通过阅读题目输入文本信息，经视觉编码后形成命题性文本框架及问题模式。
[分析] 用一张纸把薯片盒包起来，再测量那张纸的长和宽，再用长×宽，算出面积 （主试给学生一个薯片盒、一张A4纸、直尺和剪刀） （学生动手操作） 用纸围盒子一周，在刚好一周长的位置做记号，用直尺画线，将长度多余的部分剪掉；量纸的长和宽。 （在纸上写出） 21×21.5＝441.5（平方厘米） 答：需要441.5平方厘米。 [问：包装纸能否将薯片盒包住？] （学生动手操作） 将纸包住薯片盒，发现纸的高度高于薯片盒的高度。在薯片盒高度位置做记号，用直尺画线，将包装纸高度多余的部分剪掉。量出纸的长和宽。 （在纸上写出） 21.5×14.2＝305.3（平方厘米） 答：需要441.5平方厘米。 [问：再说一下你的解题思路] 第一步，用纸把薯片盒包装起来；第二步，量出薯片盒的长和宽；第三步，用长×宽，求出这张纸的面积。	（题意理解，说出解题策略，思路清晰。） （按照解题策略动手操作） （长度符合盒子要求，忘记了纸的高度也要和薯片盒一致） Production：P1 求圆柱侧面积➡求长方形的面积，P2 求长方形面积➡长×宽，P3 长×宽➡分别量出长和宽。 Manual：量出长，忘记了量高 解题过程中没有检查、反思的习惯。 （简单提示后，自己发现解题错误） （动手操作，自己更正错误） Manual：分别量出长和宽，写出答案。 计算正确 Retrieval：激活长时程序性记忆，产生式已自动化。 （自己总结）

[诊断] RanA 同学解题思路清晰，操作熟练，但解题过程中没有检查的习惯。第一次操作时忘记了薯片盒的高度，提示检查后才发现，最后正确解题。

注：（）中的内容为说明部分。

3. 课后探究阶段

课后探究时间是2011年12月20日。

基于 CMMPS 的"圆柱侧面积"课后探究题问题解决认知过程如表 8—24 所示。

表 8—24　"圆柱侧面积"课后探究题问题解决认知过程分析

	Visual	Production	Retrieval	Goal	Imaginal	Manual
1	视觉编码					
2			长时陈述性记忆中相关语义知识			
3				求它的侧面积?	求它的侧面积?	
4	编码"求它的侧面积?"					
5		求它的侧面积?➡侧面积包括哪几部分				
6					侧面积包括哪几部分?	
7	编码"切了一块后的圆柱侧面积"					
8		侧面积➡圆柱侧面积－切去的面积＋两个长方形的面积				
9					圆柱侧面积－切去的面积＋两个长方形的面积	
10					求圆柱侧面积	
11			圆柱侧面积			
12		求圆柱侧面积➡$2\pi r \times h$				

续表

	Visual	Production	Retrieval	Goal	Imaginal	Manual
13						圆柱侧面积为 $2\pi rh$
14					切去的面积	
15			切去的面积			
16		求切去的面积➜圆柱侧面积 $\times 1/6$				
17						切去的面积为 $2\pi rh \times 1/6$
18					2个长方形的面积	
19		长方形的面积➜$h \times r$				
20						2个长方形的面积为 $2 \times h \times r$
21		侧面积➜圆柱侧面积 - 切去的面积 + 两个长方形的面积				
22						$2\pi rh - 2\pi rh \times 1/6 + 2 \times h \times r$
23						结束

表8—24给出了一种解题策略,其中每一列表示问题解决过程中某模块中的内容,最左侧的一列数字表示行号,每一行代表认知逻辑步骤

(cognitive logic step),并非与实际的解题步骤完全一致,最后一行表示认知过程结束,即问题解决过程结束;每列表示每个模块在不同时刻的内容。

RanA 同学课后探究口语报告如表 8—25 所示。表格左侧是实验过程中记录的口语报告数据,右侧是针对口语报告数据,使用 CMMPS 分析获得的认知过程,诊断结果是将右侧的认知过程分析与基于 CMMPS 的问题解决认知过程(如表 8—24 所示)进行比较得出的。

表 8—25　　　RanA 同学"圆柱侧面积"课后探究口语报告分析

口语报告	认知过程分析
[读题]　有一个圆柱体,切了一块之后,如图 8—11 所示,你能求出它的侧面积吗?其中,h = 10cm,r = 4cm。	通过阅读题目输入文本信息,经视觉编码后形成命题性文本框架及问题模式。
[分析]　用整个圆柱体的面积减去缺的这块的面积。 (在纸上写出,用时 3 分 7 秒) $3.14 \times 4 \times 2 \times 10 - 4 \times 10$ $= 6.28 \times 2 \times 10 - 40$ $= 12.56 \times 10 - 40$ $= 125.6 - 40$ $= 85.6$(平方厘米) 答:面积是 85.6 平方厘米。	解题策略 Goal:长方形面积 (认为缺部分是长方形,其面积是 $h \times r$) Manual:计算时把"4"看成了"2"。 (解题步骤完整)
[诊断]　RanA 同学一开始解题策略错误,切去的部分误认为是长方形,而且漏掉了因切去而新增的两个长方形的面积,不理解不规则图形的侧面,另外计算过程因粗心产生错误,最终导致解题错误。	

注:( )中的内容为说明部分。

4. 第一次认知诊断干预

第一次认知诊断干预时间为 2011 年 12 月 21 日。

RanA 同学第一次认知诊断干预口语报告分析如表 8—26 所示。左侧是实验过程中记录的口语报告数据,右侧是针对口语报告数据,使用 CMMPS 分析获得的认知过程,诊断结果是将右侧的认知过程分析与基于 CMMPS 的问题解决认知过程(如表 8—24 所示)进行比较得出的。

表 8—26　RanA 同学"圆柱侧面积"第一次认知诊断干预口语报告分析

口语报告	认知过程分析
[读题]　有一个圆柱体，切了一块之后，如图 8—11 所示，你能求出它的侧面积吗？其中，h = 10cm，r = 4cm。	通过阅读题目输入文本信息，经视觉编码后形成命题性文本框架及问题模式。
[分析]　（看自己上次做的题，思考 1 分 20 秒） [问：上次是怎么做的？] 把整个圆柱的侧面积求出来，再减去缺的这部分 [问：它的侧面包括哪几部分？] （用手在图上指）这个面（未包括两个长方形） [问：你再考虑一下。] 包括里面两个平行四边形，还有外面的面积（圆柱切去剩下的侧面） [问：为什么这次又多了这两个图形？] 因为把这块切了后，又露出来了两个面 [问：这两个图形是什么形状？] 平行四边形 [问：你再考虑一下。] （思考 1 分钟） [问：图形中这两条边（标出的半径和高）什么关系？] 垂直的，直角 [问：它是什么图形？] 长方形 [问：你现在会求它的侧面积了吧？] 会 （在纸上写出解题过程，用时 3 分 35 秒） 3.14 × 4 × 2 × 10 = 12.56 × 2 × 10 = 25.12 × 10 = 251.2（cm²） 4 × 10 × 2 = 40 × 2 = 80（cm²） 251.2 + 80 = 331.2（cm²） 4 × 10 = 40（cm²） 331.2 − 40 = 291.2（cm²） 答：面积是 291.2cm²。	Retrieval：激活与圆柱侧面相关的陈述性知识和程序性知识。 Goal：长方形面积。（和上次解题策略一致，漏掉两个长方形面积，对不规则图形的侧面不理解） Goal：两个平行四边形 + 圆柱切去剩下的侧面。（自己想出，思路正确，但将长方形误认为平行四边形，仅凭视觉看着像平行四边形） Retrieval：激活切东西的相关知识。 Retrieval：平行四边形知识。 （凭视觉看着像平行四边形） （简单提示） Retrieval：激活直角概念。 Production：由直角、平行四边形为➡长方形。 Manual：计算圆柱整个侧面积。 Manual：计算两个长方形的面积。 Manual：圆柱侧面积加上两个长方形的面积。 （切去部分面积，误以为是长方形 减去切去部分的面积）

[诊断]　逐步引导，RanA 同学自己想出正确的解题思路，但切去部分错误的认为是长方形，导致解题错误

注：（　）中的内容为说明部分。

5. 第二次认知诊断干预

第二次认知诊断干预时间为 2011 年 12 月 22 日。

RanA 同学第二次认知诊断干预口语报告如表 8—27 所示。表格左侧是实验过程中记录的口语报告数据，右侧是针对口语报告数据，使用 CMMPS 分析获得的认知过程，诊断结果是将右侧的认知过程分析与基于 CMMPS 的问题解决认知过程（如表 8—24 所示）进行比较得出的。

表 8—27　　RanA 同学"圆柱侧面积"第二次认知诊断干预口语报告分析

口语报告	认知过程分析
[读题]　有一个圆柱体，切了一块之后，如图 8—11 所示，你能求出它的侧面积吗？其中，$h = 10cm$，$r = 4cm$。	通过阅读题目输入文本信息，经视觉编码后形成命题性文本框架及问题模式。
[分析]　看一下这道题你做的对不对？ （思考 10 秒钟） [问：切去的这个面怎么求？] 用半径乘以高 [问：切去的面是什么面？] （思考 15 秒） [问：像这个，切去的话是什么形状啊？] （实物展示一侧面用纸包装的圆柱） 圆的 [问：那这道题切去的面怎么求？] （思考 30 秒） 半径乘以高 [问：切去的这个面是长方形吗？] 不是，是圆形 [问：那怎么求？] （思考 48 秒） [问：切去的部分占整个侧面的多少？] 整个圆一周是 360 度，切去的部分占 60 度，占 60%。 [问：怎么算出的 60%？] （思考 39 秒） 占整个圆（侧面）的六分之一 $3.14 \times 4 \times 2 \times 10$ 再除以 6 （在纸上写出，用时 3 分 30 秒） $3.14 \times 4 \times 2 \times 10$ $= 12.56 \times 2 \times 10$ $= 25.12 \times 10$ $= 251.2$（cm^2） $251.2 \div 6 \approx 41.9$（$cm^2$） $251.2 - 41.9 = 209.3$（cm^2） $4 \times 10 \times 2$ $= 40 \times 2$ $= 80$（cm^2） $209.3 + 80 = 289.3$（cm^2） 答：它的侧面积是 289.3（cm^2） [问：把你解题思路再说一下？] 整个圆柱的侧面积减去缺的这一块，再加上里面这两个小长方形的面积；缺的这一块占整个圆柱侧面积的六分之一	Retrieval：圆柱侧面积的相关知识。 Goal：以为切去的部分是长方形。（解题错误的关键原因） （引导学生思考切去面的形状） Visual：实物。 （很容易正确回答） Retrieval：扇形面积公式。（计算错误） Visual：切去的形状。（形状判断正确） Retrieval：激活圆面积计算公式。 Retrieval：圆的度数和已知条件。 （理解正确，但部分占整体的比例计算错误，分数知识掌握不牢） Rethinking（自己反思后，正确回答） Manual：圆柱整个侧面的面积。 Manual：切去部分的侧面积。 Manual：整个侧面的面积减去切去部分的侧面积。 Manual：因切去而增加的两个长方形的面积。 Manual：所要求的侧面积。 （总结解题思路，思路明确，计算正确）

续表

口语报告	认知过程分析
[诊断] 总结：通过实物展示的方法，学生容易发现切去的面是一圆柱侧面，自己想出切去的侧面占整个侧面的六分之一，思路清晰明确，计算正确。	

注：( )中的内容为说明部分。

6. 不同阶段解题过程比较分析

RanA 同学在不同阶段解题过程特点如表 8—28 所示。

表 8—28　　RanA 同学不同阶段问题解决认知过程变化

阶段	解题过程特点
课前探究（12月17日）	题目较简单，解题思路清晰，操作熟练，但解题过程中没有检查的习惯。第一次操作时忘记了薯片盒的高度，提示检查后才发现，最后正确解题
课后探究（12月20日）	课后探究题较难，一开始解题策略错误，切去的部分误认为是长方形，而且漏掉了因切去而新增的两个长方形的面积，不理解不规则图形的侧面，另外计算过程因粗心产生错误，最终导致解题错误
第一次干预（12月21日）	主试逐步引导，自己想出正确的解题思路，但错误的认为切去部分是长方形，导致解题错误
第二次干预（12月22日）	通过实物展示的方法，学生容易发现切去的面是一圆柱侧面，自己想出切去的侧面占整个侧面的六分之一，思路清晰明确，计算正确

从表 8—28 对比分析可以看出，通过尽量少的提示，RanA 同学解题过程变化显著，有利于正确解答问题，形成良好的解题思路。

7. 教师访谈

关于 RanA 同学的平时学习情况，采访了任课数学教师韩老师，韩老师反映：

(1) 比较细心，是比较努力的学生，完成老师布置的任务后，会看书、预习、找之前的题来做，成绩中等。

(2) 老师讲过的题 90% 会做，没讲的题至多一半会做，变换题型就容易出错,自己独立动脑理解问题的能力差。

RanA 同学在解题过程中计算细心,在课后探究题中侧面概念的迁移能力差,逐步干预后自己能想到解题策略,正确解答问题,与任课教师反映情况一致。

四 讨论

(一)实物展示或操作在问题解决中的作用

"圆柱侧面积"题目是考查学生将所学知识用于解决实际问题的能力。求长方形的面积有 94% 的学生会,但在求圆柱形侧面包装纸的面积时却又很多学生不会,原因是在把圆柱形侧面包装纸转换成长方形时产生了困难,这一困难也同样发生在课后探究题中。处于具体运演阶段的学生思维尚未形式化,离不开具体事物的支持,实物展示或操作有助于学生顺利实现这种转换,从而将复杂问题转换成简单问题,有助于实现问题解决。

(二)回顾检验在解题过程作用

在计算"圆柱侧面积"过程中,有些同学解题思路正确,但因为粗心导致计算错误。而经过提示检验后,能快速、准确地纠正错误。波利亚和匈菲尔德的数学问题解决模型都强调了回顾的重要性。匈菲尔德指出,检验是一件很有价值的活动,从狭义上讲,通过检验可以发现一些愚蠢的错误;从广义上看,经常可以发现其他的解题途径,发现与其他问题的联系,有时还会从解题过程中总结出有用的特征用于其他情形,进而成为一个更好的问题解决者。

(三)动机和信念在问题解决过程中具有重要意义

在求解"商标纸面积"实验中,有些同学思考很短时间之后就放弃了继续作答,而在老师提示让他再认真思考几次后,却正确地解答了问题。乔纳森研究表明,动机和信念在问题解决过程中同样有着重要的意义。[1] 波利亚也认为"你卷进问题的深浅程度将取决于你解它的愿望的殷切程度,除非你有十分强烈的愿望,否则要解出一个真正的难题的可能性

---

[1] Jonassen, D. H., "Toward a Design Theory of Problem Solving", *Educational Technology Research and Development*, Vol. 48, 2000, pp. 63 – 85.

是很小的"①。关于动机和信念在问题解决过程中的作用已有专门研究，并不是本研究的内容，在此仅作简单讨论。

第四节 实验结果对数学教学的启示

一 从生活实际出发，创设问题情境、合理设计典型问题

许多研究②都已经证实，多提供机会给学生解决生活情境的数学题目，有助于将生活中的实际问题转化为数学模型，有助于数学解题能力的提升。问题情境所处的背景或情境，乔纳森研究发现，问题情境一般需要满足以下几个条件：（1）具有故事背景；（2）源自某个专业领域；（3）有一定的时间限制；（4）所有元素都相互关联；（5）具有可接受的一般解法；（6）能够激发解决问题的意愿。③ 教师在数学教学过程中，应根据实际合理创设情境，避免"伪情境""伪应用"的现象，避免把数学建模活动停留在低层次、工匠式的操作上。本研究中针对"众数""圆柱侧面积"等知识点，根据问题情境，从学生生活实际出发，设计了典型问题，并给出了设计的依据和思路。

二 将问题解决的阶段融入课堂教学中，帮助学生形成良好的解题思路

波利亚关于数学问题解决阶段的划分为培养学生的解题思路提供了依据。建议教师在讲课时不要将问题解决过程直接呈现给学生，而是采用"边做边讲"的方法，将问题解决的阶段"隐式"地融入解题过程中，如我们第一步先看一下未知量是什么？已知数据是什么？条件是什么？等等。经过一段时间，学生也会养成这种解题习惯，进而形成良好的解题思路。

---

① [美] G. 波利亚：《数学的发现，第二卷》，刘远图等译，科学出版社1987年版，第95页。
② Verschaffel, L., *Everyday Knowledge and Mathematical Modeling of School Word Problems*, Boston: Kluwer Academic, 2002, p. 69.
③ Jonassen, D. H., "Toward a Design Theory of Problem Solving", *Educational Technology Research and Development*, Vol. 48, 2000, pp. 63-85.

三 学生解题遇到困难时，教师提供恰当的提示

学生在解题过程中遇到困难不可避免，此时应留给学生足够时间思考，培养学生解题过程中遇到困难先自己想办法的习惯。在学生经过一段时间思考没有进展的情况下，教师应给予尽量少的提示，逐步引导学生自己发现解题方法，正确解答问题。

四 重视对学生解题兴趣、态度、意志力等的培养

Schoenfeld 调查表明，学生对数学的不正确的态度和信念是影响问题解决表现的重要因素，而这些不正确的态度和信念是通过学生的学校经历而形成的。[①] 波利亚也强调，教学生解题是意志的教育，当学生求解那些对他来说不太容易的题目时，他学会了败而不馁，学会了赞赏微小的进步，学会了等待主要的念头，学会了当主要念头出现后全力以赴；如果学生在学校里没有机会尝尽为求解而奋斗的喜怒哀乐，那么他的数学教育就在最重要的地方失败了。[②] 在学校教育中，教师应有意识地将这些因素的培养融入日常教学计划，并在上课和提问时正确应用这些规则，学生在学校中通过多年的听课、观察和实践，久而久之，学生会逐渐养成良好的解题习惯。

第五节 小结

本章选取陈述性知识和程序性知识的典型知识点将"一对一"认知诊断的方法用于小学数学教学实践。

"众数"知识点诊断与干预过程中，对全班 28 名同学进行了课前探究题口语报告实验，28 名同学进行了课后探究题口语报告实验，对 18 名同学进行了第一次认知诊断干预，对 13 名同学进行了第二次认知诊断干预，两次认知诊断干预过程中，对每位同学分别提供数据统计和策略选择两类题目，共计 118 人次口语报告实验。对口语报告进行编码分析，采用整体统计与个案深入分析相结合的方法。结果显示，"一对一"认知诊断

---

① Schoenfeld, A. H., *Mathematical Problem Solving*, Orlando: Academic Press, 1985, p. 77.
② [美] G. 波利亚：《怎样解题》，阎育苏译，科学出版社 1982 年版，第 92—93 页。

干预前后不同阶段问题解决认知过程变化效果显著,有利于正确解答问题。

"圆柱侧面积"知识点诊断与干预过程中,对六年级全班50名学生进行了"圆柱侧面积"已修知识测试,48名学生进行了课前探究题口语报告实验,47名同学进行了课后探究题口语报告实验,对46名同学进行了第一次认知诊断干预,对5名同学进行了第二次认知诊断干预,共计146人次口语报告实验。对口语报告进行编码分析,采用整体统计与个案深入分析相结合的方法。结果显示,"一对一"认知诊断干预前后不同阶段问题解决认知过程变化效果显著,有利于正确解答问题。

"一对一"认知诊断前景被许多人看好,诊断效果显著,但这种方法不太适合大面积的日常数学课堂教学。

第九章　数学课堂交互过程认知模拟

2000多年前孔子（公元前551—前479年）的"启发式"和苏格拉底（Socrates，公元前470—前399年）的"产婆术"，是教学中经典的提问方法，通过提问不断引导学生思考，最终实现预期"学习结果"。仔细分析孔子和苏格拉底的师生交互会发现：从次序上看，提问内容具有一定的顺序性；从内容上看，前后内容之间具有严密的逻辑推理；从认知逻辑上看，符合学生学习的认知规律。

目前看来，课堂教学依然是学校教育的主要形式，课堂交互（Classroom Interaction）是课堂教学的重要组成部分。课堂教学是认知活动的竞技场，[1] 最近关于学习的研究表明，发生在教师和学生之间的课堂交互本质上是社会认知过程。[2][3][4][5] 本书从行为系统和信息系统两个角度对已有课堂交互分析方法进行了研究，在此基础上尝试利用脑科学、认知神经科学、心理学、人工智能等相关研究成果，从学习过程的角度对课堂交互进行分析，并在ACT-R中模拟，以期更好地揭示认知过程，帮助教师深入理解学习过程，进而设计有效教学帮助学生学习。

---

[1] 钟启泉：《"课堂互动"研究：意蕴与课题》，《教育研究》2010年第10期。

[2] Judith L., Gregory Camilli, Patricia B. Elmore, Green, *Handbook of Complementary Methods in Education Research*, London: Routledge, 2012, p. 79.

[3] Baruch Schwarz, Tommy Dreyfus and Rina Hershkowitz, *Transformation Knowledge Through Classroom Interaction*, London: Routledge, 2009, pp. 58 – 71.

[4] Asa Wedin, "Classroom interaction: Potential or problem? The case of Karagwe", *International Journal of Educational Development*, Vol. 30, 2010, pp. 145 – 150.

[5] Baars, Bernard, J. & Nicole M. Gage, *Cognition, Brain, and Consciousness: Introduction to Cognitive Neuroscience*, New York: Academic Press, 2010, pp. 81 – 93.

第一节 已有课堂交互分析方法

一 行为系统视角

从行为系统的角度对教学分析的研究,大致关注两个方面。一方面是研究特定行为的教学价值。有研究者关注成人学习者的学习持久性与教学交互之间的关系,研究发现 26% 的学习者认为,异步讨论对他们的坚持学习有促进作用。[1] Wai King Tsang 考察了非母语英语课堂中教师反馈与学生举手发言之间的交互关系,研究发现:(1) 重做可能会引发其他类型的反馈;(2) 尽管重做和明确修改对于拼写错误有作用,讨论协商更有利于语法错误的纠正[2]。Judith Kleine 等研究者关注不同类型的交互(不使用计算机的面对面交流、基于计算机的协作异步交流、在计算机辅助下的面对面交流)与学习效果的关系,研究表明,计算机介入的交互更加规则,与计算机介入的交互相比,面对面的交互能发生更多的学习。[3]

从行为系统的角度对教学分析的研究关注的另一方面是对交互进行细致解释学分析。人们关注的主题有:确定对话结构和特征的有效可靠的方法、通过对话交互分析确认对话角色、智能教育系统中对话的运算模型[4]。Joi L. 等人研究发现,质量越好的交互所达到的层次越高[5]。

典型的课堂交互分析方法有:弗兰德互动分析系统(Flanders Interaction Analysis System, FIAS)和学生—教师(Student-Teacher, S-T)分析法。弗兰德互动分析系统是美国明尼苏达大学弗兰德在 20 世纪 60 年代提出的一种课堂行为分析技术,用于记录和分析课堂中师生语言交互过程及

---

[1] Steven F. Tello, "An Analysis of Student Persistence in Online Education", *International Journal of Information and Communication Technology Education*, Vol. 3, 2007, pp. 47 - 60.

[2] Wai King Tsang, "Feedback and Update in Teacher-Student Interaction: An Analysis of 18 English Lessons in Hong kong Secondary Classrooms", *RELC Journal*, Vol. 35, 2004, pp. 187 - 209.

[3] Judith Kleine, Staarman, Karen Krol, Henny Vander, Meijden Peer, "Interaction in Three Collaborative Learning Environments", *The Journal of Classroom Interaction*, Vol. 4, 2005, pp. 29 - 39.

[4] Rachel Pilkington, "Analysing Educational Dialogue Interaction: Towards Models That Support Learning", *International Journal of Artificial Intelligence in Education*, Vol. 12, 2001, pp. 1 - 7.

[5] Joi L. Moore, Rose M. Marra, "A Comparative Analysis of Online Discussion Participation Protocols", *Journal of Research on Technology in Education*, Vol. 38, 2005, pp. 191 - 212.

影响。该系统大致由三个部分构成：（1）一套描述课堂互动行为的编码系统；（2）一套关于观察和记录编码的规定标准；（3）一个用于显示数据，进行分析的矩阵。[1] 宁虹等采用弗兰德互动分析系统对一堂中学物理课进行了分析，并针对 FIAS 存在的缺点进行了改进。[2] S-T 分析法主要用于对课堂交互的定量分析。S-T 分析法将教学中的行为分为 S（学生）行为和 T（教师）行为两类。它将教学分为四种不同的教学模式：练习型、讲授型、对话型和混合型。[3] S-T 的分析结果可以用 S-T 图表示。单迎杰采用 S-T 分析法对陕西师范大学教育技术学专业《教育技术学研究方法》《电视原理》等六门专业课的教学过程进行了分析。[4]

二 信息系统视角

在教学分析领域，国内外有些学者认为教学是一个信息流动的过程。李克东教授对教学系统中认知学习过程进行了信息流向分析，并采用功能模拟的系统科学研究方法来分析教学系统。[5] 美国学者豪恩斯坦（A. Dean Hauenstein）把系统的观点引入教学，并明确提出，任何一个系统都是由输入、过程、输出和反馈构成的封闭回路，并明确提出教学系统是一个信息系统。[6]

杨开城教授也认为教学系统从本质上讲是信息系统。教学系统的分析实际上是用另外一种编码体系来表征自然语言表征的教学系统，把教学分析建立在信息系统视角之上，从教学系统整体功能机制出发，把以信息系统为视角的教学分析的观点引入实际的分析操作。[7] 他提出了 IIS（In-

---

[1] Freiberg, H. Jerome, "Three Decades of the Flanders Interaction Analysis System", *Journal of classroom interaction*, Vol. 16, 1981, pp. 1 – 7.

[2] 宁虹、武金虹：《建立数量结构与意义理解的联系——弗兰德互动分析技术的改进运用》，《教育研究》2003 年第 5 期。

[3] 傅德荣、章慧敏：《教育信息处理》，北京师范大学出版社 2001 年版，第 94—108 页。

[4] 单迎杰：《以 S-T 分析法分析教育技术专业课课堂教学问题》，《现代教育技术》2008 年第 10 期。

[5] 李克东：《系统科学方法在教学系统研究中的应用》，《教师教育研究》1990 年第 4 期。

[6] 马兰、盛群力：《教育目标分类新架构——豪恩斯坦教学系统观与目标分类整合模式评述》，《中国电化教育》2005 年第 7 期。

[7] 杨开城：《教学系统分析技术的初步研究》，《中国电化教育》2007 年第 8 期。

structional Information Set）图分析法。[1] 林凡等通过严谨的实证研究证明了目标知识点的激活量与学习效果正相关。[2]

三 对已有分析方法的评述

（1）弗兰德互动分析系统（FIAS）多使用固定时间单位（如每3秒钟）进行采集，容易造成"意义单元"的切分；观察量表仅是对教师和学生的语言行为进行量化，对于整个课堂交互过程来说显得过于粗糙，不能反映一堂课中的所有交互行为；更多的关注教师（或学生）的语言行为，如教师、学生言语所占比例，教师提问次数，学生回答次数等，分析仅停留在外显行为层面。

（2）S-T分析法中，S、T行为界定粗糙。通过S-T分析图我们能够清楚地看到师生各自的行为发生了多少、所占比例、发生的时间，却无法界定他们做了什么动作。可以判断教学模式，但对教学过程的评价处于一个模糊状态。

（3）IIS图分析法比行为系统的分析更近了一步，更加关注教学内容，通过分析课堂交互过程中知识点的激活量来预测教学效果。然而，IIS图分析法关注的是教师、学生的输入和输出，认为内部的信息处理是透明的、不可见的，即没有关注学生内部的信息处理过程。

第二节 课堂交互认知分析与模拟

一 学习科学的兴起

目前，许多国家大力支持脑与学习科学（Learning Sciences）的研究工作。美国国家科学基金会（National Science Foundation，NSF）执行总裁阿登·贝蒙特（Arden Bement）认为"关于学习的基础研究非常重要。在当今复杂和快速变化的环境中，对学习过程的基本理解有助于我们发展

---

[1] 杨开城、林凡：《教学系统的IIS图分析法及其实证研究》，《中国电化教育》2010年第2期。

[2] 林凡：《教学系统分析IIS图方法研究》，硕士学位论文，北京师范大学，2009年，第47—52页。

知识基础，这种知识基础对于永远处于变化当中的世界的繁荣是非常必要的"[1]。北京师范大学认知神经科学与学习国家重点实验室和东南大学学习科学研究中心正在从事这方面的研究。

随着学习科学的诞生和发展，为有效研究学习提供了新的视野。学习科学是一个跨学科的研究领域，"它吸收了有关人的科学的多种理论视野和研究范式，以便弄清学习、认知和发展的本质及其条件"[2]。"学习科学研究的目标，首先是为了更好地理解认知过程和社会化过程以产生最有效的学习，其次便是为了用学习科学的知识来重新设计我们的课堂和其他学习环境，从而使学习者能够更有效和深入地学习。"[3] 学习科学对学习的研究主张将学习置于多学科研究的广泛视野，涉及信息科学、脑科学、认知科学、心理学及教育学等众多研究领域，通过在心智、脑科学和教育（Mind, Brain and Education）之间建立桥梁，将脑科学的最新成果应用与学习和教育过程。

美国教育部教育技术办公室（Office of Educational Technology）在2010年3月5日发布了《2010国家教育技术规划》（National Educational Technology Plan 2010，以下简称"规划"），题目为"改变美国教育：技术使学习更强大"。在规划中多处出现了"学习科学"这一术语，认为学习科学的最新研究成果所揭示的人是如何学习的过程为教育技术的应用提供了重要的理论基础。规划也承认：当前的教育系统在对学生进行评估时过多地注重学习结束后事实性知识的掌握，而没有关注学生在学习过程中即时学习的反馈和改进，即很少关注学生的思维过程，这种情况在我国的教育系统中也普遍存在。学习科学的不断兴起，为我们从学习过程的角度研究课堂交互提供了重要基础。

---

[1] Arden Bement, "Learning about Learning: NSF Awards \$36.5 Million for Three Centers to Explore How Humans, Animals and Machines Learn" (http://www.nsf.gov/news/news_summ.jsp?cntn_id=100454&org=NSF&from=news).

[2] Sasha A. Barab, "Using Design to Advance Learning Theory, or Using Learning Theory to Advance Design", *Educational Technology*, Vol. 3, 2004, pp. 16 – 19.

[3] Robert Keith Sawyer, *The Cambridge Handbook of The Learning Sciences*, Cambridge: Cambridge University Press, 2006, pp. 5 – 6.

二 课堂交互认知分析框架

根据目前心理学和认知神经科学的研究成果，①②③④ 提出了课堂交互认知分析框架——CAUT（a cognitive architecture of human thinking），⑤ 如图9—1所示。

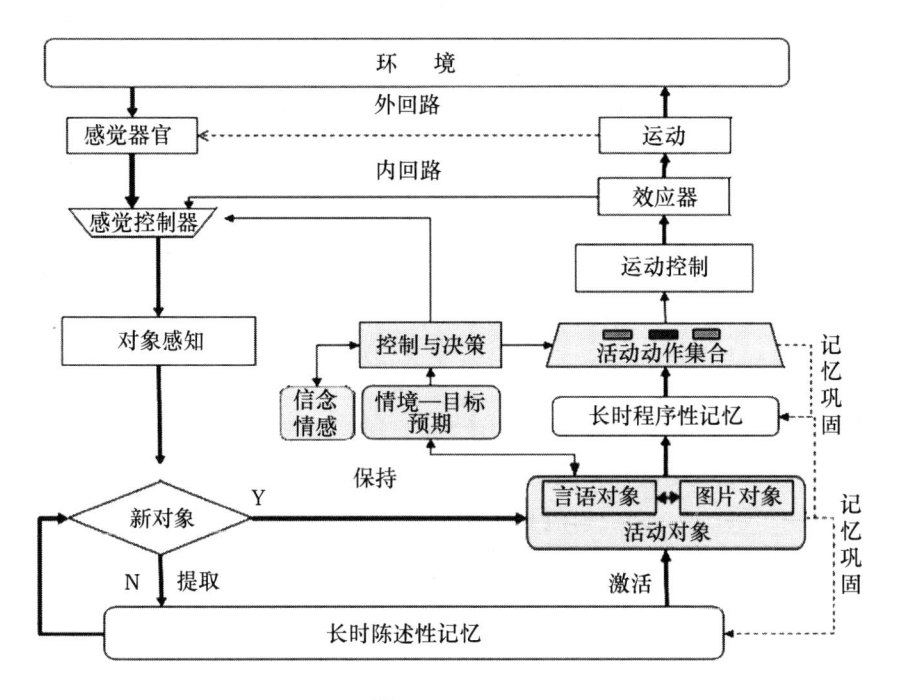

图 9—1 CAUT

CAUT 关注学生的思维过程，重视对学习过程的理解。该模型包括以下几部分：感觉器官、感觉控制器、对象感知、长时陈述性记忆、长时程

---

① Zoltan Torey, *The Crucible of Consciousness: An Integrated Theory of Mind and Brain*, Cambridge: MIT Press, 2009, p. 127.
② Stephen M. Wilson, etc., "Listening to Speech Activates Motor Areas Involved in Speech Production", *Nature Neuroscience*, Vol. 7, 2004, pp. 701–702.
③ Karim Nader, Oliver Hardt, "A Single Standard for Memory: The Case for Reconsolidation", *Nature Reviews Neuroscience*, 2009, Vol. 10, pp. 224–234.
④ William P. Banks, *Encyclopedia of Consciousness*, Oxford: Elsevier, 2009, pp. 389–402.
⑤ Cui Guangzuo, Wei Xuefeng, ect., "A Cognitive Model of Human Thinking", *Natural Computation (ICNC)*, Seventh International Conference, Vol. 2, IEEE, 2011, pp. 31–37.

序性记忆、活动对象（工作记忆）、控制与决策、情境—目标—预期、运动控制、效应器、外回路、内回路等。为了表述清晰，可以将其分为以下八个模块：（1）E/I（External loop/Internal loop）：内部回路或外部回路；（2）IO（Internal object）：内部的对象；（3）MC（declarative Memory retrieval Check）：陈述性记忆提取，判断感知的对象是新对象还是旧对象；（4）LTDMO（Long Term Declarative Memory Operation）：对长时陈述性记忆的认知操作；（5）AO（Active Object buffer）：激活对象集合，包括看到和听到的对象，是工作记忆（working memory）的一部分；（6）AADM（Active Action buffer and Decision Making）：包括激活的动作、决策及相关部分；（7）CGE（Context，Goal，Expectance）：与当前任务相关的情景、目标、预期；（8）Action：动作模块，包括运动控制和效应器。因此，CAUT 可以表示为如图 9—2 所示。

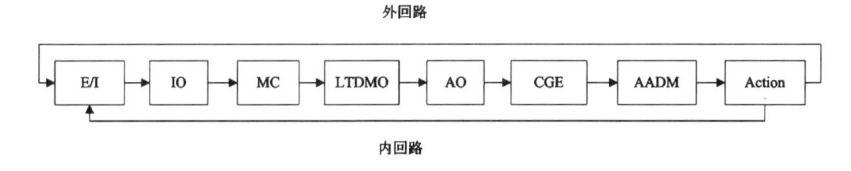

图 9—2　模块化表示

当我们感知到（看到或听到）外部对象时，通过视觉或听觉通道编码表示为内部对象，然后判断内部对象是否存储于长时陈述性记忆中，如果已经存储就激活相应的对象进入活动对象中，如果没有存储就不停复述、直接进入活动对象（工作记忆的一部分）中（如现实生活中我们记一个陌生的电话号码需要不断重复）。工作记忆中的活动对象会激活长时程序性记忆中的相应动作，激活的动作可能不止一个，通过决策选择一个动作执行。

与其他认知结构如 ACT-R[①]、SOAR[②]、CLARION[③] 等模型相比，该模

[①] Anderson, J. R., Bothell, D., Byrne, M. D., Douglass, S., Lebiere, C., & Qin, Y., "An Integrated Theory of the Mind", *Psychological Review*, Vol. 111, 2004, pp. 1036 – 1060.

[②] Laird, J. E., Newell, A., and Rosenbloom, P. S., "Soar: An architecture for General Intelligence", *Artificial Intelligence*, Vol. 33, 1987, pp. 1 – 64.

[③] R. Sun & I. Naveh, "Simulating Organizational Decision Making with a Cognitive Architecture CLARION", *Journal of Artificial Society and Social Simulation*, Vol. 7, 2004, pp. 1 – 39.

型具有以下特点:

(1) 在效应器和感觉器官之间增加了内部言语回路,如默读等,回路的存在已经在认知神经科学中已得到证明;①②③

(2) 长时记忆进一步区分为陈述性记忆（declarative memory）和程序性记忆（procedural memory），并与学习过程中的知识和技能相对应;

(3) 强调记忆的巩固。最近研究表明,在学习或其他认知过程对长时记忆的使用与记忆的巩固是分开的,记忆的巩固发生在认知过程之后。④⑤

三 典型课堂交互认知分析与模拟

(一) 研究对象

我们选取七年级（上学期）一节数学课,讲授内容为第一章《丰富的图形世界》中的第四节《从不同方向看》。所用教材为北京师范大学出版社出版的义务教育课程标准实验教科书,七年级上册数学（2005年5月第四版），授课教师为济南育英中学唐鲁军。

(二) 典型课堂交互序列

出于研究的需要,先将课堂视频转换为文本。在观看录像的过程中,我们发现,初中数学课堂中教师经常使用实物（或教具）及多媒体课件来帮助学生理解,因此在转换过程中不仅要把教师的课堂话语转换为文本,对于课堂教学中所用的实物展示及大屏幕所展示的内容,通过加标注、注释等方法记录下来。

在研究中采取"教学目标—教学子目标"的方法对课堂交互文本进

---

① Wiley, Norbert, "Inner Speech as a Language: A Saussurean Inquiry", *Journal for the Theory of Social Behavior*, Vol. 36, 2006, pp. 319 – 341.

② Sophie K. Scott, Carolyn McGettigan and Frank Eisner, "A Little more Conversation, A Little Less Action-candidate Roles for the Motor Cortex in Speech Perception", *Nature Review Neuroscience*, Vol. 10, 2009, pp. 295 – 302.

③ Friedemann Pulvermüller and Luciano Fadiga, "Active Perception: Sensorimotor Circuits as a Cortical Basis for Language", *Nature Review Neuroscience*, Vol. 11, 2010, pp. 351 – 360.

④ Susanne Diekelmann and Jan Born, "The Memory Function of Sleep", *Nature Reviews Neuroscience*, Vol. 11, 2010, pp. 114 – 126.

⑤ Pierre Maquet, "The Role of Sleep in Learning and Memory", *Science*, Vol. 294, 2001, pp. 1048 – 1052.

行分类。教学目标的确立依据布卢姆的教育目标分类学（修订版）[①]，从知识和认知过程两个维度进行分析。我们对《从不同方向看》课堂交互文本中的教学活动进行分类，按照时间序列得到了 9 种教学活动。我们选取了讲解概念的交互序列，如图 9—3 所示。

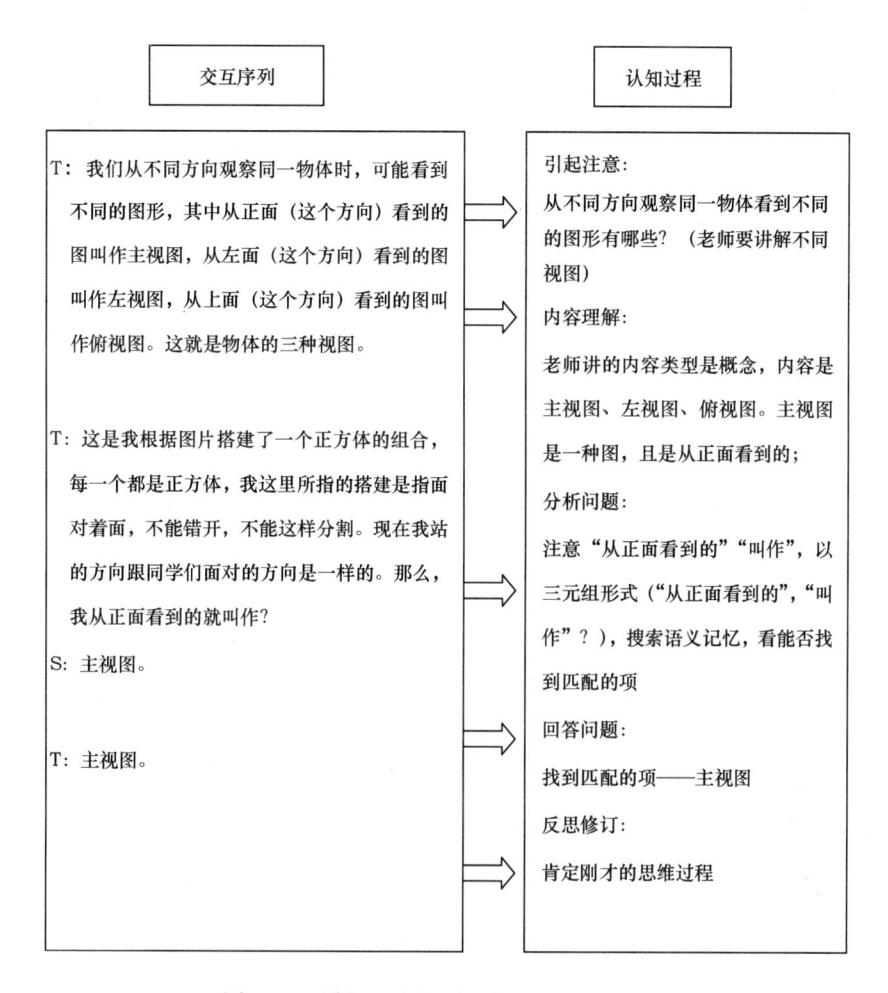

交互序列	认知过程
T：我们从不同方向观察同一物体时，可能看到不同的图形，其中从正面（这个方向）看到的图叫作主视图，从左面（这个方向）看到的图叫作左视图，从上面（这个方向）看到的图叫作俯视图。这就是物体的三种视图。	引起注意：从不同方向观察同一物体看到不同的图形有哪些？（老师要讲解不同视图）
T：这是我根据图片搭建了一个正方体的组合，每一个都是正方体，我这里所指的搭建是指面对着面，不能错开，不能这样分割。现在我站的方向跟同学们面对的方向是一样的。那么，我从正面看到的就叫作？ S：主视图。	内容理解：老师讲的内容类型是概念，内容是主视图、左视图、俯视图。主视图是一种图，且是从正面看到的； 分析问题：注意"从正面看到的""叫作"，以三元组形式（"从正面看到的"，"叫作"？），搜索语义记忆，看能否找到匹配的项 回答问题：找到匹配的项——主视图
T：主视图。	反思修订：肯定刚才的思维过程

图 9—3　讲解"主视图"概念课堂交互序列

[①] [美] L. W. Aderson 等编著：《布卢姆教育目标分类学（修订版）》，蒋小平等译，外语教学与研究出版社 2009 年版，第 52—67 页。

（三）交互序列认知过程模拟

ACT-R 是美国卡耐基·梅隆大学著名认知心理学家安德森领导的认知科学实验室多年研究的国际上著名认知仿真工具。其内部架构、参数设定都是根据大量的认知心理学实验数据得到的，很多数据是通过核磁共振实验精确验证过的。其外在表现是一种编程语言，使用这种编程语言编写的程序就符合了 ACT-R 内部的认知预设，从而能够和真人实验的认知过程一致，达到仿真的效果。它已经被广泛使用来模拟人类认知行为的不同方面，例如汉诺塔问题、语言理解、模式识别、记忆、简单几何证明等。

学习过程的模拟是非常复杂的，需要对每一句话在特定的情境下进行分析。图 9—3 给出了一个典型的课堂交互序列，限于篇幅，本部分只选取"教师提问—学生回答"的课堂交互序列进行模拟分析，提供课堂交互分析的一种方法。交互序列如图 9—3 所示，其中 T 表示教师（Teacher），S 表示学生（Student）。

T："那么，我从正面看到的就叫作？"
S："主视图"。

利用 CAUT 模型对选取的课堂交互序列进行分析，分析的结果转换为能在 ACT-R 中执行的程序（.lisp 格式），从而实现学习过程模拟。

教师在提问之前已经讲述了"主视图"的概念，即假定学生长时陈述性记忆中存储"从正面看到的图叫作主视图"。下面把教师提问—学生回答的认知过程描述如下。

（1）学生听到教师的话语"那么，我从正面看到的叫作？"分词后由听觉通道进入大脑（如威尼克区）并进行相应的神经编码；（2）编码后的词激活长时陈述性记忆（LTDMO）中心理词典（mental lexicon）中相关对象并进入活动对象集合（AO）；（3）活动对象集合（工作记忆的一部分）中的内容，经过语义理解，设定该句话的目标为搜索问题，搜索三元组（从正面看到的叫作？）；（4）活动对象激活长时程序性记忆中的产生式，并产生相应的动作；（5）激活的动作可能不止一个，通过"决策"来选择其中的一个动作执行；（6）以三元组的形式（从正面看到的叫作？）在长时程序性记忆中搜索；（7）只有一个与之匹配的答案"主视图"，搜索结束；（8）学生说出答案。

为了形象直观的表示学生听到"那么，现在我从正面看到的就叫作？"后，回答"主视图"的认知过程，用 M 行 8 列的认知矩阵来表示，如图 9—4 所示。其中，左侧的数字表示行号，每行代表认知逻辑步骤（cognitive logic step），并非实际执行的步骤，最后一行表示认知结束。8 列与图 9—2 中的 8 个模块相对应。从图 9—4 中分析看出，第 7 行设定目标，直到第 9 行理解老师的话，第 12 行给出答案，即达到目标，认知任务结束。

ACT-R 提供了抽象的认知结构，仅从功能的角度对认知模型进行了描述。在研究需要根据认知矩阵的分析过程，编写能够在 ACT-R 中模拟的程序，编写的程序为 .lisp 格式，模拟结果如图 9—5 所示，最小时间间隔为 0.05 秒（默认值）。

通过模拟可以发现，学生在回答问题时首先要确定目标（goal），突出目标的重要性，这与加涅提出的"九大教学事件"中的"告知学习者目标"教学事件相一致。根据活动集合中的对象，激活了相匹配的产生式（proceduction-fired），并在长时陈述性记忆中开始提取（start-retrieval）；当有多个产生式同时被激活时，会采取冲突解决（conflict-resolution）策略，选择其中的一个产生式执行；0.015 秒时，其中的一个产生式被激活，在长时陈述性记忆中搜索，找到与之匹配的内容，达到目标，

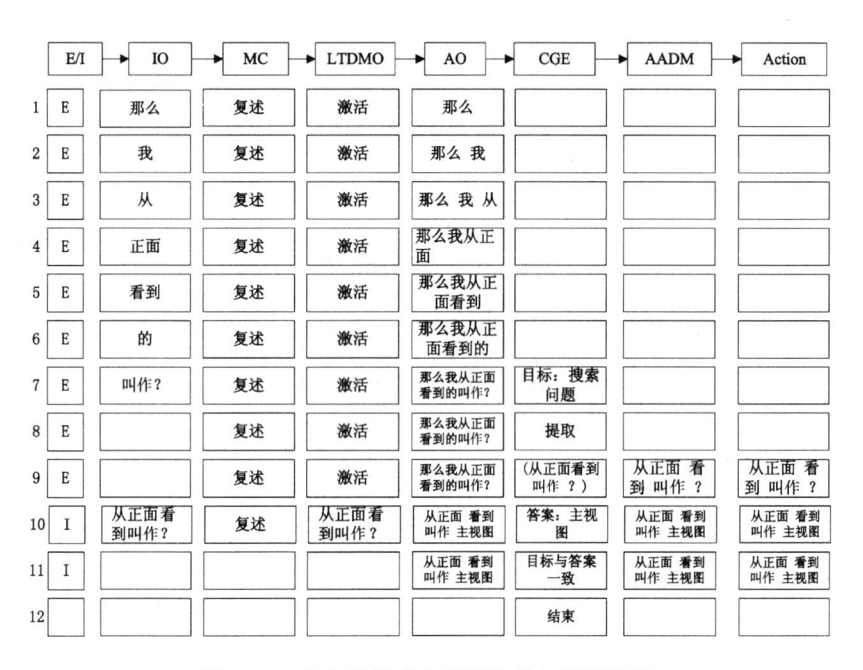

	E/I	IO	MC	LTDMO	AO	CGE	AADM	Action
1	E	那么	复述	激活	那么			
2	E	我	复述	激活	那么 我			
3	E	从	复述	激活	那么 我 从			
4	E	正面	复述	激活	那么我从正面			
5	E	看到	复述	激活	那么我从正面看到			
6	E	的	复述	激活	那么我从正面看到的			
7	E	叫作？	复述	激活	那么我从正面看到的叫作？	目标：搜索问题		
8	E		复述	激活	那么我从正面看到的叫作？	提取		
9	E		复述	激活	那么我从正面看到的叫作？	（从正面看到叫作？）	从正面 看到 叫作？	从正面 看到 叫作？
10	I	从正面看到叫作？	复述	从正面看到叫作？	从正面 看到叫作？	答案：主视图	从正面看到叫作 主视图	从正面 看到 叫作 主视图
11	I				从正面 看到 叫作 主视图	目标与答案一致	从正面 看到 叫作 主视图	从正面 看到 叫作 主视图
12						结束		

图 9—4 学生回答"主视图"认知矩阵描述

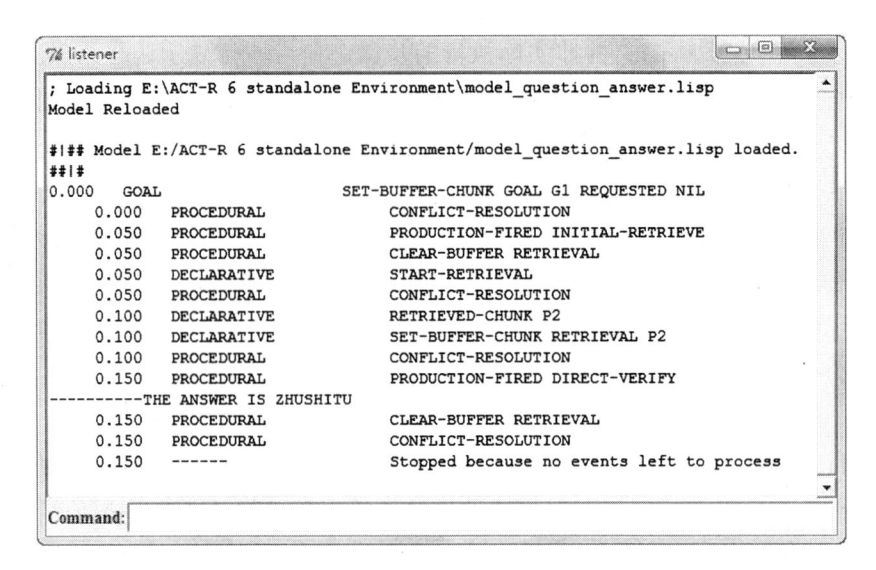

```
; Loading E:\ACT-R 6 standalone Environment\model_question_answer.lisp
Model Reloaded

#|## Model E:/ACT-R 6 standalone Environment/model_question_answer.lisp loaded.
##|#
0.000   GOAL              SET-BUFFER-CHUNK GOAL G1 REQUESTED NIL
    0.000   PROCEDURAL        CONFLICT-RESOLUTION
    0.050   PROCEDURAL        PRODUCTION-FIRED INITIAL-RETRIEVE
    0.050   PROCEDURAL        CLEAR-BUFFER RETRIEVAL
    0.050   DECLARATIVE       START-RETRIEVAL
    0.050   PROCEDURAL        CONFLICT-RESOLUTION
    0.100   DECLARATIVE       RETRIEVED-CHUNK P2
    0.100   DECLARATIVE       SET-BUFFER-CHUNK RETRIEVAL P2
    0.100   PROCEDURAL        CONFLICT-RESOLUTION
    0.150   PROCEDURAL        PRODUCTION-FIRED DIRECT-VERIFY
----------THE ANSWER IS ZHUSHITU
    0.150   PROCEDURAL        CLEAR-BUFFER RETRIEVAL
    0.150   PROCEDURAL        CONFLICT-RESOLUTION
    0.150   ------            Stopped because no events left to process
```

图 9—5　认知过程模拟

认知过程结束。

（四）模拟结果分析

通过上述模拟深入研究学生回答问题的内部认知过程，并通过 ACT-R 将这种内部认知过程展现出来，将该学习活动所涉及的陈述性知识和程序性知识提取出来。教师根据不同的知识类型采用不同的教学方法，如主视图、左视图、命题等陈述性知识主要通过教师讲解来记忆；而像算术计算、解方程、几何证明等程序性知识需要学生在实际的做题过程中不断训练才能获得。

该模型还可以分析师生的交互是否有效促进了学生的认知，是否符合学生的认知规律。例如，两种不同的提问方式"从正面看到的叫作？"和"主视图是从正面看到的吗？"属于两种不同的问题，前者是搜索问题，后者是判断问题。在 ACT-R 中模拟回答这两类问题的认知过程是不同的，学生在回答这两类问题时所需要的程序性知识也不同。

第三节　认知过程分析对课堂教学的启示

通过以上分析可以发现，不同的课堂交互会产生不同的学习过程，进而产生不同学习结果,因此,教师在课堂教学中应该注意以下三点。

(一)精心设计课堂提问,促进学生深度理解

在中小学课堂中,提问依然是课堂交互的一种常用方法。然而,从实际课堂观察可以发现,教师往往为了课堂表面的热闹而简单、随意甚至重复的提问,部分提问缺乏科学依据和科学设计,课堂提问问题层次较低,纯粹记忆性问题过多的抑制了学生思维的发展,不利于教学内容的深度理解。教师应该根据学生认知特点和所讲内容特点,精心设计有效课堂提问,使学生在回答问题的过程中,自动建立新旧知识之间的联系,加深对所学内容的理解。从上述模拟过程可以看出,关于"主视图"的不同提问"从正面看到的叫作?"和"主视图是从正面看到的吗?",产生的认知过程是不同的。卢正芝等提出了有效课堂提问的标准,[1] 为教师设计有效课堂提问提供了参考。

(二)合理提供反馈,让学生积极参与学习过程

在课堂教学中,教师对于学生的回答往往采用"好""对""错误"等简单评价,提供的反馈方式单一,尤其是对于学生回答错误或不完全正确的情况,缺乏进一步的启发和诱导。对于教师的提问,不可能所有学生都回答正确,合理的启发和反馈非常有必要;即使对于学生回答正确的情况,也可以对学生做出该回答的过程进行询问,如"你是怎么得出这个答案的?""为什么这么回答?"等,帮助学生更多地关注学习过程,建立新旧知识之间的联结,养成"知其然更要知其所以然"的习惯。

(三)科学设计教学过程,帮助学生养成良好的思维习惯

在中小学阶段帮助学生养成良好的思维习惯比简单的获取知识更为重要。良好的思维习惯能使学生遇到相似问题或新问题时,顺利地实现知识迁移,甚至创造性的解决问题。思维习惯是隐性知识的重要内容,也是程序性记忆的重要组成部分,其养成是一个长期的过程。思维习惯的养成要与具体学科知识教学相联系,这就要求教师在上课过程中针对知识点设计典型的问题进行讲解,讲解过程的每一步都要有意识训练学生的思维能力,更加重视问题解决的过程,让学生在问题解决的过程中不断养成良好的思维习惯。例如:在讲解小学五年级数学(下册)"众数"概念时,通

---

[1] 卢正芝、洪松舟:《教师有效课堂提问:价值取向与标准建构》,《教育研究》2010年第4期。

常的方法是给出问题和数据，然后告诉学生"一组数据中出现次数最多的数是这组数据的众数"。与之不同的另一种方式是呈现现实问题，如"我们班明年举办生日庆祝活动，给某月出生的同学过生日，如果你是班主任，会选哪个月"，贴近学生生活实际，学生自己能收集数据并做出选择，根据统计结果会选择过生日最多的月份，然后引出"众数"的概念。虽然两种不同的教学过程，学生都能学会"众数"概念，但概念理解程度和运用"众数"概念解决实际问题的能力是有差异的。教师在课堂教学中应帮助学生养成运用数学知识解决实际问题的思维习惯。

第四节　小结

本文从行为系统和信息系统视角分析了已有课堂交互分析方法，在此基础上，提出从认知过程的角度对课堂交互进行了分析。根据脑科学、认知心理学、认知神经科学的研究成果，提出了课堂交互认知框架——CAUT。随后，选择中学（七年级）数学课堂《从不同方向看》中典型课堂交互序列利用 CAUT 进行分析，并在 ACT-R 中实现认知模拟。根据课堂交互认知分析与模拟结果，为课堂教学提出了三点建议，帮助教师设计更加有效的教学。

然而，在基于学习过程的课堂交互分析过程中，本章仅选取了一小段进行了分析，认知程序的编写需要对学习过程具体而深刻的理解，如何利用 CAUT 模型自动生成认知程序，并在 ACT-R 中实现对整堂课的模拟，需要我们进一步的研究。

结　　论

本书以数学教育学和学习科学关于问题解决过程的研究成果为基础，以我国小学数学问题为研究对象，探索了问题解决认知模拟的方法，研究过程以问题解决认知过程分析、模拟与应用为主线，研究内容包括以下三部分：

（1）构建了小学数学问题解决认知模型，提出了建立小学数学问题解决 ACT-R 模型的方法。在波利亚数学问题解决模型的基础上，细化问题解决的每一阶段，结合小学儿童的思维特点，分析了小学数学每类知识的典型问题，根据认知心理学、脑科学、认知神经科学等领域的研究成果，构建了小学数学问题解决的认知模型，介绍了 CMMPS 的特点、应用范围及教育意义，为分析问题解决认知过程奠定了基础。

（2）基于认知模型构建了小学数学典型问题的 ACT-R 模型，实现了小学数学问题解决认知模拟，采用口语报告法对问题解决认知模拟进行了实证研究。根据构建的认知模型 CMMPS，分析了小学数学两类典型问题"众数"和"异分母相加"的问题解决认知过程，并使用 Lisp 语言编写认知程序，在 ACT-R 中实现了模拟。取某小学五、六年级各六名学生，分别以"众数"和"异分母相加"问题为测试材料，采用口语报告法进行了实验。编码并分析口语报告数据，并与认知模拟过程比较，结果发现两者一致。

（3）介绍了认知分析与模拟在数学教学中的应用。首先，提出了基于认知过程的数学探究问题设计依据与原则，给出了设计流程与方法，以此为依据，针对小学数学四年级下册的所有知识点设计了典型探究题，并在数学课堂探究教学中开展了实证研究，结果表明，使用典型探究问题开展教学前后，学生尤其是数学推理能力较差学生的数学推理能力有了明显提升。

随后，提出了基于小学数学问题解决 ACT-R 模型的"一对一"认知诊断的方法和流程，并对数学学习困难学生和数学课堂交互进行了实证研究。"一对一"认知诊断重视学习的过程，能够满足儿童不同的现有水平和未来发展水平、结合教学与诊断的一种动态评价方法，兼顾学习结果的评估和学习过程的剖析，综合鉴定与分类、诊断与处方的评价功能，针对学生在做题过程中的表现给予及时、适当的反馈，引导学生逐步完成问题解决，达成目标。实验过程中，设计典型的"众数"和"圆柱侧面积"问题，对五年级 28 名学生进行了 118 次口语报告实验，六年级 50 名学生进行了 146 次口语报告实验，记录并分析了每一阶段学生问题解决认知过程的特点、典型学生在不同阶段问题解决认知过程的变化情况。结果显示诊断与干预效果显著，之后论述了实验结果对数学教学的启示。

最后，在分析已有课堂交互分析方法的基础上，提出了课堂交互认知分析框架，选择中学（七年级）数学课堂《从不同方向看》中典型课堂交互序列进行分析，并在 ACT-R 中实现认知模拟。根据课堂交互认知分析与模拟结果，为课堂教学提出了三点建议，帮助教师设计更加有效的教学。

综上所述，本书的核心在于构建了小学数学问题解决的认知模型，主要贡献是采用计算机模拟和口语报告实验的方法证明了认知模型的有效性，通过"一对一"认知诊断与干预教学实践，介绍了认知模型在数学教学的应用。对问题解决认知过程的分析，有助于把握学习过程，保证学习有效发生。

综合分析本研究的工作和取得的主要成果，创新点表现在以下两个方面：

（1）在波利亚数学问题解决模型基础上，细化问题解决阶段，构建了小学数学问题解决认知模型，提出了建立小学数学问题解决 ACT-R 模型的分析方法。

波利亚给出了数学问题解决的阶段模型，该模型适合所有的数学问题，且每一阶段的内部过程没有论述。针对这一缺陷，本研究综合运用认知心理学、脑科学、认知神经科学的研究成果，对波利亚数学问题解决模型进一步细化，构建了小学数学问题解决的认知模型，分析问题解决的认知过程，编写认知程序并在 ACT-R 中实现模拟，模拟过程与口语报告实验的结果一致。

（2）以小学数学典型问题的 ACT-R 模型为依据，采用"一对一"的方式对数学解题困难学生的问题解决过程诊断并提供干预，诊断准确，干预效果显著。

针对学习评价重视结果而忽视过程的缺陷，本研究以认知模型为依据，以小学数学问题解决认知过程分析为基础，设计典型问题，记录学生尤其是解题困难学生解题过程，诊断导致解题困难的内部过程，提供有针对性的提示进行干预，让学生自己正确解答问题。诊断正确、干预效果显著。这在一定程度上能够帮助学习困难学生养成良好的数学思维习惯和解题习惯，培养数学学习的兴趣。

本研究对问题解决的认知过程进行了初步探索，尽管取得了一些成果，还存在以下不足：

（1）在认知模拟部分，知识点虽有代表性，但数量有限，口语报告的数量也有限。

（2）在"一对一"认知诊断与干预的实验中，只选取了典型的"众数"和"圆柱侧面积"问题，知识点虽有代表性，但范围有待进一步扩大。

（3）在"一对一"认知诊断与干预的实验中，分析了不同阶段学生解题认知过程的变化情况。

小学数学问题解决认知过程的分析是一个系统、长期的工作，本书只是在认知模型的构建、模拟与实验以及教学应用方面进行了探索性的工作。下一步将扩大知识点的覆盖范围，增加口语报告数量；在较长时间内考查学生认知过程变化情况。

附　录

附录一　"异分母相加"问题解决认知模拟程序

程序文件名:"model_ yifenmuixangjia. lisp"
(clear-all)
(define-model yifenmuxiangjia
(sgp : esc t : lf . 05)
(chunk-type known-condition object value)
(chunk-type fenshu object fenzi fenmu)
(chunk-type zuixiaogongbeishu fenmu1 fenmu2 value)
(chunk-type tongfen zuixiaogongbeishu fenshu　value)
(chunk-type addition addend1　addend2　sum stage)
(chunk-type count-tongfenmu tongfenmu1 tongfenmu2　sum)
(add-dm
(yellow-grid isa chunk)
　　(black-grid isa chunk)
　　(qiuzuixiaogongbeishu isa chunk)
　　(tongfen-add1 isa chunk)
　　(tongfen-add2 isa chunk)
　　(addition isa chunk)
　　(p1 ISA known-condition object yellow-grid　value 1/3)
　　(p2 ISA known-condition object black-grid　value 2/5)
　　(p3 ISA fenshu object 1/3 fenzi 1 fenmu 3)
　　(p4 ISA fenshu object 2/5 fenzi 2 fenmu 5)
　　(p5 ISA zuixiaogongbeishu fenmu1 3 fenmu2 5 value 15)

(p6 ISA tongfen zuixiaogongbeishu 15 fenshu 1/3 value 5/15)
(p7 ISA tongfen zuixiaogongbeishu 15 fenshu 2/5 value 6/15)
(p8 ISA count-tongfenmu tongfenmu1 5/15 tongfenmu2 6/15 sum 11/15)
(goal1 ISA addition　addend1 1/3 addend2 2/5 sum nil stage nil)
)
(p initial-retrieve
　　=goal>
　　　　ISA　　　　　addition
　　　　addend1　　　=add1
　　　　addend2　　　=add2
sum　　　　　　nil
stage　　　　　nil
　　==>
　　　=goal>
stage　　　qiuzuixiaogongbeishu
　　　+retrieval>
　　　　ISA　　　　　zuixiaogongbeishu
;;! output! (—zuixiaogongbeishu =num1)
)
(p tongfen-add1
　　=goal>
　　　　ISA　　　　　addition
　　　　addend1　　　=add1
　　　　addend2　　　=add2
stage　　　qiuzuixiaogongbeishu
　　　=retrieval>
　　　　ISA　　　　　zuixiaogongbeishu
value　　　=val
　　==>
　　　=goal>
stage　　tongfen-add1

```
            + retrieval >
                ISA              tongfen
        fenshu            = add1

    ！output！（—3-and-5-zuixiaogongbeishu = val）    ；；输出3和5的最小公倍数为15。
    )
    （p tongfen-add2
        = goal >
                ISA         addition
            addend1       = add1
            addend2       = add2
        stage       tongfen-add1
        = retrieval >
                ISA               tongfen
        zuixiaogongbeishu    = num
        fenshu              = add1
        value               = tongfenhou-add1
    = = >
            = goal >
        stage      tongfen-add2
            + retrieval >
                ISA                  tongfen
        zuixiaogongbeishu   = num
        fenshu              = add2
    ！output！（—1/3-tongfenhou fenzi 5 fenmu 15）；；！output！（—1/3-tongfenhou  = tongfenhou-add1）        ；；输出1/3通分后的结果。
    )
    （p addition
        = goal >
                ISA         addition
            addend1       = add1
```

```
        addend2       = add2
stage      tongfen-add2
     = retrieval >
         ISA                 tongfen
zuixiaogongbeishu   = num
fenshu              = add2
value               = tongfenhou-add2
   = = >
     = goal >
stage   addition
      + retrieval >
         ISA                 count-tongfenmu
! output！（—2/5-tongfenhou  fenzi 6 fenmu 15）；；! output！（—2/5-tongfenhou  = tongfenhou-add2）        ；；输出2/5通分后的结果。
)
(p get-sum
    = goal >
        ISA        addition
        addend1    = add1
        addend2    = add2
stage    addition
    = retrieval >
        ISA              count-tongfenmu
sum           = count
  = = >
    = goal >
sum        = count
! output！（—sum = count）
)
(P stop
   = goal >
        ISA        addition
```

```
           addend1      = add1
           addend2      = add2
sum               = count
 = = >
     ！output！（—sum finished—）
    -goal >
)
( goal-focus goal1 )
)
```

附录二 "众数"问题解决认知模拟程序

程序文件名"model_ zhongshu_ ProblemUnderstand. lisp"
(clear-all)
(define-model zhongshu
(sgp : esc t : lf . 05)
(chunk-type role-affair role affair value)
(chunk-type selected_ month value stage)
(chunk-type statistics category amount)
(chunk-type compare category amount value)
(add-dm
　　　(banzhuren isa chunk)
(select-month isa chunk)
(month_ birthday_ most_ students isa chunk)
(statistic_ everymonth_ birthday isa chunk)
(compare_ everymonth_ birthday isa chunk)
　　　(identify_ month_ most_ birthday isa chunk)
　　　(yuefen isa chunk)
　　　(renshu isa chunk)
　　　(month-has-largest-number isa chunk)
　　(p1 ISA role-affair role banzhuren　affair select-month　value month_ birthday_ most_ students)
　　(p2 ISA statistics category yuefen amount renshu)
　　(p3 ISA compare category yuefen amount renshu value month-has-largest-number)
　　(goal1 ISA selected_ month　value nil stage nil)

)
(p initial-retrieve
    = goal >
        ISA   selected_ month
value   nil
    = = >
        = goal >   ;; 目标转换，过生日最多的月份。
stage   month_ birthday_ most_ students
    + retrieval >
        ISA   role-affair
role   banzhuren
! output! (—wenti-stage1 month_ birthday_ most_ students)
;; 输出将目标转换求为过生日最多的月份
)
    ;; 统计每个月过生日的人数
(p statistic_ everymonth_ birthday
    = goal >
        ISA   selected_ month
stage   month_ birthday_ most_ students

    = = >
        = goal >
stage   statistic_ everymonth_ birthday
    + retrieval >
        ISA   statistics
category   yuefen
! output! (—wenti-stage2 statistic_ everymonth_ birthday)
;; 输出统计每个月过生日的人数
)
(p compare_ everymonth_ birthday   ;; 比较每个月过生日的人数。
    = goal >
        ISA   selected_ month
stage   statistic_ everymonth_ birthday

```
    ==>
       =goal>
    stage      compare_ everymonth_ birthday
         +retrieval>
           ISA           compare
category    yuefen
! output! (—wenti-stage3 ompare_ everymonth_ birthday)
;;输出比较每个月过生日的人数
)

(p identify_ month_ most_ birthdays        ;;确定人数最多的月份。
       =goal>
           ISA           selected_ month
    stage      compare_ everymonth_ birthday
        ==>
       =goal>
    stage      identify_ month_ most_ birthday
! output! (—wenti-stage4 identify_ month_ most_ birthdays)
;;输出确定人数最多的月份。
)

(P stop
    =goal>
         ISA           selected_ month
    stage      identify_ month_ most_ birthday
  ==>
       ! output! (—identify_ month_ most_ birthday finished—)
     -goal>
)
(goal-focus goal1)
)
```

"众数"课后探究口语报告(部分学生)

课后探究题目:

某鞋厂准备推广一批新式运动鞋,打算为我们班某一种鞋码的同学提供免费试穿,如果你是班长,你会如何选择?

学生1:DuanYC

[读题] 某鞋厂准备推广一批新式运动鞋,打算为我们班某一种鞋码的同学提供免费试穿,如果你是班长,你会如何选择?

[分析] 我会选择一样的鞋码。

[思考] 选择每个同学适合的鞋码。[诊断:1. 解题策略不明确,不知道要选的是哪个鞋号? 题意不理解。]

[主试:这是你们班学生信息表]

[看学生信息表] 我会选择11个……我会选择7个39号的。

[主试:你可以在草稿纸上写出来]

[草稿纸上写出:

WangC WangYF ChengYN DuanQ CuiW DuanYF 39号

LiuML WangSY WangWY ZhangN DuanYC ChengY LiuJ 38号

MaHR DuanXY DuanJN MaYY DuanZM DuanXN DuanXT 37号(漏掉XingQL)

DuanYM DuanHJ DuanZX 36号

MaJW MaYP 40号]

我会选38号,因为(穿)38号(鞋)的人很多。我会选择6个39号的鞋,选择7个38号的鞋,还有7个37号的鞋,3个36号的鞋,2个40号的鞋。

[诊断:学生为什么把姓名列出来,而不是直接数数把结果列出呢?推断学生在统计策略方面存在问题。]

学生2:MaYP

[读题] 某鞋厂准备推广一批新式运动鞋,打算为我们班某一种鞋码的同学提供免费试穿,如果你是班长,你会如何选择?

［分析］我会选穿38码的同学。因为穿38码的同学比较多。因为我看到过那张纸（学生信息表）。

［在学生信息表上数］数出来的有7个。

［主试：就数它一个就行，别的不用数了？］

是。

［输出］我会选择38码的同学。

［诊断：MaYP同学不知道先统计后再比较，而是只数那些看到的比较多的鞋号，解题策略不够严谨。］

学生3：DuanHJ

［读题］某鞋厂准备推广一批新式运动鞋，打算为我们班某一种鞋码的同学提供免费试穿，如果你是班长，你会如何选择？

［读完题后很快回答，几乎没怎么思考］我会选择一种36号的鞋。（诊断1：缺少思考，随便说。）我通过调查，知道我们班的人穿的鞋大多数都是36号的。

［主试：你是怎么调查的？］我和同桌，我们俩分配任务，一人查两列，然后进行统计，发现（穿）36号鞋的同学好多。

［主试：这是你们班的鞋码，你看结果是多少？］37（号鞋）。（诊断2：不知道对每个鞋号的人数比较。）

［主试：你是怎么选出的？］

［被试在信息表上数数］因为穿37号鞋的人也挺多的，不是非常的多。我还会根据我们班同学穿鞋的号码来推广一些新式运动鞋。我会每一种鞋码都推广，这样每一个同学都可以穿到自己满意的鞋。（诊断3：题意不理解，不确定解题的策略。）

［主试：这个题你会选哪个？］

37号的。

［主试问：为什么选37号？］

因为穿37号鞋码的人都是我的好朋友（诊断4：不确定解题的策略。）还有39号（诊断：不理解题意，"为我们班某一种鞋码的同学"，却选择多于一种鞋码）。因为我有一个朋友对我说，她很喜欢大号的鞋，所以我会选择39号。

［如果你是班长会怎么选呢？］

我会听同学们的意见，和他们一起讨论，然后再作出决定，选 37 号和 39 号。（诊断：不理解题意，"为我们班某一种鞋码的同学"，却选择多于一种鞋码；注意力不集中。）

学生 4：DuanZX

[读题] 某鞋厂准备推广一批新式运动鞋，打算为我们班某一种鞋码的同学提供免费试穿，如果你是班长，你会如何选择？

[思考] 我会选择 39 号鞋，认为穿 39 号鞋的人比较多。

[主试：你怎么知道 39 号鞋的人比较多？]

统计出来的。（诊断：知道解题策略，求多的鞋号，也知道如何去统计，但结果错误。）

[主试：你是怎么统计的？把统计的过程在纸上写出]

（在纸上写出）36 36 36 36 37 37 37 37 37 37 37 37 38 38 38 38 38 38 38 39 39 39 39 39 39 39 40 40

穿 39 号鞋的有 7 个，（再数）穿 37 号鞋的最多。

[主试：几个？]

8 个。

（在纸上写出）穿 37 号鞋的有 8 个，穿 38 号鞋和 39 号鞋的都有 7 个

[主试：最后选择哪个？]

选 37 号鞋，穿 37 号鞋的人最多。

（总结：学生将比较过程写出，不容易出错。）

"众数"诊断干预过程

考察解题策略题目：

题目 1：全校要组织一次春游，只能选一个地方，可供大家选择的地点有：

1. 北京天安门；2. 白洋淀；3. 泰山

如果你是校长，你会如何选择？

姓名：_____   性别：_____

题目 2：我们班要组织春游，只能选一个地方，可供大家选择的地点有：

1. 北京天安门；2. 白洋淀；3. 泰山

如果你是班长，该如何选择？

考查统计技能题目：

题目1：[五年级下册（人民教育出版社）第六单元课后练习题第 123 页]

姓名：_____ 性别：_____

五（1）班全体同学左眼视力情况如下：

5.0　4.9　5.3　5.2　4.7　5.2　4.8　5.1　5.3　5.2
4.8　5.0　4.5　5.1　4.9　5.1　4.7　5.0　4.8　5.1
5.0　4.8　4.9　5.1　4.5　5.1　4.6　5.1　4.7　5.1
5.0　5.1　5.1　4.9　5.0　5.1　5.2　5.1　4.6　5.0

这组数据的众数是多少？

学生1：DuanYC

说明：综合平时数学成绩和任课教师反映，DuanYC 同学数学成绩很差，在班里倒数一、二名。

一、诊断干预过程

[看题]：某鞋厂准备推广一批新式运动鞋，打算为我们班某一种鞋码的同学提供免费试穿，如果你是班长，你会如何选择？

[分析解题思路]：我会先对它排列，排列后去准备，准备适合我们班同学穿的鞋。

[主试：适合你们班穿的鞋，指什么？]

[思考] 就是鞋号配合它。

[主试：你看一下这道题说的是什么意思？]

[读题]：某鞋厂准备推广一批新式运动鞋，打算为我们班某一种鞋码的同学提供免费试穿，如果你是班长，你会如何选择？

[分析]：我会选择27号的。

[主试：为什么选27号的？]

[主试：这个题是让你选几种鞋号？]

四种。

［主试：你看一下题，是让你选几种鞋号？一种？两种？三种？还是好多种？］

一种。

［主试：这个题说的什么意思？］

我们班打算推广一批新式运动鞋，（漏掉"我们班某一种鞋码的同学"）给同学免费试穿，如果你是班长，你会怎样选择？

［主试：推广的鞋码是一样的吗？］

不一样。

［主试：推广的运动鞋鞋码是一种鞋码？两种鞋码？还是多种鞋码？］

一种。

［主试：推广一种，你是班长的话，你会考虑哪些因素？］

让同学们穿的合适。

［主试：你是班长，是让少数人穿的合适还是让多数人穿的合适？］

多数人。

［主试：怎么知道穿某一种鞋码的学生是多数呢？］

我会问他们，选我们班最多的鞋码。

［主试：这是你们班鞋码信息表，你看选哪一种鞋码？］

［写出］7个39的，8个37的，7个38的，2个40的，4个36的。

［主试：选择哪一个？］

会选择37（鞋码）的，因为37鞋码的人最多。

二、干预效果检测

（一）考查学生解题策略

题目1. 我们班要组织春游，只能选一个地方，可供大家选择的地点有：

1. 北京天安门；2. 白洋淀；3. 泰山

如果你是班长，该如何选择？

［看题］：我们班要组织春游，只能选一个地方，可供大家选择的地点有：

1. 北京天安门；2. 白洋淀；3. 泰山 如果你是班长，该如何选择？

［分析］：我选择白洋淀，因为很多同学喜欢去白洋淀。

［主试：如果你是班长的话，你会怎么选呢？］

我会选择白洋淀，因为很多同学喜欢去白洋淀。［背后隐藏的解题策

略，选很多的那个。学生对"很多"和"最多"区别不理解]

[主试：很多和最多一样吗？]

不一样。

[主试：那选很多的还是最多的？]

最多的。

[主试：怎么知道哪个是最多的？]

会统计。

[主试：统计完成之后呢？]

会排列。看看去哪一个地方的人最多。就选那个。

[分析以上交互内容，反映学生解题策略发生变化]

题目2：全校要组织一次春游，只能选一个地方，可供大家选择的地点有：

1. 北京天安门；2. 白洋淀；3. 泰山

如果你是校长，你会如何选择？

[分析]：我会选择同学们最喜欢的地方，[主试：怎么选？]我会统计，排列。然后选去一个地方最多的同学。（口误：去一个地方最多的。）

[分析以上交互内容，反映学生解题策略发生变化]

(二) 考查统计技能

题目：此题是五年级下册（人民教育出版社）第六单元课后练习题（第123页）

五（1）班全体同学左眼视力情况如下：
5.0 4.9 5.3 5.2 4.7 5.2 4.8 5.1 5.3 5.2
4.8 5.0 4.5 5.1 4.9 5.1 4.7 5.0 4.8 5.1
5.0 4.8 4.9 5.1 4.5 5.1 4.6 5.1 4.7 5.1
5.0 5.1 5.1 4.9 5.0 5.1 5.2 5.1 4.6 5.0

这组数据的众数是多少？

[写出] 5.0：6；4.9：4；5.3：2；5.2：3；4.7：3；5.2：2；4.8：4；5.1：8；5.3：1；5.2：1

这组数据的众数是5.1。

[解题过程分析答案虽然正确，但计算过程错误，5.0 5.2 5.1个数数

错了，说明数数存在问题，漏数］

［主试：众数什么意思？］

众数就是在一组数据中最多的数就是众数。

［主试：你统计时是怎么数的？横着数，竖着数还是随便数？］

横着数。

［主试：你数一下我看看，漏掉一个5.0］

刚才数错了，数漏了。不认真。

［分别数，写出：5.0：7；4.9：4；5.3：2；5.2：4；4.7：3；5.2：2；4.8：4；5.1：12；5.3：1］［检查很重要，即问题解决中的反思、回顾阶段。］

［主试：众数是哪一个？］

5.1。

［解题结束］

学生2：MaYP

说明：据任课教师反映，MaYP同学比较聪明，最近一次考试（12月14号上午）数学成绩95分，最高分97分。

MaYP同学统计有困难，对于解题策略的选择有比较清晰的路线。通过诊断、干预发现，通过干预，该同学产生了明确的策略：第一步，统计去各个地方的人；第二步，选择去人多的地方。在统计鞋号过程中表现出良好的策略：37码：8个；38码：7个；39码：7个，不再统计其他鞋号。他告诉主试，这三个鞋号相加已经22人，班里共28人，还剩下6人，其他鞋号最多也就6人，所以不用数其他鞋号了。

一、诊断干预过程

以下是第一次诊断干预详细记录。

［读题］某鞋厂准备推广一批新式运动鞋，打算为我们班某一种鞋码的同学提供免费试穿，如果你是班长，你会如何选择？

（思考9秒）选择一种鞋码的同学去免费试穿［自己主动去找数据，在信息表上（数11秒）］。（在纸上写出）我会选择37码的同学，因为穿37码的同学最多。

［主试：为什么选最多的？］

因为这样更可以感受出这一批新式运动鞋的感觉如何。［主试问：你是班长的话会这样选择?〕嗯。

〔主试:你是怎么统计的?〕

37 码有 8 个,〔写出:穿 37 码的同学有 8 个。38 码的 7 个,39 码的 7 个〕鞋号最多的是 37(码)。

〔主试:你是怎么看出来的谁最多?〕

数的。

〔主试:数了几个鞋码?〕3 个。

〔主试:哪三个?〕

37(码)、38(码)和 39(码)。

〔主试:为什么就数这三个呢?〕

这三个加起来是 22 个,就还剩下 6 名同学。(就不用数了)

〔主试:37 在鞋码里面叫什么数?〕

众数。

〔主试:众数是什么意思?〕

一组数据中出现次数最多的数。

二、干预效果检测

(一) 考查统计技能

题目:此题是五年级下册(人民教育出版社)第六单元课后练习题(第 123 页)

五(1)班全体同学左眼视力情况如下:
5.0 4.9 5.3 5.2 4.7 5.2 4.8 5.1 5.3 5.2
4.8 5.0 4.5 5.1 4.9 5.1 4.7 5.0 4.8 5.1
5.0 4.8 4.9 5.1 4.5 5.1 4.6 5.1 4.7 5.1
5.0 5.1 5.1 4.9 5.0 5.1 5.2 5.1 4.6 5.0

这组数据的众数是多少?

(数 45 秒)(在纸上写出)4.5 有 2 个 < 4.6 有 2 个 < 4.7 有 3 个 < 4.8 有 4 个 < 4.9 有 4 个 < 5.0 有 6 个 < 5.1 有 12 个 < 5.2 有 4 个 < 5.3 有 2 个,答:这组数据的众数是 5.1。(共用时 7 分 55 秒)

〔主试:你再检查一下〕

5.0 改为 7 个。

［主试：为什么数错了呢？］

忘记了这个。

［主试：你是怎么数的？］

横着数。

(二) 考查解题策略

题目：全校要组织春游，只能选一个地方，可供大家选择的地点有：1. 北京天安门；2. 白洋淀；3. 泰山

如果你是校长，该如何选择？

［读题］全校要组织春游，只能选一个地方，可供大家选择的地点有：1. 北京天安门；2. 白洋淀；3. 泰山

如果你是校长，该如何选择？

［分析］我会选择泰山，因为同学们都去过天安门和白洋淀，没有人去过泰山，所以我会选择泰山。

［主试：他们没去过，就愿意去吗？］

点头。

［主试：你会如何选择呢？］

选泰山，因为去泰山的人可能比较多。因为大部分都没有去过。

［主试：你怎么能知道去泰山的人比较多呢？］

因为老师以前问过大家去过哪里，所以校长会知道。统计一下有多少人愿意去。

［主试：统计完之后呢？］

如果喜欢去的多就去，喜欢去的少就改变。

［主试：最后选择哪一个呢？］

选择去的地方最多的那个。

［主试：那你选择的方法是？］

统计，去哪个地方的人多。然后选择去人多的地方。（形成解题策略）

(三) 巩固解题策略

题目：我们班要组织春游，只能选一个地方，可供大家选择的地点有：

1. 北京天安门；2. 白洋淀；3. 泰山

如果你是班长，该如何选择？

［看题］我们班要组织春游，只能选一个地方，可供大家选择的地

点有：

1. 北京天安门；2. 白洋淀；3. 泰山

如果你是班长，该如何选择？

［分析］我会选择去北京天安门，因为我们班大多数人都喜欢去北京天安门。

［主试：你怎么知道的大家都喜欢去天安门？］

因为原来我们老师统计过。

［主试：你是班长的话会怎么做？］

先统计下分别喜欢的人，然后找出人最多的一个。（解题策略明显）

［主试：喜欢数学还是语文？］数学。

［主试：语文成绩好还是数学成绩好？］语文数学成绩差不多。

［主试：喜欢阅读理解吗？］喜欢读书，不是很好，有几个人比我好。

学生3：CuiW

说明：综合平时数学成绩和任课教师反映，CuiW同学数学学习成绩差。分析口语报告发现，该同学存在的关键问题是：无法从题意理解产生正确的解题策略。在统计的过程中没有出现错误，数学计算操作没有问题。通过下面第一次诊断干预后发现，对于题意理解仍然存在问题，阅读题后，不能选择正确的策略，需要进行第二次干预。以下是第一次干预的详细记录。

一　诊断干预过程

［读题］某鞋厂准备推广一批新式运动鞋，打算为我们班某一种鞋码的同学提供免费试穿，如果你是班长，你会如何选择？

［分析］选38的鞋码。

［主试：为什么选38码的鞋？］

因为大多数都是穿38（码）的鞋。

［主试：这个题目什么意思呢？］

某鞋厂推广一批新式运动鞋，打算为我们班某一种鞋码的同学提供免费试穿。

［主试：为我们班选择一种鞋码？两种鞋码？还是多种鞋码？］

多种鞋码。（说明该生题意理解不清）因为我们班有34（码）的、36（码）的，如果是一种鞋码，他们穿上的时候会比较大。

［主试：为什么选择 38 码的？］

因为穿 38（码）的人比较多。

［主试：看一下题，是选几种鞋码呢？］

(看题 3 秒) 一种。(题意理解正确)

［主试：你是班主任会怎么选？］

(思考 10 秒) 选 38（码）的，因为穿 38 码的同学比较多。

［主试：你怎么知道穿 38 码的同学比较多呢？］

因为他们告诉过我他们的鞋码。有的是 35（码）、36（码）。

［主试：如何从班里选这个鞋码？］

(思考 30 秒) 通过计算。

［主试：如何计算？］

我从第一桌问到最后一桌。然后他们鞋码不同的分类，37 鞋码标在同学的后面，然后同学们的鞋码我会记下来。

［主试：记下来之后呢？］

开始计算 38（码）的最多或是 36（码）的最多。数完之后就写在一张纸上，哪一种鞋码最多，哪一种鞋码最少。(解题策略表述正确)

［主试说：这是你们班的学生信息表，你看一下选哪一种鞋码？］

(看信息表，边看边数边写，用时 3 分 3 秒)

(在纸上写出：37（码）：8 个同学；38（码）：7 个同学；39（码）：6 个同学；36（码）：4 个同学；40（码）：2 个同学)

［主试：最后答案是什么？］

37（码）的有 8 个同学；38（码）的有 7 个同学；39（码）的有 6 个同学；36（码）的有 4 个同学；40 的有 2 个同学。

［主试：最后选哪一个？］

37（码）的，37（码）的比较多。

［主试：比较多和最多一样吗？］

不一样。

［主试：选比较多的还是最多的？］

最多的，8 个，37（鞋码）。

(纸上写出：37 的鞋码（的同学）最多，37 的鞋码)

二　干预效果检测

(一) 考查解题策略

题目：我们班要组织春游，只能选一个地方，可供大家选择的地点有：

1. 北京天安门；2. 白洋淀；3. 泰山

如果你是班长，该如何选择？

［看题］我们班要组织春游，只能选一个地方，可供大家选择的地点有：

1. 北京天安门；2. 白洋淀；3. 泰山

如果你是班长，该如何选择？

［分析］（思考53秒）我选北京天安门。

［主试：为什么？］

因为可以让同学们看天安门有多雄伟。

［主试：如果你是班长的话，你会这么选？］

嗯。

［主试：还有别的方法吗？］

（很快回答）没。

［主试：如果你是校长呢？］

［看题］全校要组织一次春游，只能选一个地方，可供大家选择的地点有：

1. 北京天安门；2. 白洋淀；3. 泰山

如果你是校长，你会如何选择？

［分析］（思考15秒）我选白洋淀。因为可以让同学们认识白洋淀有多美丽。然后还可以认识白洋淀有什么特色。

［主试：还有其他的选择吗？］

（很快回答）没有。

（总结：以上两道题，内容相同，就是角色不一样，CuiW给出的选择不同，通过其选择的原因可以看出，就是按自己的想法，并没有考虑"班长""校长"的角色。可能对其角色不了解，或在生活中没有相关的经历。因此，策略选择部分需要进一步干预。）

［主试：喜欢学习数学么？］

嗯。

［主试：语文呢？］

也喜欢。

(二) 考查统计技能

题目：此题为五年级下册（人民教育出版社）第六单元课后练习题（第123页）

五（1）班全体同学左眼视力情况如下：
5.0 4.9 5.3 5.2 4.7 5.2 4.8 5.1 5.3 5.2
4.8 5.0 4.5 5.1 4.9 5.1 4.7 5.0 4.8 5.1
5.0 4.8 4.9 5.1 4.5 5.1 4.6 5.1 4.7 5.1
5.0 5.1 5.1 4.9 5.0 5.1 5.2 5.1 4.6 5.0

这组数据的众数是多少？

［分别数，写出：5.0：7；4.9：4；5.3：2；5.2：4；4.7：3；5.2：2；4.8：3；5.1：10；5.3：1］

这组数据中众数是5.1。（答案虽然正确，但计算过程错误，4.8、5.1个数统计错误）

［主试：什么是众数？］

众数就是在一组数据中最多的数就是众数。

［主试：你认真看一下，数的对不对？］

［分别数，纸上写出：5.0：7；4.9：4；5.3：2；5.2：4；4.7：3；5.2：2；4.8：4；5.1：12；5.3：1］

［主试：众数是？］

5.1。

附录三　认知诊断表

永亮小学数学问题认知诊断表

姓名：　　性别：　　出生年月：
实验名称：　　　　　　　是否典型：
题意理解：
解题思路：
计算是否正确：
备注：
优点：
不足：
诊断人：
诊断日期：

附录四　学生调查问卷

小学数学问题解决现状学生问卷调查

亲爱的同学，你好！

　　这是一份关于你在数学学习过程中的调查问卷。请你认真阅读每道题，根据你的真实情况和想法做出相应的选择。本问卷仅用于真实情况的调查，问题的答案没有正确与错误之分，与你的学习成绩无关。因此，希望各位同学不要有任何的顾虑，能够真实作答，谢谢你的合作！

姓名：　　　　　　性别：

1. 你所在的年级是：[单选题]

　A 一年级　B 二年级　C 三年级　D 四年级　E 五年级　F 六年级

2. 你喜欢学习数学吗？[单选题]

　A 喜欢　　　　B 不喜欢　　　　C 不确定

3. 你认为做数学题是一件非常有趣、快乐的事情吗？[单选题]

　A 是的　　　　B 不是　　　　　C 不确定

4. 当你面对一道数学应用题时，你的感觉是 [单选题]

　A 又要做题，真没意思

　B 我非常有兴趣解决这道题

　C 谈不上喜欢或者讨厌，既然是老师布置的作业，做就做吧

5. 你非常愿意积极开动脑筋、并花费很多时间来解决数学问题吗？[单选题]

　A 是　　　　　B 否　　　　　　C 不确定

6. 你喜欢做简单的数学题,还是较难的数学题?(请在后面方框内填写你的理由)[单选题]

　　A 简单的数学题 ☐

　　B 较难的数学题 ☐

7. 在做数学题的过程中,你喜欢自己动脑筋想办法,还是按照老师教给你的方法来做?[单选题]

　　A 自己动脑筋想办法　　　B 按照老师教的方法来做

　　C 什么方法都不喜欢

8. 当你在做数学题的时候遇到困难时,你经常会怎么做?[多选题]

　　A 举手问老师,向老师寻求帮助

　　B 看看同学是怎么做的自己再好好想想,相信自己一定能够想出办法来解决

　　C 不想了,等着一会老师进行讲解吧

　　D 其他(你可以自己填写补充)

9. 你认为做数学题对自己的学习、生活有帮助吗?(请选择,并在后面方框内填写理由)[单选题]

　　A 有很大帮助 ☐

　　B 有一些帮助 ☐

　　C 没什么帮助 ☐

10. 当你遇到一道很难的数学应用题时,你会怎么做呢?[单选题]

　　A 我肯定做不对,就放弃吧

　　B 我再想一想,说不定就能够想到解决问题的方法呢

　　C 我等着老师一会讲解吧

　　D 我先看看同学是怎么做的

　　E 我再想一下,相信我自己一定能够解决

11. 你做完题之后,是否有自己进行检查的习惯呢?[单选题]

　　A 有时候会自己检查　　　B 从来不会自己检查

　　C 总是会自己检查

12. 你认为做完题目之后自己先检查一下有必要吗?[单选题]

　　A 没有必要　　　B 很有必要　　　C 不太确定

13. 你做完应用题检查的时候都会考虑哪些方面呢?[多选题]

A 看看算式是否列正确了

B 看看计算是否有错误

C 看看题意是否理解正确

D 再想一想，看看是否有其他更加简便的方法

14. 在做数学应用题时，你

A 先把题读完，再做题

B 题目读不完就直接做题

C 看到熟悉的概念，就直接将数字带入公式求解

15. 你认为做数学题能够给你带来成就感吗？[单选题]

A 是　　　　　　　B 否　　　　　　　C 不清楚

16. 因为做数学应用题，你是否越来越喜欢数学这个学科了呢？[单选题]

A 是　　　　　　　B 否　　　　　　　C 不清楚

17. 在做数学应用题时，你读完题后第一步做什么呢？[单选题]

A 确定这道题的已知量和未知量

B 回想做过的类似的题目

C 直接将题目中的数字用熟悉的公式求解

18. 你在解数学问题时，遇到的困难是什么？[多选题]

A 不理解题目的意思

B 理解题意，但不知道采用何种方法去解题

C 计算容易出错

D 没有检查的习惯

19. 在课堂上，老师出了一道题目，让几个同学一起讨论，你觉得这样做收获大吗？

A 收获很大　B 时间短，不能深入讨论　C 通学间讨论与题目无关的事

20. 在上新课前，提前做一道与新知识相关的应用题，你认为有帮助吗？[多选题]

A 我会带着问题去听课，能帮助我理解新知识

B 题目太难，对我帮助不大

C 如果时间充分一些，帮助会更大

21. 在课余时间，你认为是否有必要得到老师或家长的学习辅导？

[单选题]

  A 没有必要   B 很有必要   C 不太确定

  22. 在课余时间,你是否得到过老师的专门辅导?[单选题]

  A 经常辅导   B 很少辅导   C 从不辅导

  23. 在课余时间,你是否得到过家长的专门辅导?[单选题]

  A 经常辅导   B 很少辅导   C 从不辅导

  24. 在做数学应用题的时候,仔细想一想,你经常会在哪些方面出现错误呢?[填空题]

附录五 教师访谈提纲

小学生数学问题解决现状教师访谈提纲

尊敬的老师，您好！

　　本次访谈是用于了解小学生在数学问题解决过程中的实际现状。为了避免对某些术语理解的模糊，问卷中的问题解决仅指的是具有一定生活情境和实际意义的应用题，因此暂用"应用题"来描述。本访谈仅仅用于学术研究，您无须有任何顾虑，希望您能够真实作答！

　　最后，非常感谢您在百忙之中抽空参与。

　　1. 您所在的学校名称是：

　　2. 您的姓名是：

　　3. 您目前所教授的年级是：

　　4. 您的教龄是：

　　5. 您认为，目前大多数学生是否喜欢解答应用题呢？（　）

　　A. 非常喜欢　B. 一般　C. 非常不喜欢

　　6. 您认为，数学应用题能够为学生的数学学习提供哪些方面的帮助？请详细说明。

　　7. 您认为学生无法正确解答应用题，在解答过程中遇到的困难主要有哪些？

　　8. 您认为学生在解答应用的过程中，经常会在哪些方面出现错误？

　　9. 您在处理应用题教学这部分内容时，一般的教学方法和策略是什么？请举例说明。

　　10. 关于问题解决过程的理解，对教学有何帮助？

11. 您觉得问题诊断对学生数学问题解决帮助如何？

12. 您觉得课前探究题对学生掌握新知识有何帮助？迁移能力有何帮助？

13. 您觉得提高学生问题解决能力的关键是什么？

14. 通过何种策略能提高学生的迁移能力？

参考文献

中文参考文献

一 图书

1. 中华人民共和国教育部制定：《义务教育数学课程标准》（2011年版），北京师范大学出版社2012年版。
2. ［美］R. 基恩·索耶主编：《剑桥学习科学手册》，徐晓东等译，教育科学出版社2010年版。
3. 王甦、汪安生：《认知心理学》，北京大学出版社1992年版。
4. 陈琦、刘儒德主编：《教育心理学》，高等教育出版社2005年版。
5. ［美］莱斯利·P. 斯特弗等编：《教育中的建构主义》，高文、徐斌艳等译，华东师范大学出版社2002年版。
6. ［美］G. 波利亚：《怎样解题》，涂泓、冯承天译，上海科技教育出版社2007年版。
7. 辛自强：《问题解决与知识建构》，教育科学出版社2005年版。
8. 喻平：《数学学习心理的CPFS结构理论》，广西教育出版社2008年版。
9. ［美］Simon, H. A.：《人类的认知——思维的信息加工理论》，荆其诚、张厚粲译，科学出版社1986年版。
10. ［苏］敏钦斯卡娅：《算术教学心理学》，孙经灏等译，人民教育出版社1962年版。
11. 谢安平：《珠算认知过程的研究与讨论》，清华大学硕士论文，2009年。
12. 张庆林：《元认知与主体教育》，西南师范大学出版社1997年版。
13. ［美］Best, J. B.：《认知心理学》，黄希庭主译，中国轻工业出版社

2000年版。

14. 李晓文、王莹：《教学策略》，高等教育出版社2000年版。
15. 刘电芝：《学习策略研究》，人民教育出版社2001年版。
16. ［美］Robertson, S. Lan：《问题解决心理学》，张奇等译，中国轻工业出版社2004年版。
17. 董奇：《心理与教育研究方法》，北京师范大学出版社2004年版。
18. ［瑞士］皮亚杰、英海尔德：《儿童心理学》，吴福元译，商务印书馆1980年版。
19. 朱智贤、林崇德：《思维发展心理学》，北京师范大学出版社1986年版。
20. 朱智贤：《儿童心理学》，人民教育出版社2009年版。
21. ［俄］列夫·维果斯基：《思维与语言》，李维译，北京大学出版社2010年版。
22. ［美］Gazzaniga, M. S.：《认知神经科学》，沈政译，上海教育出版社1998年版。
23. 中华人民共和国科学技术部：《国家中长期科学和技术发展规划纲要（2006—2020年）》（http://www.most.gov.cn/mostinfo/xinxifenlei/gjkjgh/200811/t20081129_65774.htm）。
24. 课程教材研究所编著：《义务教育课程标准实验教科书数学（五年级下册）》，人民教育出版社2006年版。
25. ［美］约翰·杜威：《我们如何思维》，伍中友译，新华出版社2010年版。
26. ［美］加涅：《学习的条件和教学论》，皮连生、王映学、郑葳等译，华东师范大学出版社1999年版。
27. 课程教材研究所编著：《义务教育课程标准实验教科书数学（六年级下册）》，人民教育出版社2009年版。
28. ［美］G. 波利亚：《数学的发现·第二卷》，刘远图等译，科学出版社1987年版。
29. ［美］G. 波利亚：《怎样解题》，阎育苏译，科学出版社1982年版。
30. 傅德荣、章慧敏：《教育信息处理》，北京师范大学出版社2001年版。
31. 林凡：《教学系统分析IIS图方法研究》，北京师范大学硕士学位论文，2009年。

32. ［美］L. W. Aderson 等编著：《布卢姆教育目标分类学（修订版）》，蒋小平等译，外语教学与研究出版社 2009 年版。

二 期刊

1. 张天孝、唐彩斌：《美、日、德小学数学教材的共性特征及启示》，《比较教育研究》2005 年第 1 期。
2. 江琦、杨山：《问题解决的信息加工机制探析》，《宁波大学学报（教育科学版）》2002 年第 1 期。
3. 张庆林、管鹏：《小学生表征应用题的元认知分析》，《心理发展与教育》1997 年第 3 期。
4. 朱德全：《数学问题系统的构建与解决程式》，《中国教育学刊》1999 年第 5 期。
5. 何小亚：《解决数学问题的心理过程分析》，《数学教育学报》2004 年第 3 期。
6. 朱曼殊、白振汗：《小学生解答复合应用题的思维活动》，《心理学报》1964 年第 4 期。
7. 朱新明：《解决几何问题的思维过程》，《心理学报》1983 年第 1 期。
8. 施铁如：《解代数应用题的认知模式》，《心理学报》1985 年第 3 期。
9. 傅小兰、何海东：《问题表征过程的一项研究》，《心理学报》1995 年第 2 期。
10. 喻平：《个体 CPFS 结构与数学问题表征的相关研究》，《数学教育学报》2003 年第 3 期。
11. 李晓东、张向葵、沃建中：《小学三年级数学学优生与学困生解决比较问题的差异》，《心理学报》2002 年第 4 期。
12. 何克抗：《建构主义的教学模式、教学方法与教学设计》，《北京师范大学学报（社会科学版）》1997 年第 5 期。
13. 钱含芳、张履祥、李山川：《小学儿童短时记忆发展特点的初步研究》，《心理科学》1989 年第 1 期。
14. 陈国鹏、王晓丽：《短时记忆及其策略一生发展的横断研究》，《心理科学》2005 年第 4 期。
15. 李德明、刘昌、李贵芸：《数字工作记忆广度的毕生发展及其作用因素》，《心理学报》2003 年第 1 期。

16. 董奇、张红川、周新林：《数学认知：脑与认知科学的研究成果及其教育启示》，《北京师范大学学报（社会科学版）》2005 年第 3 期。
17. 林崇德：《小学儿童数概念与运算能力发展的研究》，《心理学报》1981 年第 3 期。
18. 张景中、杨路、侯晓蓉：《几何定理机器证明的完全方法》，《系统科学与数学》1995 年第 3 期。
19. 魏雪峰、崔光佐、李莉、段元美：《基于学习过程的课堂交互分析研究》，《电化教育研究》2011 年第 12 期。
20. 余文森：《论自主、合作、探究学习》，《教育研究》2004 年第 11 期。
21. 王晶莹：《中美科学教师探究教学课程目标达成的比较》，《全球教育展望》2010 年第 4 期。
22. 罗国忠：《关于提出探究问题的实证研究》，《课程教材教法》2010 年第 30 期。
23. 李红美：《教学应答系统问题设计的框架与策略》，《电化教育研究》2013 年第 8 期。
24. 刘儒德：《基于问题的学习在中小学的应用》，《华东师范大学学报（教育科学版）》2002 年第 3 期。
25. 魏雪峰、崔光佐：《小学数学问题解决认知模型研究》，《电化教育研究》2012 年第 11 期。
26. 张厚粲、王晓平：《瑞文标准推理测验在我国的修订》，《心理学报》1989 年第 2 期。
27. 陈英和、仲宁宁、耿柳娜：《关于数学应用题心理表征策略的新理论》，《心理科学》2004 年第 1 期。
28. 涂冬波、戴海琦、蔡艳、丁树良：《小学儿童数学问题解决认知诊断》，《心理科学》2010 年第 6 期。
29. 钟启泉：《"课堂互动"研究：意蕴与课题》，《教育研究》2010 年第 10 期。
30. 宁虹、武金虹：《建立数量结构与意义理解的联系——弗兰德互动分析技术的改进运用》，《教育研究》2003 年第 5 期。
31. 单迎杰：《以 S-T 分析法分析教育技术专业课课堂教学问题》，《现代教育技术》2008 年第 10 期。
32. 李克东：《系统科学方法在教学系统研究中的应用》，《教师教育研究》1990 年第 4 期。
33. 马兰、盛群力：《教育目标分类新架构——豪恩斯坦教学系统观与目标分类整合模式评述》，《中国电化教育》2005 年第 7 期。
34. 杨开城：《教学系统分析技术的初步研究》，《中国电化教育》2007 年第 8 期。
35. 杨开城、林凡：《教学系统的 IIS 图分析法及其实证研究》，《中国电化教育》2010 年第 2 期。
36. 卢正芝、洪松舟：《教师有效课堂提问：价值取向与标准建构》，《教育研究》2010 年第 4 期。

外文参考

一 图书

1. Newell, A., & Simon, H. A., *Human Problem Solving*, Englewood Cliffs: Prentice Hall, 1972.
2. Anderson, J. R., *Cognitive Psychology and Its Implications* (5th edition), New York: Worth Publishers, 2000.
3. Anderson, J. R., *Cognitive Psychology and Its Implications*, New York: H. Freeman, 1980.
4. Neisser, Ulric, *Cognitive Psychology*, New York: pple-ton-Century-Crofts, 1967.
5. Baddeley, A. D., & Logie, R. H., "Working memory: The Multiple-component Model", In A. Miyake & P. Shah (eds.), *Models of Working Memory: Mechanisms of Active Maintenance and Executive Control*, Cambridge: Cambridge University Press, 1999.
6. Ericsson, K. A., & Simon, H. A., *Protocol Analysis: Verbal Reports as Data*, Cambridge: MIT Press, 1993.
7. Healy, A. F. (ed.), *Experimental Cognitive Psychology and Its Applications*, Washington, DC: American Psychological Association, 2005.
8. Kalchman, M., Moss, J., & Case, R., "Psychological Models for the Development of Mathematical Understanding: Rational Numbers and Functions", In S. M. Carver and D. Klahr (eds.), *Cognition and instruction: Twenty-five*

years of progress, Mahwah, NJ: Lawrence Erlbaum Associates, 2001.

9. Siegler, R. S., "Models of Categorization: What are the Limits?", In L. Gershkoff-Stowe and D. Rakison (eds.), *Building Object Categories in Developmental Time*, Mahwah: Lawrence Erlbaum Associates, 2005.

10. Leighton, J. P., & Gierl, M., "Verbal Reports as Data for Cognitive Diagnostic Assessment", In J. P. Leighton & M. Gierl (eds.), *Cognitive Diagnostic Assessment for Education: Theory and Applications*, Cambridge: Cambridge University press, 2007.

11. Ericsson, K. A., & Hastie, R., "Contemporary Approaches to the Study of Thinking and Problem Solving", In R. J. Sternberg (ed.), *Thinking and Problem Solving* (2nd), New York: Academic Press, 1994.

12. Atkinson, R. C., & Shiffrin, R. M., "Human Memory: A Proposed System and Its Control Processes", In K. W. Spence & I. T. Spence (eds.), *The Psychology of Learning and Motivation*, Vol. 2, London: Academic Press, 1968.

13. John Dewey, *How We Think*, Boston: DC Health, 1910.

14. Anderson, J. R., *The Adaptive Character of Thought*, Hillsdale: Lawrence Erlbaum Associates Inc., 1990.

15. Anderson, J. R. & Schunn, C. D., "Implications of the ACT-R Learning Theory: No Magic Bullets", In R. Glaser (ed.), *Advances in Instructional Psychology* (Vol. 5), Mahwah: Erlbaum, 2000.

16. Simon, H. A., "Information-processing Theory of Human Problem Solving", In W. K. Estes (ed.), *Human Information Processing* (*Handbook of Learning and Cognitive Process*, Vol. 5), Hillsdale: Lawrence Erlbaum Associates, 1978.

17. Schoenfeld, A. H., *Mathematical Problem Solving*, Orlando: Academic Press, 1985.

18. Mayer Richard E., "Mathematics", In R. F. Dillon & R. J. Sternberg (eds.), *Cognition and Instruction*, Orlando: Academic Press, 1986.

19. Greeno, James G., "Some Examples of Cognitive Task Analysis with Instructional Implication", In R. E. Snow, P. Federico & W. E. Montagu (eds.), *Aptitude, Learning and Instruction*, Hillsdale: Lawrence Erlbaum

Associates, 1980.
20. Ausubel, D. P. & Robinson, F. G., *School Learning*, New York: Holt, Rinehart and Winston, 1969.
21. Mayer, R. E., *Educational Psychology: A Cognitive Approach*, Boston: Little, Brown, 1987.
22. Mary S. Riley, James G. Greeno, Joan I. Heller, *Development of Children's Problem-solving Ability in Arithmetic*, London: Academic Press, 1983.
23. Gilhooly, K. J., *Thinking: Directed, Undirected and Creative*, London: Academic Press, 1988.
24. Ericcson, K. A., Simon, H. A., *Protocol Analysis: Verbal as Data*, Cambridge: MIT Press, 1984.
25. Kamii, Constance, *Young Children Reinvent Arithmetic: Implications of Piaget's Theory*, New York: Teachers College Press, 1985.
26. Baddeley, A. D., *Working Memory*, Oxford: Oxford University Press, 1986.
27. Baddeley, A. D., & Logie, R. H., *Working Memory: The Multiple-component Model*, In A. Miyake & P. Shah (eds.), *Models of Working Memory: Mechanisms of Active Maintenance and Executive Control*, Cambridge: Cambridge University Press, 1999.
28. Zoltan Torey, *The Crucible of Consciousness: An Integrated Theory of Mind and Brain*, Cambridge: MIT Press, 2009.
29. Anderson, J. R. & Bower, G. H., *Human Associative Memory*, Washington: V. H. Winston, 1973.
30. Quillian, M. R., "Semantic Memory", In M. Minsky (ed.), Semantic Information Processing, Cambridge: MIT Press, 1968.
31. Adams, J. A., *Human Memory*, New York: McGraw-Hill, 1967.
32. Hiller, L. A. & Isaacson, L. M., *Experimental Music*, New York: McGraw-Hill, 1959.
33. Simon, H. A., & Kaplan, C. A., *Foundations of Cognitive Science*, Cambridge: MIT Press, 1989.
34. Loucks-Horsley, Susan, and Steve Olson, eds, *Inquiry and the National Science Education Standards: A Guide for Teaching and Learning*, Wash-

ington, DC: National Academies Press, 2000.

35. Schweingruber, Heidi, Thomas Keller, and Helen Quinn, eds, *A Framework for K-12 Science Education: Practices, Crosscutting Concepts, and Core Ideas*, Washington, DC: National Academies Press, 2012.

36. Fernandez C., Yoshida M., *Lesson Study: A Japanese Approach to Improving Mathematics Teaching and Learning*, New York: Routledge Press, 2012.

37. De Jong, T., Hendrikse, P., Van Der Meij, H., "Learning Mathematics Through Inquiry: A Large-Scale Evaluation", *Designs for Learning Environments of the Future*, Springer US, 2010.

38. Piaget, J., *The Child's Conception of Number*, London: Routledge&Kegan Paul, 1952.

39. L. B. Resnick, *Education and Learning to Think*, Washington, DC: National Academy Press, 1987.

40. Anderson, J. R., *The Architecture of Cognition*, Cambridge: Harvard University Press, 1983.

41. Mayer, R. E., & Hogarty, M., *The Process of Understanding Mathematical Problems*, Mahwah: Lawrence Erlbaum Associates, 1996.

42. Messick, S., *Educational Measurement (3rd ed.)*, New York: American Council on Education/Macmillan, 1989.

43. Yang, X. D. & Embretson S. E., *Construct Validity and Cognitive Diagnostic Assessment*, Cambridge: Cambridge University Press, 2007.

44. Verschaffel, L., *Everyday Knowledge and Mathematical Modeling of School Word Problems*, Boston: Kluwer Academic, 2002.

45. Schoenfeld, A. H., *Mathematical Problem Solving*, Orlando: Academic Press, 1985.

46. L. Judith, Gregory Camilli, Patricia B. Elmore Green, *Handbook of Complementary Methods in Education Research*, London: Routledge, 2012.

47. Baruch Schwarz, Tommy Dreyfus and Rina Hershkowitz, *Transformation Knowledge Through Classroom Interaction*, London: Routledge, 2009.

48. Baars, J. Bernard & Nicole M. Gage, *Cognition, Brain, and Consciousness: Introduction to Cognitive Neuroscience*, New York: Academic Press, 2010.

49. Robert Keith Sawyer. *The Cambridge Handbook of The Learning Sciences*, Cambridge: Cambridge University Press, 2006.
50. Zoltan Torey, *The Crucible of Consciousness: An Integrated Theory of Mind and Brain*, Cambridge: MIT Press, 2009.
51. William P. Banks, *Encyclopedia of Consciousness*, Oxford: Elsevier, 2009.

二 期刊

1. U. S. Department of Education, Elementary and Secondary Education Act (http://www.ed.gov/esea).
2. Gilhooly, K. J., *Thinking: Directed, Undirected and Creative*, London: Academic Press, 1988.
3. Anderson, J. R., Qin, Y., Sohn, M. H., Stenger, V. A., & Carter, C. S., "An Information-processing Model of the BOLD Response in Symbol Manipulation Tasks", Psychonomic Bulletin & Review, Vol. 10, 2003.
4. David P. Ausubel, "In Defense of Advance Organizers: a Reply to the Critics", *Review of Educational Research*, Vol. 48, 1978.
5. Anderson, J. R., "ACT: A Simple Theory of Complex Cognition", *American Psychologist*, Vol. 51, 1996.
6. Squire, L. R., Knowlton, B., & Musen, G., "The Structure and Organization of Memory", *Annual Review of Psychology*, Vol. 44, 1993.
7. Graybell, A. M., "The Basal Ganglia and Chunking of Action Repertoires", *Neurobiology of Learning and Memory*, Vol. 70, 1998.
8. Newell, A. & Simon, H. A., "Computer Simulation of Human Thinking", *Science*, Vol. 134, 1961.
9. Rily, M. S., Greeno, J. G. & Heller, J. I., "Development of Children's Problem Solving Ability in Arithmetic", *The Development of Mathematical Thinking*, Vol. 24, 1983.
10. Lewis, Anne, B. & Mayer, Richard E., "Students' Miscomprehension of Relational Statements in Arithmetic Word Problems", *Journal of Educational Psychology*, Vol. 79, 1987.
11. Verschaffel, L., De Corte, E. & Pauwels, A., "Solving Compare Prob-

lems: an Eye Movement Test of Lewis and Mayer's Consistency Hypothesis", *Journal of Educational Psychology*, Vol. 84, 1992.

12. Kintsch, Walter & Greeno, James G., "Understanding and Solving Word Arithmetic Problems", *Psychological Review*, Vol. 92, 1985.

13. Wertheimer M., "A Gestalt Perspective on Computer Simulations of Cognitive Processes", *Computers in Human Behavior*, Vol. 17, 1985.

14. Kaplan C. A., Simon H. A., "In Search of Insight", *Cognitive Psychology*, Vol. 22, 1990.

15. Ashcraft, M. H., "Cognitive Arithmetic: A Review of Data and Theory", *Cognition*, Vol. 44, 1992.

16. Ashcraft, M. H., "Cognitive Psychology and Simple Arithmetic: A Review and Summary of New Directions", *Mathematical Cognition*, Vol. 1, 1995.

17. Campbell, Jamie, I. D., "Mechanisim of Simple Addition and Multiplication: A Modified Network-interference Theory and Simulation", *Mathematical Cognition*, Vol. 1, 1995.

18. Thevenot, C., Fanget, M. & Fayol, M., "Retrieval or Nonretrieval Strategies in Mental Arithmetic? An Operand Recognition Prardigm", *Memory & Cognition*, Vol. 35, 2007.

19. Campbell, Jamie, I. D. & Xue, Qilin, "Cognitive Arithmetic Across Cultures", *Journal of Experimental Psychology: General*, Vol. 130, 2001.

20. Seyler, D. J., Kirk, E. P. & Ashcraft, M. H., "Elementary Subtraction", *Journal of Experimental Psychology: Learning, Memory and Cognitin*, Vol. 29, 2003.

21. Leiwis, Anne B., "Training Students to Represent Arithmetic Word Problems", *Journal of Educational Psychology*, Vol. 81, 1989.

22. Bernardo, Allan, B. I. & Okagaki, Lynn, "Roles of Symbolic Knowledge and Problem-information Context in Solving Word Problems", *Journal of Educational Psychology*, Vol. 86, 1994.

23. Loftus, Elizabeth, F. & Suppes, Patrick, "Structural Variables that Determine the Speed of Retrieving Words from Long-term Memory", *Journal of Verbal Learning and Verbal Behavior*, Vol. 11, 1972.

24. Cooney, J. B. & Swanson, H. L., "Individual Differences in Memory for

Mathematical Story Problems: Memory Span and Problem Perception", *Journal of Educational Psychology*, Vol. 82, 1990.

25. Bernardo, A. B. I., "Problem-specific Information and the Development of Problem-type Schemata", *Journal of Experimental Psychology: Learning, Memory and Cognition*, Vol. 20, 1994.

26. Mayer Richard E., "Frequency Norms and Structural Analysis of Algebra Story Problems into Families, Categories and Templates", *Instructional Science*, Vol. 10, 1981.

27. Anderson, J. R., "Problem Solving and Learning", *American Psychologist*, Vol. 48, 1993.

28. Anand, P. G., "Using Computer-assisted Instruction to Personalize Arithmetic Materials for Elementary School Children", *Journal of Educational Psychology*, Vol. 79, 1987.

29. Simon, H. A., & Kaplan, C. A., *Foundations of Cognitive Science*, In M. I. Posner (ed.), *Foundations of Cognitive Science*, Cambridge, MIT Press/Bradford Books, 1989.

30. Resnick, Lauren B., "Developing Mathematical Knowledge", *American Psychologist*, Vol. 44, 1989.

31. Kamii, Constance & Ewing, Janice K., "Basing Technique on Piaget's Constructivism", *Childhood Education*, Vol. 72, 1996.

32. Poldrack, R. A., "The Role of fMRI in Cognitive Neuroscience: Where do We Stand?", *Current Opinion in Neurobiology*, Vol. 18, 2008.

33. Zhou Xinlin, Chen Chuansheng et al., "Dissociated Brain Organization for Single-digit Addition and Multiplication", *NeuroImage*, Vol. 35, 2007.

34. Zhou Xinlin, Chen Chuansheng et al., "Event-related Potentials for Simple Arithmetic in Arabic Digits and Chinese Number Words: a Study of the Mental Representation of Arithmetic Facts Through Notation and Operation Effects", *Brain Research*, Vol. 1302, 2009.

35. Zhou Xinlin, Chen Chuansheng, Chen Lan, Dong Qi, "Holistic or Compositional Representation of Two-digit Numbers? Evidence from the Distance, Magnitude, and SNARC Effects in a Number-matching Task", *Cognition*, Vol. 106, 2008.

36. Zhou Xinlin, Chen Chunhui, Zhang Hongchuan et al., "The Operand-order Effect in Single-digit Multiplication: An ERP Study of Chinese Adults", *Neuroscience Letters*, Vol. 414, 2007.
37. Qin Y., Anderson, J. R., Silk, E., Stenger, V. A., & Carter, C. S., "The Change of the Brain Activation Patterns along with the Children's Practice in Algebra Equation Solving", *Proceedings of the National Academy of Sciences of the United States of America*, Vol. 101, 2004.
38. Pinel Philippe, Dehaene Stanislas, Riviere, Denis & LeBihanDenis, "Modulation of Parietal Activation by Semantic Distance in a Number Comparision Task", *Neuroimage*, Vol. 14, 2001.
39. Eger Evelyn, Sterzer Philipp, Russ Michael O., Giraud Anne-Lise & Kleinschmidt Andreas, "A Supramodal Number Representation in Human Intraparietal Cortex", *Neuron*, Vol. 37, 2003.
40. Zhang, H. C., Dong Q., Jin, Z., et al, "Multiplication by Mental Number Line: an fMRI Study", *Abstract Submitted to the 28th International Congress of Psychology*, Beijing, 2004.
41. Dehaene, S., Spelke, E., Pinel, P., Stanescu, R. & Tsivkin, S., "Source of Mathematical Thinking: Behavioral and Brain - imaging Evidence", *Science*, Vol. 284, 1999.
42. Dehaene, S., Piazza, M., Pinel, P., & Cohen, L, "Three Parietal Circuits for Number Processing", *Cognitive Neuropsychology*, Vol. 20, 2003.
43. Kaufmann, L., Vogel, S. E., Wood, G., Kremser, C., Schocke, M., Zimmerhackl, L-B, Koten, Jan, W., "A Developmental fMRI Study of Nonsymbolic Numerical and Spatial Processing", *Cortex*, Vol. 44, 2008.
44. Dehaene, S., Molko, N., Cohen, L. & Wilson, A., "Arithmetic and the Brain", *Current Opinion in Neurobiology*, Vol. 14, 2004.
45. Stephen M Wilson, etc, "Listening to Speech Activates Motor Areas Involved in Speech Production", *Nature neuroscience*, Vol. 7, 2004.
46. Glickman, S., "Perseverative Neural Processes and Consolidation of the Memory Trace", *Psychol. Bull*, Vol. 58, 1961.
47. McGaugh, J. L., "Time-dependent Processes in Memory Storage", *Science*, Vol. 153, 1966.

48. Karim Naderl, Oliver Hardt, "A Single Standard for Memory: the Case for Reconsolidation", *Nature Reviews Neuroscience*, Vol. 10, 2009.

49. Miller, G. A., "The Magical Number Seven, Plus or Minus Two: Some Limits on Our Capacity for Processing Information", *Psychological Review*, Vol. 63, 1956.

50. Newell, A., Simon, H. A., "The Logic Theory Machine-A Complex Information Processing System", *IRE Transactions on Information Theory*, Vol. 2, 1956.

51. Newell, Allen, John C. Shaw & Herbert A. Simon, "Report on a General Problem-solving Program", *IFIP Congress*, 1959.

52. Gelernter, H., Hansen, J. R., Loveland, D. W., "Empirical Explorations of the Geometry Theorem Machine", *Western joint IRE-AIEE-ACM computer conference*, 1960.

53. Newell, A., Shaw, J. C., Simon, H. A., "Chess-playing Programs and the Problem of Complexity", *IBM Journal of Research and Development*, Vol. 2, 1958.

54. Newell, A., Shaw, J. C., Simon, H. A., *Programming the Logic Theory Machine*, Defense Technical Information Center, 1957.

55. Simon, H. A., "The Information Processing Explanation of Gestalt Phenomena", *Computers in Human Behavior*, Vol. 2, 1986.

56. Anderson, J. R., Fincham, J. M., Qin Y. L., Stocco, A., "A Central Circuit of the Mind", *Trends in Cognitive Sciences*, Vol. 1, 2008.

57. Wu Wenjun, "Basic Principles of Mechanical Theorem Proving in Elementary Geometries", *Journal of Systems Sciences & Mathematical Sciences*, Vol. 4, 1984.

58. John R. Anderson, "Human Symbol Manipulation Within an Integrated Cognitive Architecture", *Cognitive Science*, Vol. 29, 2005.

59. Qin, Y., Sohn, M-H., Anderson, J. R., Stenger, V. A., Fissell, K., Goode, A., et al., "Predicting the Practice Effects on the Blood Oxygenation Level-dependent (BOLD) Function of fMRI in a Symbolic Manipulation Task", *Proceedings of the National Academy of Sciences of the U. S. A.*, Vol. 100, 2003.

60. Anderson, J. R., Qin, Y., Stenger, V. A., & Carter, C. S., "The Relationship of Three Cortical Regions to an Information-processing Model", *Cognitive Neuroscience*, Vol. 16, 2004.

61. Sohn, M-H., Goode, A., Stenger, V. A, Carter, C. S., & Anderson, J. R., "Competition and Representation During Memory Retrieval: Roles of the Prefrontal Cortex and the Posterior Parietal Cortex", *Proceedings of National Academy of Sciences*, Vol. 100, 2003.

62. Sohn, M-H., Goode, A., Stenger, V. A, Jung, K-J., Carter, C. S., & Anderson, J. R., "An Information-processing Model of Three Cortical Regions: Evidence in Episodic Memory Retrieval", *NeuroImage*, Vol. 25, 2005.

63. Ashby, F. G., & Waldron, E. M., "The Neuropsychological Bases of Category Learning", *Current Directions in Psychological Science*, Vol. 9, 2000.

64. Hikosaka, O., Nakahara, H. R. & M. K., Sakai, K., Lu, Z., Nakamura, K., et al., "Parallel Neural Networks for Learning Sequential Procedures", *Trends in Neuroscience*, Vol. 22, 1999.

65. D'Esposito., M., Piazza, M., Detre, J. A., Alsop, D. C., Shin, R. K., Atlas, S., et al., "*The Neural Basis of the Central Executive of Working Memory*", Nature, Vol. 378, 1995.

66. Anderson, John R., "Human Symbol Manipulation Within an Integrated Cognitive Architecture", *Cognitive Science*, Vol. 29, 2005.

67. Pinel Philippe, Dehaene Stanislas, Riviere, Denis & LeBihanDenis, "Modulation of Parietal Activation by Semantic Distance in a Number Comparison Task", *Neuroimage*, Vol. 14, 2001.

68. Eger Evelyn, Sterzer Philipp, Russ Michael O., Giraud Anne-Lise & Kleinschmidt Andreas, "A Supramodal Number Representation in Human Intraparietal Cortex", *Neuron*, Vol. 37, 2003.

69. Zhang, H. C., Dong Q., Jin, Z., et al., "Multiplication by Mental Number Line: an fMRI study", *International Journal of Psychology*, Vol. 39, 2004.

70. Qin, Y., Sohn, M-H., Anderson, J. R., Stenger, V. A., Fissell, K.,

Goode, A., et al., "Predicting the Practice Effects on the Blood Oxygenation Level-dependent (BOLD) Function of fMRI in a Symbolic Manipulation Task", *Proceedings of the National Academy of Sciences of the U. S. A.*, Vol. 100, 2003.

71. Anderson, J. R., Qin, Y., Stenger, V. A., & Carter, C. S., "The Relationship of Three Cortical Regions to an Information-processing Model", *Cognitive Neuroscience*, Vol. 16, 2004.

72. Sohn, M-H., Goode, A., Stenger, V. A, Carter, C. S., & Anderson, J. R., "Competition and Representation During Memory Retrieval: Roles of the Prefrontal Cortex and the Posterior Parietal Cortex", *Proceedings of National Academy of Sciences*, Vol. 100, 2003.

73. Sohn, M-H., Goode, A., Stenger, V. A, Jung, K-J., Carter, C. S., & Anderson, J. R., "An Information-processing Model of Three Cortical Regions: Evidence in Episodic Memory Retrieval", *NeuroImage*, Vol. 25, 2005.

74. Hikosaka, O., Nakahara, H., Rand, M. K., Sakai, K., Lu, Z., Nakamura, K., et al., "Parallel Neural Networks for Learning Sequential Procedures", *Trends in Neuroscience*, Vol. 22, 1999.

75. Pinel Philippe, Dehaene Stanislas, Riviere, Denis & LeBihanDenis, "Modulation of Parietal Activation by Semantic Distance in a Number Comparision Task", *Neuroimage*, Vol. 14, 2001.

76. Eger Evelyn, Sterzer Philipp, Russ Michael O., Giraud Anne-Lise & Kleinschmidt Andreas, "A Supramodal Number Representation in Human Intraparietal Cortex", *Neuron*, Vol. 37, 2003.

77. Anderson, J. R., Qin, Y., Stenger, V. A., & Carter, C. S., "The Relationship of Three Cortical Regions to an Information-processing Model", *Cognitive Neuroscience*, Vol. 16, 2004.

78. Sohn, M-H., Goode, A., Stenger, V. A., Carter, C. S., & Anderson, J. R., "Competition and Representation During Memory Retrieval: Roles of the Prefrontal Cortex and the Posterior Parietal Cortex", *Proceedings of National Academy of Sciences*, Vol. 100, 2003.

79. Sohn, M-H., Goode, A., Stenger, V. A., Jung, K-J., Carter, C. S., &

Anderson, J. R. , "An Information-processing Model of Three Cortical Regions: Evidence in Episodic Memory Retrieval", *NeuroImage*, Vol. 25, 2005.

80. Hikosaka, O. , Nakahara, H. , Rand, M. K. , Sakai, K. , Lu, Z. , Nakamura, K. , et al. , "Parallel Neural Networks for Learning Sequential Procedures", *Trends in Neuroscience*, Vol. 22, 1999.

81. Newell, A. & Simon, H. A. , "Computer Simulation of Human Thinking", *Science*, Vol. 134, 1961.

82. Poon, C. L. , Lee, Y. J. , Tan A. L. , et al. , "Knowing Inquiry as Practice and Theory: Developing a Pedagogical Framework with Elementary School Teachers", *Research in Science Education*, Vol. 42, 2012.

83. Stafylidou, S. , Vosniadou, S. , "The Development of Students' Understanding of the Numerical Value of Fractions", *Learning and Instruction*, Vol. 14, 2004.

84. Gott R. , Duggan S. , "Problems with the Assessment of Performance in Practical Science: Which Way Now?", *Cambridge Journal of Education*, Vol. 32, 2002.

85. Watson R. , Goldsworthy A. , Wood-Robinson V. , "What Is Not Fair with Investigations?", *School Science Review*, Vol. 80, 1999.

86. Chin C. , Kayalvizhi G. , "Posing Problems for Open Investigations: What Questions do Pupils Ask?", *Research in Science & Technological Education*, Vol. 20, 2002.

87. Koufetta-Menicou C. , Scaife J. , "Teachers' Questions—Types and Significance in Science Education", *School Science Review*, Vol. 81, 2000.

88. Ding L. , Reay N. W. , Lee A. , et al. , "Are We Asking the Right Questions? Validating Clicker Question Sequences by Student Interviews", *American Journal of Physics*, Vol. 77, 2009.

89. Pengfei Li, *Creating and Evaluating a New Clicker Methodology*, The Ohio State University, 2007.

90. Lock R. , "Open-ended Problem Living Investigations", *School Science Review*, Vol. 71, 1990.

91. Baki A. , Kosa T. , Guven B. , "A Comparative Study of the Effects of U-

sing Dynamic Geometry Software and Physical Manipulatives on the Spatial Visualisation Skills of Pre-Service Mathematics Teachers", *British Journal of Educational Technology*, Vol. 42, 2011.

92. Falcade, R., Laborde, C., Mariotti M. A., "Approaching Functions: Cabri Tools as Instruments of Semiotic Mediation", *Educational Studies in Mathematics*, Vol. 66, 2007.

93. Eysink, T. H. S., De Jong, T., Berthold K., et al., "Learner Performance in Multimedia Learning Arrangements: An Analysis Across Instructional Approaches", *American Educational Research Journal*, Vol. 46, 2009.

94. Cheung, D., "Facilitating Chemistry Teachers to Implement Inquiry-based Laboratory Work", *International Journal of Science and Mathematics Education*, Vol. 6, 2008.

95. Schliemann, A. D., & Nunes, T., "A Situated Schema of Proportionality", *British Journal of Developmental Psychology*, Vol. 8, 1990.

96. Rittle-Johnson, B., Siegler, R. S., & Alibali, M. W., "Developing Conceptual Understanding and Procedural Skill in Mathematics: An Iterative Process", *Journal of Educational Psychology*, Vol. 93, 2011.

97. Jonassen, D. H., "Designing Research-based Instruction for Story Problems", *Educational Psychology Review*, Vol. 15, 2003.

98. Byrnes, J. P., "The Conception Basis of Procedural Learning", *Cognitive Development*, Vol. 7, 1992.

99. Raven, J. C., "Standardization of Progressive Matrices, 1938", *British Journal of Medical Psychology*, Vol. 19, 1941.

100. U. S. Department of Education, "No Child Left Behind", http://www2.ed.gov/nclb/landing.jhtml.

101. U. S. Department of Education, "Elementary and Secondary Education Act", http://www.ed.gov/esea.

102. Montague, M., "The Effects of Cognitive and Metacognitive Strategy Instruction on Mathematical Problem Solving of Middle School Students with Learning Disabilities", *Journal of Learning Disabilities*, Vol. 25, 1992.

103. Jitendra, Asha, K. & Hoff, Kathryn, "The Effects of Schema-based Instruction on the Mathematical Word-problem-solving Performance of

Students with Learning Disabilities", *Journal of Learning Disabilities*, Vol. 29, 1996.

104. Jitendra, Asha, K. & Xin, Yan Ping, "Mathematical Word Problem Solving Instruction for Students with Mild Disabilities and Students at Risk for Math Failure: A Research Synthesis", *The Journal of Special Education*, Vol. 30, 1997.

105. Jitendra, Asha K., Griffin, C., et al., "Effect of Mathematical Word Problem Solving by Students at Risk or with Mild Disabilities", *The Journal of Educational Research*, Vol. 91, 1998.

106. Jitendra, Asha K., Hoff, Kathryn & Beck, M. M., "Teaching Middle School Students with Learning Disabilities to Solve Word Problems Using a Schema-based Approach", *Remedical and Special Education*, Vol. 20, 1999.

107. Anand, P. G. & Ross, S. M., "Using Computer-assisted Instruction to Personalize Arithmetic Materials for Elementary School Children", *Journal of Educational Psychology*, Vol. 2, 1987.

108. Kotovsky K., Hayes J. R., Simon H. A., "Why Are Some Problems Hard? Evidence from Tower of Hanoi", *Cognitive Psychology*, Vol. 17, 1985.

109. De Smedt, B., Swillen, A., Verschaffel, L., & Ghesquiere, P., "Mathematical Learning Disabilities in Children with 22q11. 2 Deletion Syndrome: A Review", *Developmental Disabilities Reaearch Reviews*, Vol. 15, 2009.

110. Rotzer, S., Kucian, K., Martin, E., Aster, M. V., Klaver, P., & Loenneker, T., "Optimized Voxed-based Morphometry in Children with Developmental Dyscalculia", *NeuroImage*, Vol. 39, 2008.

111. Kaufmann, L., Vogel, S. E., Starke, M., Kremser, C., Schocke, M., & Wood, G., "Developmental Dyscalculia: Compensatory Mechanisms in Left Intraparietal Regions in Response to Nonsymbolic Magnitudes", *Behavioral and Brain Functions*, Vol. 5, 2009.

112. Price, G. R., Holloway, I., Rasanen, P., Vesterinen, M., & Ansari, D., "Impaired Parietal Magnitude Processing in Developmental Dyscalcu-

lia", *Current Biology*, Vol. 17, 2007.
113. Roussos, L. A., Templin, J. L., & Henson, R. A., "Skills Diagnosis Using IRT-Based Latent Class Models", *Journal of Educational Measurement*, Vol. 44, 2007.
114. Geert, P. V., "A Dynamic Systems Model of Basic Developmental Mechanisms: Piaget, Vygotsky, and Beyond", *Psychological Review*, Vol. 105, 1998.
115. Louis V. DiBello, William Stout, "Guest Editors' Introduction and Overview: IRT-Based Cognitive Diagnostic Models and Related Methods", *Journal of Educational Measurement*, Vol. 44, 2007.
116. Lane, S., NCME Presidential Address, "Validity of high-stakes assessment: Are Students Engaged in Complex Thinking?", *Educational Measurement: Issues and Practice*, Vol. 23, 2004.
117. Leighton, J. P., "Avoiding Misconceptions, Misuse, and Missed Opportunities: The Collection of Verbal Reports in Educational Achievement Testing", *Educational Measurement: Issues and Practice*, Vol. 23, 2004.
118. Leighton, J. P., Gierl, M. J., & Hunka, S., "The Attribute Hierarchy Model: An Approach for Integrating Cognitive Theory with Assessment Practice", *Journal of Educational Measurement*, Vol. 41, 2004.
119. Campbell, Carole & Jerry S. Carlson, "The Dynamic Assessment of Mental Abilities", *European contributions to dynamic assessment*, Vol. 3, 1995.
120. Kane, M. T., "An Argument-based Approach to Validity", *Psychological Bulletin*, Vol. 112, 1992.
121. Mislevy, R. J., Steinberg, L. S., & Almond, R. G., "Focus Article: On the Structure of Educational Assessments", *Measurement: Interdisciplinary Research and Perspectives*, Vol. 1, 2003.
122. Leighton, J. P. & Gierl, M., "Verbal Report as Data for Cognitive Diagnostic Assessment", *Cognitive Diagnostic Assessment for Education: Theory and Applications*, 2007.
123. De Smedt, B., Grabner, R. H., & Studer, B., "Oscillatory EEG Correlates of Arithmetic Strategy Use in Addition and Subtraction", *Experimenta

Brain Research, Vol. 195, 2009.

124. Verschaffel, L., & De Corte, E., "Teaching Realistic Mathematical Modeling in the Elementary School: A Teaching Exeperiment with Fifth Graders", *Journal for Research in mathematics education*, Vol. 28, 1997.

125. Jonassen, D. H., "Toward a Design Theory of Problem Solving", *Educational Technology Research and Development*, Vol. 48, 2000.

126. Asa Wedin, "Classroom interaction: Potential or Problem? The Case of Karagwe", *International Journal of Educational Development*, Vol. 30, 2010.

127. Steven F. Tello, "An Analysis of Student Persistence in Online Education", *International Journal of Information and Communication Technology Education*, Vol. 3, 2007.

128. Wai King Tsang, "Feedback and Update in Teacher-Student Interaction: An Analysis of 18 English Lessons in Hong kong Secondary Classrooms", *RELC Journal*, Vol. 35, 2004.

129. Judith Kleine, Staarman, Karen Krol, Henny vander, Meijden Peer, "Interaction in Three Collaborative Learning Environments", *The Journal of Classroom Interaction*, Vol. 4, 2005.

130. Rachel Pilkington, "Analysing Educational Dialogue Interaction: Towards Models that Support Learning", *International Journal of Artificial Intelligence in Education*, Vol. 12, 2001.

131. Joi L. Moore, Rose M. Marra, "A Comparative Analysis of Online Discussion Participation Protocols", *Journal of Research on Technology in Education*, Vol. 38, 2005.

132. Freiberg, H. Jerome, "Three Decades of the Flanders Interaction Analysis System", *Journal of classroom interaction*, Vol. 16, 1981.

133. Sasha A. Barab, "Using Design to advance learning Theory, or Using Learning Theory to Advance Design", *Educational Technology*, Vol. 3, 2004.

134. Stephen M. Wilson, etc., "Listening to Speech Activates Motor Areas Involved in Speech Production", *Nature neuroscience*, Vol. 7, 2004.

135. Karim Nader, Oliver Hardt, "A Single Standard for Memory: the Case

for Reconsolidation", *Nature Reviews Neuroscience*, Vol. 10, 2009.
136. Cui Guangzuo, Wei Xuefeng, ect., "A Cognitive Model of Human Thinking", *Natural Computation* (*ICNC*), 2011 *Seventh International Conference on*, Vol. 2, IEEE, 2011.
137. Anderson, J. R., Bothell, D., Byrne, M. D., Douglass, S., Lebiere, C., & Qin, Y., "An Integrated Theory of the Mind", *Psychological Review*, Vol. 111, 2004.
138. Laird, J. E., Newell, A. & Rosenbloom, P. S., "Soar: An Architecture for General Intelligence", *Artificial Intelligence*, Vol. 33, 1987.
139. R. Sun and I. Naveh, "Simulating Organizational Decision Making with a Cognitive Architecture CLARION", *Journal of Artificial Society and Social Simulation*, Vol. 7, 2004.
140. Wiley, Norbert., "Inner Speech as a Language: A Saussurean Inquiry", *Journal for the Theory of Social Behavior*, Vol. 36, 2006.
141. Sophie K. Scott, Carolyn McGettigan & Frank Eisner, "A Little More Conversation, a Little Less Action—Candidate Roles for the Motor Cortex in Speech Perception", *Nature Review Neuroscience*, Vol. 10, 2009.
142. Friedemann Pulvermüller & Luciano Fadiga, "Active Perception: Sensorimotor Circuits as a Cortical Basis for Language", *Nature Review Neuroscience*, Vol. 11, 2010.
143. Susanne Diekelmann & Jan Born, "The Memory Function of Sleep", *Nature Reviews Neuroscience*, Vol. 11, 2010.
144. Pierre Maquet, "The Role of Sleep in Learning and Memory", *Science*, Vol. 294, 2001.

后　　记

本书是在我的博士论文的基础上修改完成的。在北京师范大学三年的学习与生活，让我领略了"学为人师，行为世范"的大家风范，见识了学识渊博的专家学者，认识了朝气蓬勃、意气风发的同学。北京师范大学教育学部这一高水平学术平台让我受益匪浅、感受颇多，在这里不断汲取学术营养，度过了三年最宝贵的学术时光。回想三年学习经历，让我深刻体会到博士论文的写作是一个过程，而不是结果，是一个学术综合能力不断提高和完善的过程，只有经历这样一次次的"蜕变"，方能"破茧成蝶"。

真诚感谢我的导师崔光佐教授，感谢他三年来对我的关怀和教育。他渊博的学识，缜密的逻辑思维，严谨的治学态度，淡泊名利的优秀品质，对学术孜孜不倦的追求，对生活平和的心态，使我切身感受到"学为人师"的含义。2011年冬天去农村小学调研，和崔导师一起居住、生活在没有暖气的校长办公室。早上一起跑步，白天听课，晚上讨论研究问题，畅谈生活、人生；2012年上半年导师一直坚持给小学生上课一学期，每周往返于北京和高阳，让我深深体会到"行为世范"的真谛。从博士论文的选题到开题，直到论文写作期间，都倾注了导师大量的心血。由于天赋所限，学业不勤，思考不精，每周的小组讨论都让我体会到了导师严格的要求，给我很多启发，也让我大大开阔了学术视野，慢慢懂得如何去作研究。从导师那里，我不仅学会了如何作学术，更学会了如何做人，做一个品德高尚、知行合一的人。所有这一切，学生唯有努力学习、踏实工作，以实际行动来报答我的导师。

真诚感谢黄荣怀教授，黄老师敏捷的思维能力，敏锐的学术洞察力，令我非常钦佩，教导我们先有"自信"，才有"他信"。感谢何克抗教授，何老师对教育技术事业的执着追求，为农村教育所做的贡献，时刻影响着晚辈们。感谢何克抗教授、余胜泉教授、李艳燕教授在开题过程中对我的指点和帮助，让我在开题后进一步聚焦研究方向。感谢杨开城教授、武法提教授、张舒予教授、周颖副教授、郑勤华副教授、李爽副教授、蔡苏老师、陈青老师在预答辩过程中对论文提出的宝贵意见。感谢刘美凤教授、陈丽教授、李芒教授在论文写作过程中给予的热心指导。特别感谢清华大学程建钢教授、北京大学高利明教授、北京师范大学武法提教授在百忙之中对我论文提出的宝贵意见。

感谢知识工程中心的董艳老师、李玉顺老师、张进宝老师、赵国庆老师、陈桄老师、李平老师、晓英师姐，现代教育技术研究所的江丰光老师，老师们的勤奋和努力是我学习的榜样。

感谢认知模拟与科学教育课题组张萌、聂文飘在实验过程中给予的帮助，感谢黄月、李莉、郑昆、米亚会，我们有缘在同一个课题组学习。

感谢现民、永和、培杰，三年的朝夕相处，留下了博士期间美好的回忆。感谢龚朝花、赵姝、辉宇、兰琴、晓玲、解敏、洪涛、伏刚、郭俊杰等同学，感谢实验室的俊峰、步云、永斌、广德、张虹等师弟师妹，感谢老同学济军、室友俊生，因为有你们，三年的师大生活变得精彩而难忘。

感谢加拿大阿萨巴萨卡大学 Kinshuk 教授、中国台湾中山大学陈年兴教授在美国参加 ICALT 2011 会议期间就博士研究课题的讨论。感谢美国卡耐基·梅隆大学 John Anderson 教授、秦裕林教授，每次电邮请教问题，都及时回复。感谢北京师范大学认知神经科学与学习国家重点实验室周新林教授就数学认知与学习的讨论。

感谢石景山六一小学王京兰校长、杨行老师、李新亮老师，感谢河北高阳永亮小学赵克成校长、韩亚聘老师、段俊香老师，感谢你们为实验顺利开展提供的支持和帮助，自己才有机会第一次登上小学讲台，切身体会到了小学与大学课堂讲授的不同。

衷心感谢家人对我的决定给予的坚定支持，感谢你们对家庭的无私照顾，对我学业上的全力支持，使我能安心在京求学；你们勤劳、淳朴的优秀品质时刻影响、感染着我。由衷感谢跟着我固守清贫的爱人和儿子，你们是我幸福的港湾，"遥怜小儿女，不解忆长安"，相信依靠我们的智慧和勤劳的双手定会拥有美好、幸福的生活！

启功先生曾说："入学初识门庭，毕业非同学成；涉世或从今始，立身却在生平。"博士论文的完成既是博士学业的结束，又是新征程的开始。博士阶段的学习让我深知,学术研究是一个不断积累、甘于寂寞的过程。怀揣着沉甸甸的师情、亲情、友情,在以后的工作中唯有踏实做人、认真做事,用自己的努力来回报这些恩情。

在本书写作过程中,虽然作者耗时竭力,对书中内容字斟句酌,但由于学识有限,难免有不妥之处,望大家不吝赐教。

魏雪峰
2016 年 10 月